AF358455

EN

PAYS LOINTAINS

OUVRAGES DE M. XAVIER MARMIER

EN VENTE A LA MÊME LIBRAIRIE

ALSACE : L'avare et son trésor. 1 vol.

GAZIDA, fiction et réalité. 1 vol.
> Ouvrage couronné par l'Académie française.

HÉLÈNE ET SUZANNE. 1 vol.

HISTOIRE D'UN PAUVRE MUSICIEN. 1 vol.

LE ROMAN D'UN HÉRITIER. 1 vol.

LES FIANCÉS DU SPITZBERG ; 3ᵉ édit. 1 vol.
> Ouvrage couronné par l'Académie française.

LETTRES SUR LE NORD ; 5ᵉ édit. 1 vol.

MÉMOIRES D'UN ORPHELIN. 1 vol.

SOUS LES SAPINS. Nouvelles du Nord. 1 vol.

UN ÉTÉ AU BORD DE LA BALTIQUE ET DE LA MER DU NORD. 1 vol.

DE L'EST A L'OUEST. 1 vol.

LES VOYAGES DE NILS A LA RECHERCHE DE L'IDÉAL. 1 vol.

ROBERT BRUCE ; COMMENT ON RECONQUIERT UN ROYAUME. 1 vol.

LES AMES EN PEINE, contes d'un voyageur. 1 vol.

EN EUROPE ET EN AMÉRIQUE. 1 vol.

L'ARBRE DE NOËL. 1 vol.

Typographie Lahure, rue de Fleurus, 9, à Paris.

EN

PAYS LOINTAINS

PAR

XAVIER MARMIER

DE L'ACADÉMIE FRANÇAISE

LA FRANCE DANS SES COLONIES
PROMENADES AUTOUR DU MONDE — VOYAGE DE M. DE CARNÉ
LES ÉVANGILES — VOYAGE AU GROËNLAND — VOYAGE DE M. FRANCIS GARNIER
LIVINGSTONE — LES VOYAGES DU COMMERCE
L'ILE MAURICE — SOUVENIRS D'UN AMIRAL — LES PAYS LOINTAINS

PARIS

LIBRAIRIE HACHETTE ET Cⁱᵉ

79, BOULEVARD SAINT-GERMAIN, 79

1876

PAYS LOINTAINS

I

LA FRANCE DANS SES COLONIES

On dit souvent : la France ne sait pas coloniser.

Est-ce vrai ?

Devons-nous, sans le contester, admettre ce reproche ?

Les autres peuples se plaisent à proclamer leur mérite. Nous laissons indolemment déprécier le nôtre, et parfois nous le déprécions nous-mêmes.

On nous accuse de nous abandonner à de futiles vanités. Mieux vaudrait nous maintenir dans une juste fierté.

L'histoire de nos colonies est l'une des pages les plus nobles et souvent les plus attachantes de nos longues annales.

Elle a été éloquemment et savamment racontée à diverses reprises, en différents lieux.

Je n'ai pas la prétention d'en retracer un nouveau tableau. En recueillant mes souvenirs de voyage, en y adjoignant de récentes études, je voudrais seulement faire voir, par quelques traits caractéristiques, les qualités particulières de colonisation dont la France a de tout temps été douée.

La hardiesse dans les entreprises, la générosité dans la victoire, la dignité dans les revers.

D'autres nations ont eu des succès plus éclatants ou plus durables. Pas une n'a montré de telles vertus.

La première dans les croisades, cette héroïque tentative de colonisation religieuse, la France a été la première aussi dans d'autres expéditions nautiques du moyen âge.

En 1364, des marins de Dieppe s'en vont par delà les antiques colonnes d'Hercule, par delà les Canaries et le cap Vert, le long de la côte occidentale d'Afrique. Ils rassurent, par leurs bons procédés, les noirs habitants de cette contrée, font avec eux d'agréables échanges et organisent des établissements de commerce sur des plages que nul navire européen n'avait encore abordées[1].

En 1365, des marins de Rouen, s'associant à ceux de Dieppe, s'avancent dans le golfe de Guinée et donnent le nom de Normandie aux rades où ils pénètrent.

Ainsi, comme l'a justement dit un publiciste distingué : Par ces entreprises heureuses et réitérées, en des parages jusqu'alors inconnus de toute autre nation, les Français ont le droit de se dire les pères de la colonisation moderne[2]. »

---

[1] Si boun naviores qui tos estaient de grand ceur lor donnèrent à fuzon petits juiaus et présonns, et les firent boire bon vin vermail com que moult les esjouirent et les affièrent. (*La Naviyation française,* par M. Pierre Margry, p. 57.)

[2] Jules Duval, *Dictionnaire général de la politique,* 2ᵉ édit., p. 375. O. Lorenz, 1872. Nous ne pouvons citer ce passage d'une des œuvres de M. J. Duval sans rendre hommage à la mémoire de ce grave et éloquent

Un siècle s'écoule. Pendant ce long espèce de temps, nos explorations maritimes sont interrompues par les calamités du règne de Charles VI par les agitations et les guerres des règnes suivants.

Puis voici venir les grands *Descubradores* ; Christophe Colomb, Vasco de Gama. Une nouvelle ère commence. Le nouveau continent est découvert, et le nouveau chemin des Indes par le cap de Bonne-Espérance. Les Espagnols et les Portugais prétendent garder l'entière possession de cet autre univers. Une bulle du pape la leur accorde : Au Portugal tout l'Orient, à l'Espagne tout l'Occident.

Cependant l'Angleterre et la Hollande veulent avoir leur part de ces archipels embaumés, de ces terres phénoménales dont on extrait des monceaux d'or, de ces royaumes dont on raconte tant de merveilles. En dépit du décret pontifical, elles iront résolùment vers ces fabuleuses contrées; elle s'y établiront les armes à la main.

Et la France ?

En ce temps d'investigations et de conquêtes transatlantiques, la France était comme le poëte dont Schiller raconte l'oubli dans un de ses apologues.

Jupiter annonce du haut de son trône qu'il va distribuer aux hommes les richesses de la terre. Tous aussitôt d'accourir et de prendre avec avidité : celui-ci la forêt, celui-là les champs, cet autre les chariots et les marchandises. Chacun ayant son lot, arrive le poëte indolent, rêveur. Les distributions étant finies, Jupiter n'avait plus à lui donner que l'auréole de la gloire.

écrivain, enlevé malheureusement à la science par une mort prématurée. On lui doit de très-intéressants articles, publiés en différents recueils, et deux livres excellents : *Histoire de l'émigration européenne*, 1 vol. in-8°, couronné par l'Académie des sciences morales; *les Colonies et la France coloniale*, 1 vol. in-8°.

Ainsi attardée au partage du nouveau monde, la France ne pouvait en avoir une portion qu'en la disputant à plusieurs peuples, ou en faisant aussi elle-même quelques découvertes.

C'est ce qu'elle fit.

Pour réparer le temps perdu, elle recommença sur différents points à la fois son œuvre de colonisation, et graduellement l'accomplit d'une façon prodigieuse.

Elle avait de nombreux obstacles à surmonter, de violentes hostilités à vaincre, des luttes perpétuelles à soutenir. Malgré ces difficultés et ces périls, malgré ses essais infructueux et ses fatales défaites, un jour vint où son pavillon flottait librement sur toutes les mers, où, sur tous les continents et dans tous les archipels, elle avait ses domaines.

Oui, au commencement du dix-huitième siècle, la France était la première des puissances coloniales. Admirable succès ! Plus admirable encore si l'on songe par quels moyens elle y est parvenue.

Les projets de colonisation avaient séduit l'esprit aventureux de François Ier et occupé gravement la pensée de Henri IV. Pour affermir et élargir ces projets, Richelieu rédigea diverses ordonnances, institua des compagnies de commerce, créa de nouveaux emplois civils et militaires.

Dans les orages de la Fronde, dans les constantes difficultés de son ministère, Mazarin ne pouvait accorder la même attention à cette œuvre lointaine.

Colbert la reprit avec son lumineux jugement et lui donna une nouvelle extension.

Cependant, pour entreprendre de périlleux voyages, pour porter le drapeau de la France sur des plages inexplorées, pour lutter contre l'ambition de plusieurs peuples puissants, l'État n'arme pas beaucoup de vaisseaux de ligne et ne détache point de grosses sommes de son budget. Plus d'une fois même il paralyse, par son inertie ou ses fausses mesures, les courageux efforts de nos colons, et les compagnies de commerce souvent les entravent par leurs erreurs et leur impéritie.

Mais la France s'élançait dans cette exploration et cette conquête d'un nouveau monde comme dans une nouvelle croisade.

Cavaliers et marins, gentilshommes et marchands, prêtres et ouvriers, toutes les classes de la société, selon leur vocation, leurs rêves et leurs penchants particuliers, se sentaient attirés vers cette Fata Morgana des vaporeux horizons. Ce que l'État ne pouvait faire dans ses embarras financiers, ou ses tourmentes politiques, la France le fit par le mouvement et la puissance de diverses facultés individuelles.

Des marins de Dieppe et de Rouen avaient, comme nous l'avons dit, fondé au quatorzième siècle nos premiers établissements sur la côte d'Afrique. Bien avant Sébastien Cabot, des matelots basques s'avancent jusqu'à Terre-Neuve où nous avons conservé une autre petite colonie. Des négociants de Marseille vont en pleine Algérie organiser un comptoir, construire un édifice qu'ils appellent le Bastion du roi.

Dans cette guirlande de perles et d'émeraudes, qu'on appelle les Antilles, un de nos meilleurs domaines, la Guadeloupe, a été conquis par des soldats dieppois ; un autre, la Martinique, par une centaine de soldats, sous les ordres d'Esnambuc, gouverneur de Saint-Christophe.

Vers les régions inconnues de l'Amérique du Nord, voici venir Jacques Cartier avec deux petits bâtiments de soixante tonneaux. Il contourne le banc de Terre-Neuve et remonte jusqu'à l'île sauvage de Hochelaga le cours du Saint-Laurent.

L'habile et hardi Champlain, avec un bâtiment de même dimension, s'arrête au bord de cet immense fleuve et y forme un établissement qui deviendra la puissante ville de Québec.

Au pied de cette cité naissante, un vénérable prêtre, le père Marquette, animé d'un ardent désir d'études géographiques et de prosélytisme religieux, s'embarque sur un canot d'écorce avec une chétive provision de blé d'Inde et de viandes boucanées ; il traverse résolûment le lac Huron, le lac Michigan, arrive au Mississipi et le descend jusqu'à sa jonction avec l'Arkansas. Là, ses provisions étant épuisées, il fut obligé de revenir en arrière ; mais il avait été assez loin pour reconnaître la grandeur du fleuve que les Indiens appellent le Meschacébé, et son cours vers la mer. A son retour à Québec, les cloches sonnaient et les habitants, l'évêque en tête, allaient à l'église chanter le *Te Deum* pour remercier Dieu de cette découverte.

Dix ans après, un simple enfant du peuple, Robert Lasalle, dont Louis XIV récompensa le courage par un brevet de noblesse, achevait, l'épée à la main, l'œuvre commencée avec la croix par le père Marquette. Il descendait le Mississipi jusqu'à son embouchure, arborait a bannière de France près du golfe du Mexique, et nous donnait la Louisiane.

En même temps, les colons employés à l'achat des pelleteries, ces intrépides aventuriers qu'on appelle les voyageurs ou les coureurs des bois, remontaient avec de légers canots le courant des rivières. Arrivés aux passages où des rocs et des *rapides* arrêtaient l'effort de leurs rames, ils déchargeaient les cargaisons, et prenant leurs canots sur leurs épaules, doublaient par terre les impraticables défilés, puis, s'embarquant de nouveau, gagnaient les lacs du Nord, et pénétraient au milieu des tribus indiennes. C'étaient nos pionniers, non moins audacieux que ceux des régions de l'Ouest illustrés par Cooper. C'étaient nos géographes. Ils mesuraient le terrain par leurs journées de marche, s'ouvraient des routes ignorées, et parcouraient des espaces inconnus.

Dans l'histoire de nos colonies, combien il y en a de ces faits mémorables accomplis humblement par quelque généreuse aspiration, ou quelque robuste volonté ! Là aussi, entre deux ou trois pelotons d'infanterie, au pied d'une palissade en bois, au bord des fleuves silencieux, au sein de l'immense espace du Nouveau Monde, combien de batailles plus étonnantes que celles des célèbres plaines d'Allemagne ou d'Italie, combien de héros qui n'ont point eu leur Homère, mais dont le nom doit rester à jamais inscrit dans le livre d'or de nos gloires nationales ; Montcalm, le pieux chevalier, si ferme en ses périls, si modeste en ses victoires, si noble en son dernier combat[1]. Le Canada lui garde un religieux souvenir. La France pour laquelle il mourut ne put l'oublier. Bienville ! le fondateur de la Nouvelle-Orléans. Son père était mort, les armes à la main, sur la terre canadienne. Il avait onze fils, tous engagés comme lui au service du roi, et cinq d'entre eux étaient tombés comme lui sur le champ de bataille. Les autres, désireux de se distinguer en quelque entreprise difficile, résolurent de continuer l'œuvre de colonisation commencée par Lasalle à la Louisiane. Les deux premiers furent emportés par la fièvre sur les rives du Mississipi. En mourant, ils léguaient pour tout héritage à leur jeune frère la tâche à laquelle l'un et l'autre ve-

---

[1] Le père Sommervogel en a publié récemment une intéressante biographie : *Comment on mourait autrefois,* 1 vol. in-12. Paris, Arbanel. 1872.

naient de succomber. Il l'accepta et s'y dévoua. Il la poursuivit pendant quarante années, luttant avec une fermeté
inébranlable contre tous les obstacles qui s'opposaient
à ses efforts, sans cesse aux prises avec l'inquiète jalousie des Anglais, et les haines féroces des Indiens.

Dans sa vieillesse, il retourna en France. Bien faible
encore était cette colonie pour laquelle il avait éprouvé
tant d'angoisses et supporté tant de fatigues. Mais il
pouvait la croire au moins affranchie des principaux
périls qui menaçaient de l'anéantir dans son germe. Il
y était entré avec deux cent cinquante hommes ; il y
laissait une population de six mille âmes.

Si de l'Amérique nous tournons nos regards vers nos
anciennes possessions de l'Orient, ai-je besoin de citer
Bussy, ce valeureux général que les ennemis désiraient
tant ne pas rencontrer, et La Bourdonnais! Un si grand
courage ! Une si belle intelligence ! Et Dupleix qui
malheureusement haït et persécuta cet homme éminent !
Ah ! si tous deux avaient pu rester unis dans leur ambition et leurs plans de campagne, quel triomphe pour
la France, quelle chute pour les Anglais !

« Dupleix, a dit Macaulay, entrevit le premier la
possibilité de fonder un empire européen sur les ruines
de la monarchie mongole. Son esprit inquiet, étendu,
inventif, conçut cette idée à une époque où les plus
habiles agents de la compagnie anglaise ne pensaient
qu'à leurs chargements de marchandises et à leurs factures. Cet ingénieux, cet ambitieux Français, le premier,
comprit et mit en pratique l'art militaire et la diplomatie que les Anglais employèrent quelques années
après avec tant de succès. »

Partout où nos colons voulaient s'établir, ils devaient
combattre, tantôt contre les milices européennes, tantôt
contre les tribus indigènes : caraïbes, peaux rouges, nè-

gres et malais ; tantôt par une raison locale, tantôt par
l'effet d'un des orages de la mère patrie. Quand la
guerre éclatait sur l'ancien continent, elle éclatait par
contre-coup en Amérique et dans les Indes. Capulets et
Montaigus, Guelfes et Gibelins se battaient sur les rives
de l'Escaut ou du Danube, et les fils de ces guerriers
européens luttaient avec la même ardeur sur les plages
de l'Asie, ou dans les forêts du Nouveau Monde.

Nous ne pouvons trop honorer ceux qui ont porté si
loin et défendu si vaillamment notre drapeau. Ce n'est
pourtant point par ses ardentes batailles et ses nombreuses victoires que la France s'est acquis une place
si distincte dans l'histoire des colonisations, c'est par
son esprit de justice et de mansuétude, par ses facultés
d'attraction et d'assimilation.

Elle n'a point fait de cruelles ordonnances pour obtenir la plus abondante récolte de la terre conquise.
Elle n'a point, pour apaiser sa soif d'or, torturé d'innocentes peuplades vaincues. Elle n'a point écrasé, ou
refoulé dans de sombres régions, des milliers d'honnêtes familles pour n'avoir plus à leur disputer une parcelle de leurs domaines héréditaires.

Ah ! si en pensant à tout ce que nous avons possédé et
à tout ce que nous avons perdu, il ne nous est pas possible de lire sans regrets la chronique de nos colonies, nous
pouvons du moins la lire sans remords. Nulle de nos
souverainetés n'a fait gémir l'âme d'un Las Casas ; nulle
de nos coutumes n'a suscité un désir insatiable de ven-
geance dans le cœur d'un Montbar, et nul de nos
gouverneurs n'a par ses rapacités enflammé la fou-
droyante éloquence d'un Burke et d'un Sheridan.

Dans nos entreprises de colonisation, il y avait un
juste sentiment d'ambition nationale ; pour la plupart
de ceux qui s'y associaient, la perspective d'un honnête

négoce ou d'un fructueux labeur ; pour d'autres, un rêve de jeunesse, l'attrait de l'inconnu, l'espoir d'une action d'éclat ; sur chaque navire, à chaque migration, le prêtre et le gentilhomme, la croix et l'épée, le sentiment du devoir religieux et du devoir militaire.

Jacques Cartier, le brave marin, dit en commençant sa relation de voyage : « Le dimanche, jour et feste de la Pentecoste, du commandement du capitaine, et bon vouloir de tous, chacun se confessa, et reçurent tous ensemble notre Créateur en l'église cathédrale de Saint-Malo, après lequel avoir reçu furent nous présenter au chœur de ladite église devant révérend père en Dieu, Monsieur de Saint-Malo, lequel en son estat épiscopal nous donna sa bénédiction. »

Le père Marquette, en revenant des sombres forêts où il avait découvert le Mississipi, écrivait dans sa relation ces lignes touchantes : « Quand tout le voyage n'aurait valu que le salut d'une âme, j'estimerais toutes mes peines bien récompensées, et c'est ce que j'ay sujet de présumer, car lorsque je retournai nous passâmes par les Illinois, je fus trois jours à leur publier les mystères de notre foy dans toutes leurs cabanes, après quoy, comme nous nous embarquions, on m'apporta au bord de l'eau un enfant moribond que je baptisay un peu avant qu'il mourût par une providence admirable pour le salut de cette âme innocente. »

En 1641, deux petits bâtiments partaient de la Rochelle pour le Canada. Sur l'un de ces navires était une sainte fille, mademoiselle Mause de Langres, qui renonçait à une brillante situation en son pays pour se dévouer à une œuvre de charité dans les régions sauvages ; sur l'autre navire était un gentilhomme champenois, M. de Maisonneuve, un prêtre, des soldats et des ouvriers, en tout, trente personnes.

Au mois d'août, les bons voyageurs arrivèrent à Québec. La colonie de cette ville essaya de les retenir. Elle se composait de deux cents âmes. Trente braves gens de plus, quel précieux renfort ! Mais M. de Maisonneuve s'était engagé à aller à Hochelaga, et il voulait accomplir sa promesse. En vain on lui réprésenta les dangers auxquels il s'exposait en abordant, avec un si petit nombre de soldats, sur cette île occupée par une tribu considérable d'Indiens. Il répondait, en vaillant gentilhomme : « Je ne suis pas venu pour délibérer, mais pour agir. Y eût-il à Hochelaga autant d'Iroquois que d'arbres sur ce plateau, il est de mon devoir et de mon honneur d'y établir une colonie. »

Au mois d'octobre il atteignit les rives de Hochelaga, y construisit des cabanes et une chapelle en bois. Mademoiselle Manse organisa, au même endroit, un hôpital, et une religieuse de Troyes fonda l'institution où les jeunes filles devaient être élevées gratuitement.

Quelques tentes, au milieu des bois, une chapelle, revêtue d'un toit de feuillage, une cloche suspendue à un rameau de sapin, un asile pour les malades, une école pour les pauvres, tels furent les premiers éléments de notre ville de Montréal, où l'on compte aujourd'hui quatre-vingt mille âmes.

En 1721, M. le chevalier de Fougères, commandant *le Triton*, de Saint-Malo, allait prendre possession de cette île si belle, si riante et si charmante, que nous avons appelée l'île de France, et qu'il faut, hélas ! maintenant appeler l'île Maurice. Sur la plage il arborait le drapeau blanc et érigeait une croix décorée de fleurs de lis avec cette inscription :

JUBET HIC GALLIA STARE CRUCEM.

Ainsi, partout la ferme résolution du gentilhomme et les doux enseignements de l'Évangile. Partout aussi une pensée de conciliation et d'humanité.

Quand M. de Flacourt fut envoyé à Madagascar, avec le titre de gouverneur, il adressa aux habitants une harangue où il parlait de la grandeur du roi de France, mais surtout de sa douceur et de sa bonté.

Quelques années après, le gouverneur de Pondichéry, M. Martin, un homme d'un rare mérite, disait à ses amis et à ses subordonnés : « N'oublions pas que les Français, étant ici les derniers venus, doivent, pour réussir, donner la meilleure idée de leur caractère. »

C'est ainsi que nos colons ont inspiré, en pays lointains, ces sentiments d'estime et d'affection qui, souvent, leur ont été d'un si grand secours dans les heures difficiles, dans la faiblesse de leurs armements, dans l'exiguïté de leurs ressources matérielles.

Par la durée de ces sentiments, on peut juger de leur profondeur.

L'Amérique du Nord a rompu violemment les liens qui l'unissaient à l'Angleterre.

L'Amérique du Sud a, de même, longuement combattu pour se soustraire à la domination de l'Espagne.

Aucune de nos colonies n'a suivi cet exemple. Aucune ne s'est détachée de nous volontairement. Je ne parle pas de Saint-Domingue, cette île si fructueuse et si belle, bouleversée tout à coup par la trombe révolutionnaire, par l'éruption volcanique des plus effroyables passions. Nos planteurs étaient là justement aimés. Riches et généreux, ils faisaient de leur fortune un noble usage. Nul d'entre eux n'abusait de ses priviléges, et quelques-uns méritaient d'être cités comme des modèles de bonté. On disait proverbialement : Heureux comme un nègre de Gallifet. Ces heureux nègres prirent, comme les autres, la torche et la hache, incendièrent, pillèrent et se plongèrent dans des flots de sang.

Des guerres désastreuses, des traités lamentables nous ont enlevé la plupart de nos anciennes possessions. Mais nous y avons laissé une profonde empreinte.

Un écrivain distingué de l'Angleterre, M. Anthony Trollope, a visité récemment les Antilles, et là il a vu la persistance de l'attachement à la France dans des îles gouvernées autrefois par la France, non point sans interruption pendant des siècles, mais pendant un petit nombre d'années : la Dominique, Tabago, Sainte-Lucie ; la Trinité ; la Trinité occupée primitivement par les Espagnols, puis par les Anglais, conquise et rendue à l'Espagne par les Français, puis de nouveau reprise par les Anglais ! Quelle langue, dit M. Trollope, croyez-vous que l'on parle dans cette île où nous avons un gouverneur, un conseil administratif, une garnison, et d'importants comptoirs? L'anglais ? Non. L'espagnol ? Non. Mais le français. Toute la population est française par l'idiome, par les habitudes, par le catholicisme.

A cet honnête aveu M. Trollope ajoute : Il y a là un évêque catholique qui reçoit de l'Angleterre un traitement annuel et l'emploie entièrement en aumônes.

Là, comme partout où l'ancienne France a passé, son souvenir s'allie aux vertus du catholicisme, à l'esprit de charité.

A Saint-Vincent, on peut noter un autre exemple de l'attraction de nos émigrants. Les Anglais s'étant emparés de cette île, les Caraïbes, qui en occupaient une partie, se soulevèrent à trois reprises différentes pour les expulser et faire revenir les Français, dont ils re-grettaient la domination.

L'Angleterre a eu plus de peine encore à conquérir et à garder notre île de France. Des colons de Bourbon s'y étaient établis au commencement du dix-huitième siècle, de braves gens, dit un historien anglais [1], modestes et polis, très-simples dans leurs habitudes, très-hospitaliers et fort peu soucieux de la fortune. M. de Labourdonnais fut un de leurs premiers gouverneurs, et Poivre le Lyonnais, le savant si sage, le fonctionnaire si zélé pour le bien public, propagea sur leur sol les plus fructueuses cultures. Doucement et dignement, l'honnête colonie grandit. Ses vertus la sauvèrent du cyclone où s'abima Saint-Domingue. Elle avait cependant aussi ses foyers dangereux. Dès le commencement de notre révolution, une certaine quantité d'individus se mirent à répéter les harangues des Grégoire, des Robespierre, et à proclamer les motions furibondes des jacobins. Dans la stupeur produite autour d'eux par les terribles nouvelles de Paris, ils organisèrent un club, constituèrent, à l'imitation des sans-culottes de France, un comité de salut public, et sur la place de Saint-Louis érigèrent la guillotine. Bientôt, on vit arriver deux commissaires de la république, apportant la nouvelle loi.

Mais la masse de la population n'avait pas le moindre goût pour ces belles réformes, et voulait y mettre fin. Citadins et campagnards se réunirent en si grand nombre et d'un air si résolu, que la bande démagogique n'osa essayer de leur résister. Les commissaires furent reconduits poliment à leur navire, et, malgré leurs protestations, obligés de s'embarquer. Les clubs

---

. [1] Ch. Pridham, *Mauritius and its dependencies.*

furent fermés, les jacobins dispersés, la guillotine démolie. L'île entière se confia de nouveau à la direction de M. de Malartic. Elle aimait ce gouverneur, qui lui avait été donné par Louis XVI. Elle aimait l'autorité royale.

Cependant les commissaires, furieux de leur échec, pouvaient la déclarer en plein état de rébellion et demander qu'elle fût sévèrement châtiée. Un amiral anglais, qui stationnait avec une escadre dans le voisinage, lui offrit la protection du pavillon britannique. L'assemblée coloniale lui répondit : « En repoussant les commissaires de la république, nous n'avons fait que conserver cette colonie à la France, nous la trahirions en y laissant entrer ses ennemis. »

Elle voulait rester française, cette loyale petite île, épanouie comme une corbeille de fleurs dans l'océan Indien, à trois mille lieues de la France. On a vu la force de sa bravoure et la persistance de sa fidélité pendant les guerres du Consulat et de l'Empire. Ni les armements des Anglais, ni les rigueurs d'un long blocus, ne pouvaient la décourager. Elle résistait à toutes les attaques et supportait patiemment toutes les privations. Et quelle joie quand une de nos frégates, passant hardiment à travers les croiseurs ennemis, entrait dans le Grand port, ou dans le port Louis, quand un Linois, un Roussin, un Duperré, criblait de boulets un superbe *man of war*, et l'obligeait à se rendre ! Puis l'un après l'autre arrivèrent ces audacieux marins qui ont tant de fois répandu la désolation dans la cité de Londres : Tréhouard, Perrot, Thomasin, Surcouf, le fabuleux Surcouf qui, avec un bateau pilote, enlevait à l'abordage les plus beaux bâtiments de la Compagnie des Indes.

Alors les jeunes gens de l'île de France ne pouvaient

rester en repos. Ils sollicitaient l'honneur de servir sous les ordres de ces hommes intrépides, et couraient gaiement à tous les périls.

Mais un jour vint où l'île fidèle devait succomber. L'Angleterre, qui depuis longtemps désirait la conquérir, réunit tous les soldats qu'elle pouvait prendre à Madras, à Bombay, au Cap, à Ceylan ; 20,000 hommes d'infanterie et une formidable artillerie, 20 vaisseaux et 50 bâtiments de transport. Jamais, dit un écrivain anglais, on n'avait vu à la fois tant de canons et de navires dans la mer des Indes.

La pauvre colonie n'avait qu'un régiment et quelques batteries. Elle voulut pourtant se défendre, et ne se rendit qu'en dictant elle-même, pour ainsi dire, les conditions de sa capitulation.

Elle est devenue par la force des armes l'île anglaise. Elle est restée par ses affections l'île de France.

Il y a là des librairies où l'on ne trouve que des livres français, un théâtre où l'on ne représente que des pièces françaises, et dont l'orchestre a longtemps refusé de jouer le chant britannique : *God save the king*. Le nom de la Bourdonnais, le vrai fondateur de la colonie, est dans tous les cœurs, son portrait dans toutes les maisons, ses Mémoires dans toutes les bibliothèques.

Quand les créoles de cette terre poétique arrivent à nous ; par leur grâce native, par la beauté particulière de leur physionomie, ils nous représentent les vivantes images d'une fiction aimée. Ils sont du pays de Paul et Virginie. Ils ont grandi dans l'avenue des Pamplemousses, près du ruisseau des Lataniers. Par leur langage, leurs prédilections et leur esprit, ils sont Français. Nous devons croire qu'ils sont nés sur les bords de la Seine, et qu'ils y reviennent ayant fait un voyage sous le ciel d'or des tropiques.

Nous avons perdu vers le milieu du siècle dernier une autre colonie, dont nous ne pouvons sans émotion nous rappeler le dévouement et les souffrances : c'est l'Acadie, aujourd'hui la Nouvelle-Écosse. Celle-là aussi nous aimait et désirait garder notre drapeau. Quand elle fut abandonnée aux Anglais, elle se résignait à reconnaître leur pouvoir, mais, à aucun prix, elle ne voulait prendre les armes contre la France. Ni les promesses ni les menaces n'ayant pu vaincre sa résistance, le gouvernement anglais, redoutant de laisser cette inflexible population dans un pays où il n'avait alors que de faibles moyens de défense, prit une effroyable résolution.

En 1754, les villages acadiens furent livrés aux flammes, et, à la lueur de leurs toits embrasés, 7,000 Français furent entassés sur des navires et jetés comme de vils troupeaux sur les côtes de la Pensylvanie, de la Virginie et de la Caroline, sans autres ressources que le peu de hardes et de provisions qu'ils avaient pu dérober aux ravages de l'incendie. On vit alors ces malheureux errant à l'aventure, repoussant les services de ceux qui parlaient la langue de leurs bourreaux, et ne se reposant que dans le wigwam des Indiens, qui, touchés d'une telle infortune, leur apportaient des aliments et les guidaient dans les forêts. Les Acadiens voulaient rejoindre la colonie française de la Lousiane. Ils voulaient se rallier à la bannière qui les avait abandonnés. Sans s'inquiéter de la longueur de la route, ni des dangers du voyage, ils allaient, dans leur sublime amour pour la France, à la recherche de cette terre habitée par des Français.

La moitié d'entre eux périt en route, sur les fleuves ou dans les marais. Les autres, après des fatigues inouïes, arrivèrent à la Lousiane, où ils furent accueillis avec une tendre commisération. Le gouverneur leur donna des instruments d'agriculture, leur assigna un terrain au bord du Mississipi. Là s'établit, à l'endroit qui a gardé le nom de côte des Acadiens, une colonie de laboureurs, dont les habitants se distinguent encore par la simplicité de leurs mœurs, par leur culte pour les anciennes traditions françaises.

Dans une de ses plus émouvantes compositions, Longfellow, le célèbre poëte américain, a décrit la beauté champêtre de notre ancienne Acadie, les coutumes patriarcales de ses habitants, les joies innocentes de leurs foyers, puis le déchirement de cœur de ces braves familles, chassées de leurs villages par le fer et le feu, séparées l'une de l'autre dans leur exil, errant au hasard dans des régions inconnues, sans amis, sans asile, sans espoir (*friendless, homeless, hopeless*), et le religieux dévouement du prêtre, et l'angélique figure d'Évangéline, la fille du fermier.

Trois de nos colonies ont été ainsi illustrées par trois grands écrivains : l'Acadie, par Longfellow ; l'île de France, par Bernardin de Saint-Pierre ; la Louisiane, par Chateaubriand.

Elle voulait aussi rester attachée à la France, cette vaste terre des Natchez, des Chactas, baptisée du doux nom de Louisiane par la France, conquise par nos Lasalle, nos Iberville, nos Bienville, consacrée par l'enseignement de nos missionnaires et le sang de nos soldats.

Notre fatal traité de 1765 la cédait à l'Espagne. A cette nouvelle, un cri de douleur retentit dans toute la colonie. Une protestation contre cette incroyable cession fut aussitôt envoyée à Paris. Une vive résistance aux désirs de l'Espagne s'organisa sous la direction d'un groupe d'hommes énergiques. Le premier gouverneur espagnol, Antonio de Ulloa, courba la tête devant ce soulèvement et se retira. Son successeur arriva à la Nouvelle-Orléans avec 4,500 hommes. Que pouvait faire notre faible milice contre cette armée? Elle se soumit. Mais cette soumission ne suffisait point au nouveau maître. Il fit arrêter quatorze des principaux habitants de la Nouvelle-Orléans, accusés, les malheureux! d'une trop grande fidélité à la France. L'un d'eux fut tué au moment où il disait adieu à sa femme ; six autres, conduits dans la citadelle de la Havane ; et les sept derniers, condamnés à mort, exécutés.

En 1800, l'Espagne nous rendit cette belle colonie ; et en 1803, Napoléon, par une combinaison politique, la vendait aux États-Unis.

On sait par quels combats elle a essayé de rompre ses liens fédératifs. J'ai eu le bonheur de la voir avant cette lutte, où elle a versé tant de sang. Elle était alors riche et riante. En un clair et tiède automne, je m'en allais de village en village, partout admirant la magnificence de la végétation dans ces vastes plaines traversées par le Mississipi, et l'activité du mouvement industriel associé au labeur agricole. Partout aussi dans des mœurs héréditaires, dans des coutumes et des sympathies traditionnelles, je retrouvais les traces de la France ; et, à la Nouvelle-Orléans, toute une population française occupant une place considérable dans les diverses classes de la société : ouvriers et rentiers, négociants et magistrats, de hauts fonctionnaires qui, dans leur élévation sur la terre américaine, se plaisaient à parler de la terre de France, et de grandes maisons où, au nom de ce pays aimé, on était accueilli avec une affectueuse courtoisie.

Autour de ces descendants de nos anciens colons, l'élément anglo-saxon est cependant plus actif et plus fort que dans le Canada.

Le Canada ! Jamais je n'oublierai l'impression que je
ressentis en le visitant pour la première fois. Je venais
de traverser une partie des États-Unis, qui, je dois le
dire, ne m'avaient point converti à leur république.
Après un dur trajet dans des wagons égalitaires, et sur
des bateaux non moins égalitaires, après deux ou trois
transbordements au milieu d'une foule tumultueuse et
batailleuse, soudain quel changement ! Devant moi,
dans des plaines paisibles, s'élèvent des maisons avec
le jardin et l'enclos, comme on les voit en Normandie.
A mes yeux apparaissent des physionomies dont je me
plais à observer l'honnête et bonne expression ; à mes
oreilles résonne l'idiome de la terre natale. Mon cœur
se dilate ; ma main serre avec confiance une autre main.
Je ne suis plus en pays étranger. Je suis sur le sol du
Canada, dans l'ancien empire de nos pères. Quel empire ! De l'est à l'ouest, un espace de cinq cents lieues.
A l'une de ses extrémités les profondeurs du golfe Saint-
Laurent ; à l'autre le lac Supérieur, le plus grand lac
de l'univers. Entre ces deux immenses nappes d'eau,
des forêts d'où l'on peut tirer des bois de construction
pour le monde entier, des pâturages, des champs de
blé et de maïs, les rustiques *loghouses* des défricheurs
le long des clairières, les riants villages, les villes superbes au bord des fleuves et des rivières, et toutes les
œuvres de l'industrie et de la science moderne : chemins de fer, bateaux à vapeur, télégraphes. Cette belle
contrée, trois fois plus étendue que l'Angleterre et l'Irlande, était à nous, et se rejoignait par le bassin du
Mississipi à la Louisiane, conquise aussi par nous. Et
de tout cela, plus rien à la France, pas le moindre
hameau. Non. Mais la France est là vivante en un plus
grand nombre de familles qu'au temps où elle avait là
ses citadelles et ses gouverneurs. Sa conquête territo-

riale lui a été enlevée ; sa conquête d'affection s'est accrue par l'accroissement continu de la population. Entre Québec et Toronto, il y a maintenant 700,000 Canadiens d'origine française [1].

Qu'on se figure une de ces plantes dont un coup de vent emporte le germe sur une plage lointaine où il prend racine, où il se développe, où il produit des rejetons qui, peu à peu, s'élèvent au milieu d'un amas de plantes étrangères. C'est l'image de cette population française si petite d'abord, mais si ferme, qui a grandi entre les tribus indiennes, qui les a graduellement dominées, et qui maintenant conserve sous le régime britannique, dans les villes comme dans les campagnes, les traits distinctifs de sa nationalité ; dans les villes tout ce qui représente l'idée intellectuelle : écoles et musées, livres et journaux, des hommes instruits, des écrivains de talent et des salons où règnent encore ces habitudes de bonne grâce, d'exquise politesse dont la France a donné le modèle au monde entier.

Dans les campagnes, l'humble travail agricole de l'habitant, c'est ainsi que l'on désigne les descendants de nos anciens colons, comme si eux seuls résidaient à poste fixe dans le pays, comme si les Anglais et les Américains qui y sont venus successivement étaient eulement des passagers.

Et le fait est qu'il reste solidement établi dans sa ferme, cet honnête habitant. Si petite qu'elle soit, il ne pense point à la quitter ; il ne se laisse point séduire par tout ce qu'il entend raconter des fructueuses plantations en d'autres contrées, des spéculations du commerce et de l'industrie. Si petite qu'elle soit, il se plaît à la cultiver, content de vivre au lieu où il est né et de faire ce que son père a fait.

[1] Dans le haut Canada, environ 50,000 ; dans le bas Canada, 670,000.

Si, en cheminant par les sentiers du bas Canada, vous rencontrez un de ces habitants, soyez sûr que, jeune ou vieux, le premier il vous saluera très-poliment, et pour peu que vous témoigniez le désir de vous arrêter dans son village, il vous invitera à visiter sa maison, une très-humble maison, mais très-propre, les murs blanchis à la chaux et des fleurs sur les fenêtres ; point de meubles superflus ni de provisions luxueuses ; quelques jambons peut-être et quelques bouteilles de vin dans le cellier, pour les jours solennels ; nulle grosse somme dans l'armoire, mais certainement deux ou trois actes qui constatent la filiation de cet honnête paysan et son origine. Ce sont ses titres de noblesse. Il sait par là que son aïeul est venu de la Normandie ou de la Bourgogne, de la Bretagne ou de la Franche-Comté. Si vous pouvez lui parler de la province à laquelle se rattachent ses traditions de famille, il en sera très-touché. Heureux philosophe ! La modération de ses goûts écarte de lui la griffe de l'avarice et de l'ambition. Ses habitudes d'ordre et de travail lui donnent le bien-être, sa croyance héréditaire, sa croyance religieuse lui assure la paix du cœur.

Nous devons rendre justice aux Anglais. En prenant possession du Canada, ils s'engageaient à respecter son culte, ses institutions, ses coutumes, et ils ont loyalement tenu leur promesse. Les seigneurs canadiens ont gardé leurs prérogatives, les fermiers leurs contrats, le clergé catholique ses dotations et ses priviléges. J'ai vu à Montréal une procession sortant de la cathédrale en grande pompe, et défilant entre deux lignes de soldats anglais, revêtus de leur uniforme de parade, debout et silencieux dans l'attitude la plus respectueuse.

Jadis notre empire canadien s'appelait la Nouvelle-France. En le voyant aujourd'hui avec ses lois, ses

mœurs d'un autre temps et sa langue qui a gardé la
sévère élégance du dix-septième siècle, nous pourrions
bien l'appeler l'ancienne France, et j'ajouterais, la fidèle,
la charmante France.

Hélas ! notre pays a bien souffert quand ces diverses
colonies d'Asie, d'Afrique, d'Amérique lui ont été
enlevées, et ces colonies, qu'il avait gagnées par sa sympathique nature plus que par ses armes, souffraient
aussi d'être séparées de lui. Maintenant, quelle douleur plus cruelle que toutes les autres ! maintenant ce
ne sont plus des régions étrangères, des peuplades lointaines, qui doivent, par une guerre implacable, nous
être arrachées, mais les deux belles branches de notre
grand chêne, les deux nobles filles de notre monarchie,
les deux chères sœurs de nos provinces ! O Dieu, quel
déchirement et quel deuil !

Alsaciens et Lorrains condamnés à subir la loi de
l'étranger, ils ne peuvent se soumettre à ce fatal arrêt ;
ils abandonnent leurs champs, leurs foyers pour fuir le
nouvel étendard qui flotte sur leur sol, pour garder
leur liberté de souvenirs et d'affection. Comme des
enfants effarés et éplorés, ils invoquent le secours de la
France, leur mère ; ils désirent se réfugier dans son
sein, et la France, éplorée comme eux, leur ouvre ses
bras et s'efforce, par son amour, d'apaiser leurs angoisses.

Ah ! si elle devait jamais succomber, cette France
qui a été de tout temps si brave et si humaine, qui a
tant répandu de toutes parts ses sentiments inépuisables
de bon vouloir, de justice et de commisération, si elle
devait jamais succomber à la pression d'une force brutale, elle pourrait dire, comme la Thecla de *Wallen-
stein*, avec un noble et triste orgueil : « J'ai vécu ! j'ai
aimé ! »

Mais la puissance d'attraction dont la Providence l'a douée lui donne une vitalité impérissable. En dépit de ses orages et de ses désordres, il faut qu'on l'aime, cette France généreuse ; il faut que, jusque dans les régions les plus éloignées, elle conquière sans cesse de nouvelles sympathies. Ceux que ses égarements révoltent, et ceux qui voudraient l'opprimer se sentent à tout instant séduits par son intelligence, subjugués par ses actes de courage et de dévouement.

Œuvres d'art et de science, vertus chevaleresques et religieuses, là est la gloire de son passé ; là doit être son soulagement dans ses dernières catastrophes, et son espoir dans l'avenir.

II

PROMENADE AUTOUR DU MONDE [1]

Ceux qui aiment les beaux et bons livres n'ont point oublié l'*Histoire de Sixte-Quint*, publiée il y a quelques années par M. le baron de Hübner; une histoire prise aux meilleures sources, composée avec une lumineuse compréhension des hommes et des événements du seizième siècle, écrite avec un vigoureux talent.

Cette œuvre finie, l'auteur, comme pour secouer la poussière des archives de Paris, Vienne, Venise, le Vatican, Simancas, où il avait compulsé tant de cartons, s'est mis à faire, par terre et par mer, un trajet qu'il appelle tout simplement : *Promenade autour du monde.* Nouveau livre, nouveau succès.

M. de Hübner n'est point de ceux qui, selon l'expression de Stern, peuvent aller de Dan à Beersheba, aux deux extrémités de la Judée, et dire en revenant :

---

[1] *Promenade autour du monde,* par M. le baron de Hübner, ancien ministre, ancien ambassadeur, 2 vol. in-8°. Paris, Hachette, 1873.

« Tout est désert. » Il a été aux extrémités du globe, s'intéressant à toute chose et nous rendant toute chose intéressante par ses jugements et ses récits. Il aime les voyages, et il possède les principales qualités du voyageur : la bienveillance qui attire la bienveillance, la bonne humeur qui aide à supporter les fatigues, l'art de bien voir et de bien dire, une curiosité infatigable et une activité juvénile.

Dès les premières pages de son livre, à la façon dont il décrit son embarquement dans un des ports de la verte Érin, au pied des collines fleuries, par un beau dimanche, on reconnaît l'homme de cœur et l'artiste. Puis le voilà sur le bateau de l'Atlantique, causant gaiement avec le capitaine, interrogeant avec un désir d'instruction les voyageurs des lointains pays, et s'arrêtant avec une charitable pensée près de ceux qui s'en vont au hasard chercher, par delà l'Océan, un nouveau gîte; Alsaciens fuyant le drapeau de la Prusse, Irlandais, Écossais, Allemands poussés à l'exil par la misère.

« Un vieillard octogénaire, beau type de patriarche, appuyé sur les bras de deux jeunes gens de bonne apparence, traverse le pont. Son maintien est digne, ses manières respectueuses. C'est un paysan anglais, un *somerselman*. « Sir, me dit-il, c'est bien tard pour « émigrer. Mais je laisse la misère en Angleterre, « et j'espère trouver au moins le pain dans le Nouveau « Monde. Voici mes petits-fils, me montrant les deux « jeunes garçons avec une expression de tendresse, de « confiance, de fierté. Leur père et ma fille sont restés « au village. Je ne les reverrai plus. » Et il se met à rire. Mais au moment où mon regard se tourne d'un autre côté, il passe la manche de sa jaquette sur ses yeux mouillés. »

A New-York et à Washington, en voyant le luxe des financiers et les prétentions des fonctionnaires, bientôt M. Hübner reconnaît ce qu'il doit penser de ces beaux principes d'égalité proclamés avec tant d'emphase sur cette terre républicaine. M. le duc de Lévis écrivait, il y a cinquante ans : « J'ai connu des partisans outrés de l'égalité à qui il ne manquait qu'une généalogie pour être les plus vains de tous les hommes. »

M. de Hübner dit : « En Amérique, comme dans notre hémisphère, l'égalité n'est possible qu'en théorie... L'Américain a la soif de l'égalité et la manie des titres. Ceux qui peuvent s'appeler : sénateur, gouverneur, général, colonel, ne fût-ce que de la milice, et leur nombre est légion, sont constamment nommés par leur titre. On le leur prodigue à l'infini. Celui qui le donne et celui qui le reçoit se sentent également honorés. Quant aux titres nobiliaires, le fruit défendu des républicains d'Amérique, ils sont évidemment prononcés avec volupté. »

Plus loin, il dit encore : « Si vous voulez vous convaincre de l'inanité des rêves d'égalité, venez en Amérique. Ici, comme ailleurs, comme partout, il y a des rois et des princes. Il y en a toujours eu, et il y en aura jusqu'à la fin des temps. »

Dans ces rêves d'égalité, bien différent pourtant est le démocrate européen du démocrate américain.

Le démocrate européen, au lieu de chercher à atteindre graduellement, honnêtement le rang de ses supérieurs, désire les amoindrir et les rapetisser pour les mettre à sa hauteur, sinon plus bas. Il n'est pas apte à édifier. Il se réjouit de démolir. Les distinctions de naissance et de talent l'offusquent. Il essayera de les flétrir. La fortune qu'il ne peut gagner le révolte. Il tâchera de la détruire. Le temple l'irrite. Il y mettra le feu. L'envie et la haine, voilà ses mobiles. La destruction et le nivellement, voilà ses moyens d'égalité.

Le démocrate américain n'a point de vieilles institutions à combattre, ni de prérogatives héréditaires à supprimer. Devant lui seulement s'élève l'aristocratie financière. Qu'il amasse des dollars, il prendra sa place au sein de cette aristocratie. Il en aura le luxe, les jouissances, les titres honorifiques. Le but est attrayant. La tâche n'est pas impossible. Combien de pauvres petits marchands, d'ouvriers, de mercenaires qui, par un habile labeur ou par un heureux hasard, ont acquis d'énormes fortunes ! L'Amérique est si grande ! Il y a là tant de terres encore à exploiter, tant de nouveaux chemins à construire, tant de richesses souterraines à découvrir, depuis les bancs de houille jusqu'aux pépites d'or !

Dans cette immense arène, démocrates et aristocrates se rencontrent avec la même idée de lucre, auxiliaires ou adversaires les uns des autres. *Go ahead !* dit le banquier de Wallstreet regardant d'un œil jaloux l'asservissement de fortune de son voisin. *Go ahead !* dit le clerc de comptoir désireux d'être l'égal de son patron. *Go ahead !* disent le mécanicien et le mineur rêvant qu'ils peuvent avoir un jour maison de ville et maison de campagne, chevaux et voitures. De là cette passion de l'argent enflammée par l'espoir du succès, cette incessante activité, cette lutte perpétuelle contre les rivalités, ces calculs audacieux et ces entreprises gigantesques qui, souvent, produisent d'effroyables désastres, mais souvent aussi des prodiges.

En la prenant dans sa généralité et au meilleur point de vue, M. de Hübner nous représente en termes éloquents cette ardente action de l'homme sur le sol américain, et ses conséquences morales.

« Dans le Nouveau Monde, dit-il, l'homme naît conquérant. Toute sa vie est une lutte constante, une concurrence forcée à laquelle il ne peut se soustraire, une course au clocher ouvrant, à travers de terribles obstacles, la perspective de gains immenses. Il ne veut, il ne peut pas rester les bras croisés. Il faut qu'il s'engage, et une fois engagé il faut qu'il marche et marche toujours, car, s'il s'arrêtait, ceux qui le suivent l'écraseraient sous leurs pas. Pénétrer dans les forêts vierges, y trouver des clairières qui serviront de route aux frères de la prochaine génération, transformer en terres labourables l'arène verdoyante des prairies, arracher à la barbarie les Peaux-Rouges, ce qu'il fait en les exterminant, créer les voies à la civilisation et au christianisme, vaincre enfin la nature sauvage et faire la conquête d'un nouveau continent, telle est la mission que la Providence lui a assignée.

« Sa vie n'est qu'une vaste et longue campagne, une suite non interrompue de combats, de marches et contre-marches. Les douceurs, l'intimité du foyer domestique ne trouvent que fort peu de place dans sa fiévreuse et militante existence. Est-il heureux? A en juger par son air fatigué, triste, inquiet, on serait enclin à en douter. L'excès du travail non interrompu ne saurait convenir à l'homme. Il épuise sa force physique, il exclut la jouissance de l'esprit et le recueillement de l'âme.

« Mais c'est la femme qui souffre le plus de ce régime. Elle ne voit son mari qu'une fois dans la journée, une demi-heure tout au plus, et le soir, quand, brisé de fatigue, il rentre pour chercher le sommeil. Elle ne peut alléger le fardeau qu'il porte, partager ses peines, ses soucis et ses travaux qu'elle ne connaît guère, puisque, faute de temps, le commerce des âmes existe à peine entre eux. Comme mère aussi, sa part à l'éducation des enfants est minime. Ils ignorent l'obéissance et le respect dûs aux parents. Mais ils apprennent aussi à se passer de leur protection et à se suffire à eux-mêmes. Ils mûrissent vite et se préparent, dès l'âge le plus tendre, aux fatigues et aux luttes de la vie surexcitée, âpre et aventureuse qui les attend. »

C'est maintenant le Far-West qui attire les convoitises de la race anglo-saxonne. C'est là qu'elle a fait, depuis une trentaine d'années, les entreprises les plus étonnantes.

Les livres de M. Gregg[1] et de M. Kindall[2], d'autres encore, nous ont appris à quelles fatigues, à quels périls s'exposaient les caravanes partant des rives du Missouri pour se rendre à Santa-Fé, dans le Nouveau-Mexique. Bien plus long, plus pénible, plus dangereux est le voyage de Saint-Louis à San-Francisco. Un espace de près de mille lieues à traverser par les prairies inhabitées, par les montagnes Rocheuses, par de longues plaines arides, où l'on ne trouve pas même une source d'eau pure, par les forêts où campent les Indiens sauvages.

En 1847, Brigham Young, expulsé de l'Illinois, conçut l'idée d'aller chercher, dans la vallée de l'Utah, un refuge pour les Mormons, dont il était devenu le chef après la mort de Joë Smith. A cette époque, quelques trappeurs seulement connaissaient ce bassin du lac Salé, situé à environ cinq cents lieues de Saint-Louis.

Quelques années plus tard, des légions d'hommes circulent dans ces prairies naguère si délaissées. Des caravanes s'avancent intrépidement vers les terrains de

[1] *Commerce of the prairies*, 2 vol.
[2] *Narratives of the Santa Fe expédition*, 2 vol.

chasse des Cheyennes et des Sioux. Un Américain, en
quête d'une grande affaire, apprend que certaines denrées sont fort désirées aux mines du Colorado ou dans
la vallée de l'Utah. Aussitôt il se hâte de se les procurer ; il achète cinquante ou soixante légères voitures,
des bœufs tant qu'il en faut, douze bœufs au moins
pour chaque véhicule, des mules et des chevaux pour
les bagages et conducteurs. Il soudoie une centaine de
charretiers, choisit un homme résolu pour gouverner
son entreprise, et la caravane est organisée, caravane
du désert américain bien autrement aventureuse que
celle des chameliers de l'Orient ou des wagons des pampas. Arrivera-t-elle au but? Nulle compagnie d'assurance n'oserait en prendre la garantie. Elle part pourtant à tout hasard, et s'en va, faisant à peu près quatre
à cinq lieues par jour. Vers midi, elle s'arrête pour
dîner et laisser paître les troupeaux. Le soir, on campe
près d'une source d'eau douce. Toutes les voitures,
alors, sont rangées en cercle et enclavées l'une dans
l'autre, de façon à former un solide retranchement.
Les hommes coupent du bois; les femmes allument du
feu, préparent le souper. Les jeunes gens vont à la recherche du gibier, et quelquefois rapportent un buffle
ou une antilope. Le souper fini, les bœufs qu'on a mis
en liberté sont ramenés au campement et enfermés
dans l'enceinte des voitures. Le matin on est debout,
avant l'aube, à l'œuvre pour remettre les chariots à la
file l'un de l'autre, former les attelages, et en marche
aux premiers rayons du soleil.

En cheminant ainsi régulièrement, la caravane n'emploie pas moins de quatre-vingt-dix jours à se rendre
des bords du Missouri dans la vallée de l'Utah. Sur cette
longue route, en toute saison, que de souffrances et de
périls ! En été, les chaleurs suffocantes et les serpents

à sonnette ; en hiver, les tourbillons de neige et les loups ; en tout temps la race indienne, furieuse de cette invasion des blancs, épiant, pour les piller ou les détruire, ces insolents convois.

Les charretiers doivent être habitués au maniement des armes, et constamment prêts à faire usage de leurs fusils et de leurs revolvers. Malgré leurs précautions stratégiques et leur courage, un grand nombre d'entre eux sont pris par les Peaux-Rouges, dévalisés et scalpés.

Après ces audacieuses caravanes, les Américains ont organisé, entre New-York et San Francisco, un service de malle-poste encore plus audacieux. M. H. Dixon, l'excellent écrivain, a été chercher dans l'Arkansas la voiture à laquelle le chemin de fer de Chicago livre les dépêches destinées à l'Ouest lointain, et dans son *humour* britannique il en fait un étrange tableau.

« Un vieux coche délabré d'une forme inconnue en Europe. On peut avoir une idée de la difformité incommode de ce vieux carrosse, en se figurant une diligence française dont on aurait supprimé le coupé et exagéré la rotonde, de façon à permettre à l'entrepreneur de la déclarer assez large pour neuf personnes. A notre arrivée, cette voiture était remplie de sacs de lettres (il y en avait quarante-deux quintaux), dépêches officielles, billets d'amour, factures, comptes de banque, toutes sortes de missives agréables ou douloureuses pour une foule de gens : chefs de famille, épouses et jeunes filles, commis et maîtres, artisans et capitalistes.

« Ni au commencement, ni dans le cours du trajet personne pour accompagner cette diligence, sauf le postillon qui conduit les mules de rechange. On les relaye à des distances de quinze à dix-huit lieues. D'ailleurs, solitude absolue, silence complet ; ni employés, ni inspecteurs, ni gardes ; personne autre que mon compagnon et moi. Non, dans mes longs voyages, je n'ai rien trouvé de pareil à cette malle nationale, grande diligence des Prairies. Elle traverse les régions les plus redoutables, et de toutes les malles-poste du monde, après celle de Londres, c'est la plus importante. Mais *Go ahead!* La civilisation et ses ressources sont bien loin. Les tribus indiennes sont sur les bords de la route avec leurs armes. *Go ahead!* Allez, voyageurs, vivez ou mourez, qu'importe ! pourvu que vous frayiez la voie [1]. »

Après les découvertes des trappeurs et des pionniers, les aventureuses migrations des mineurs et des Mormons, les convois des spéculateurs, les malles-poste du gouvernement, enfin le rêve des Américains a été réalisé, la grande voie commerciale ouverte, la jonction faite entre les deux Océans. Ce ne sont plus seulement des charrettes et des diligences qui circulent à travers les prairies et les montagnes de l'Ouest, mais des trains de chemin de fer, du chemin de fer le plus prodigieux par sa hardiesse et sa simplicité.

Je ne sais quels dividendes il donne à ses actionnaires. En tout cas, sa structure n'a pas dû leur coûter cher. Nul ornement dans ses wagons, nul luxueux édifice sur son passage. Il franchit les rivières et les fleuves sur des échafaudages qui semblent fléchir sous son poids, et s'arrête dans des hôtelleries et des gares qui ne sont que des cabanes en bois. Il s'enfonce dans des forêts où peut-être la peuplade indienne est embusquée, et côtoie des précipices sans la moindre balustrade. Il gravit la crête des montagnes Rocheuses à une hauteur de huit mille pieds, bien plus haut que le Semmering et ses roues bridées, redescend par sa propre

---

[1] *The New America*, t. I.

pesanteur. En sept jours et sept nuits, il traverse ainsi dans toute sa largeur le continent américain, quinze cents lieues en ligne directe, plus de deux mille lieues avec les détours.

C'est par cet étonnant chemin de fer que M. de Hübner s'en va des rives de l'Atlantique aux rives du Pacifique, sans souci de la fatigue ni du péril. Une fois seulement, comme il regardait un attrayant paysage, il est arrêté dans sa contemplation par l'aspect d'un échafaudage de cent vingt pieds d'élévation, sur lequel le train doit passer. « Dieu soit loué, se dit-il ensuite, le voilà heureusement franchi! »

On a promis de lui faire voir à une gare un pauvre homme qui a été scalpé, et il dit tranquillement : « Grâce aux mesures prises par le général Sheridan, la route est sûre, sauf pourtant les accidents. Tâchez de ne pas dérailler, tâchez de n'avoir pas d'arrêt forcé entre deux stations, et ne vous placez pas dans le dernier wagon. »

Avec son heureuse disposition d'esprit, il s'en va calme et souriant, cherchant partout à s'instruire, causant avec ses compagnons, décrivant avec une verve poétique divers points de vue, et notant les vicissitudes de différentes villes, des villes prospères comme Chicago, qui en dix ans arrivent à se faire une population de 500,000 âmes ; d'autres villes, bâties pour la construction du chemin de fer, ruinées par son achèvement. On vit et on meurt vite dans le Far-West, ou plutôt la vie sans cesse se déplace. « Deux mois, dit un écrivain anglais, c'est beaucoup dans ces régions lointaines. Deux ans vous reportent au moyen âge, et cinq ans de résidence font un patriarche. »

Une des transformations les plus surprenantes sur cette terre d'Amérique, où les transformations s'opè-

rent si vite, est celle de la région du lac Salé, si déserte, il y a trente ans, et maintenant si animée.

Tant de choses ont été dites sur les Mormons, que
M. de Hübner n'a pu songer à composer un nouveau
récit de leurs aventures, ni un nouveau tableau de leurs
mœurs. En quelques pages seulement, il nous retrace
l'impression qu'il a ressentie au sein de cette étrange
colonie, dans ses visites en différentes maisons, dans
l'enceinte du théâtre, où sur la scène apparaît l'une des
filles du prophète ; dans sa grotesque auberge, gouvernée par un des hauts dignitaires de la sainte métropole. Les doctrines mormoniennes, la polygamie et
tout ce qui s'ensuit révoltent naturellement l'esprit et
l'âme du noble voyageur. Cependant il se plaît à observer les résultats d'un intelligent et patient labeur dans
cet aride bassin de l'Utah. Il contemple en de lumineu-
ses matinées, et il décrit d'une façon charmante cette
cité que les disciples de Joë Smith appellent la nouvelle
Jérusalem, ces jardins arrosés par de limpides ruisseaux, tout ce beau vallon épanoui au milieu d'une
ceinture d'âpres montagnes, sur lesquelles s'élèvent les
deux sommités des Wahsatch, deux pics de neige ; « deux
diamants étincelant au soleil, suspendus dans l'air bleu
à quinze mille pieds au-dessus de la mer. »

Il a vu aussi Brigham Young, le gouverneur de
l'Utah, le prophète, le chef des nouveaux saints, et il
en fait un portrait qui mérite d'être cité :

« Brigham Young, né dans l'État de Vermont, vient
d'accomplir sa soixante-dixième année, mais paraît
beaucoup plus jeune qu'il n'est. D'une taille au-dessus
de la moyenne, il se tient fort droit et semble jouir d'une
excellente santé. Une chevelure crépue, blanche, et un
collier gris blanc encadrent sa tête solidement assise sur
des épaules carrées. Ses yeux, qui évitent de rencontrer

votre regard, annoncent de la finesse plutôt que de l'intelligence; sa bouche, de la sensualité; son menton, de l'énergie, je dirais presque de la cruauté. A tout prendre, c'est une figure qui ne peut appartenir qu'à un être hors ligne. Elle vous fascine et vous repousse à la fois. On comprend que cet homme exerce le charme du serpent, qu'il retienne ses victimes par la terreur, qu'il les écrase sans pitié et sans scrupule le jour où elles font mine de s'arracher à son étreinte. Quant à ses manières, je les trouve tout aussi peu sympathiques. Elles manquent de simplicité, ou plutôt elles portent l'empreinte de l'affectation. Tour à tour solennel et familier, onctueux et plaisantant, sévère et doucereux, Young n'oublie pas un instant son rôle de prophète. Avant d'émettre une phrase sentencieuse, il incline le front, prend un air mystérieux, fixe ses regards sur le sol. Quand il parle, il s'énonce lentement, d'un ton d'autorité, et en mettant un intervalle entre chacune de ses paroles. Puis soudainement il relève la tête, la rejette en arrière et déploie sa large denture blanche, sa grosse bouche sensuelle sur laquelle erre un sourire sinistre. »

« Jugé sur son extérieur, ses manières, son galimatias, Brigham Young n'est qu'un audacieux hypocrite. Mais faites-vous raconter par des hommes impartiaux les obstacles qu'il a vaincus, les dangers qu'il a surmontés, les merveilles qu'il a opérées, et le plus grand des miracles, c'est d'avoir captivé, brisé, subjugué la volonté de près de deux cent mille être humains; faites-vous raconter tout cela sur les lieux mêmes, et votre admiration fera place à l'étonnement d'abord, à l'admiration ensuite, à l'admiration non certes des doctrines Young a répandues, et encore moins de ses pratiques même des prodiges de sa colonisation, car d'autres hommes qui n'étaient point des Mormons en ont fait autant dans d'autres parties du territoire américain, non plus à l'admiration des mobiles qui l'ont fait agir, et que nous n'avons pas le droit de juger puisque nous ne les connaissons guère, mais des moyens que la Providence a prodigués à cet homme extraordinaire, de l'instinct, de la perspicacité de cet esprit inculte, de son énergie indomptable, de sa persévérance, surtout du pouvoir mystérieux qu'il exerce sur ses sectaires. »

L'œuvre accomplie par ces moyens ne sera pas de longue durée. L'Utah n'est plus dans l'isolement qui favorisait l'absolutisme de Brigham Young. Autrefois ceux-là seuls s'en allaient dans la vallée de l'Utah qui se disaient convertis au mormonisme. Arrivés là, ils ne pouvaient en sortir sans la volonté ou l'assentiment du maître. Ils étaient forcément internés. Nul moyen de locomotion, nul guide, et de tout côté l'Indien féroce, la forêt et le fleuve, la montagne et la plaine infranchissables. Le chemin de fer a rompu ces entraves, le chemin de fer a été le *Sésame* magique de cette région si bien fermée ; il l'ouvre, il la transperce. Il y conduit des voyageurs, des marchands qui ne professent pas le moindre respect pour les doctrines de Joë Smith, et il prend dans ses wagons les mécontents qui désirent s'en aller.

Ainsi l'hérésie est entrée au milieu de la communauté des saints, et deçà, delà, se propagent le doute, la négation et l'esprit d'insubordination. Dans le vénérable conseil des anciens, naguère encore si calme et si uni, éclatent de vives dissensions. Dans la nouvelle Jérusalem, il y a des femmes qui refusent de s'unir aux apôtres déjà mariés, et des enfants qui soulèvent de grosses questions d'héritage.

Brigham Young voit disparaître le prestige de sa théocratie. Ne pouvant plus être, comme autrefois, le souverain absolu, le souverain spirituel et temporel de l'Utah, il pense, dit-on, à aller avec ses derniers fidèles fonder un autre temple dans une des îles de l'Océanie. En gouvernant les Mormons par son autorité religieuse, il n'a point oublié ses intérêts matériels. On prétend qu'il possède une fortune de plus de douze millions de dollars (soixante millions de francs). Ses vingt femmes, ses quarante-huit enfants ne seront point dans la misère. Mais le mormonisme périra comme doit périr toute institution qui n'est pas fondée sur un vrai principe de religion et de morale.

De la ville construite et gouvernée par la loi d'un seul homme, M. de Hübner nous conduit dans une ville bâtie à l'aventure par des gens qui bravaient audacieusement toutes les lois humaines : San Francisco, *the Queen city*, la cité reine de la Californie.

Singulière destinée que celle de ce pays! Découvert en 1548 par un navigateur espagnol, visité en 1578 par Francis Drake, occupé pour la première fois par l'Espagne en 1768, telle est dans l'espace de plus de deux siècles toute son histoire [1]. Une population de vingt mille blancs sur une étendue de terrain égale à celle de l'Angleterre, voilà sa prospérité. Les Espagnols, qui s'étaient emparés de cette contrée, où ils auraient pu fonder un nouveau royaume, en formèrent tout simplement une province du Mexique. Le Mexique lui fit subir le contre-coup de ses luttes anarchiques ; puis, en 1846, la livra sans défense, comme une proie sans valeur, aux États-Unis. Cultivée, éclairée, protégée seulement par quelques missionnaires catholiques, ces premiers pionniers

---

[1] *Voyage en Californie*, par Éd. Bryant.

de la civilisation moderne, ces courageux apôtres dont on retrouve les traces bienfaisantes dans toutes les régions du globe, la Californie était oubliée de l'Europe, et lorsqu'en 1846 les Américains prirent possession des rives du Sacramento, ils n'y entrevoyaient peut-être pas d'autre avantage que de toucher par là à un autre océan.

Soudain un cri s'élève de cette contrée lointaine ; une nouvelle qu'en ce temps de religion pécuniaire on appelle aussi la bonne nouvelle, se répand de vallée en vallée, de plage en plage, fait tressaillir dans son comptoir le banquier de Boston, l'armateur de New-York, et surprend l'Europe au milieu de ses bouleversements. Dans ces ruisseaux de la haute Californie dont on connaît à peine le nom, dans ces ravins déserts, on a trouvé de l'or. Ce n'est point une illusion. C'est de l'or pur qui brille en paillettes, à la surface d'un sable noir, en pépites dans le fond des torrents desséchés, de l'or à pleines mains, de l'or partout.

On sait le résultat de cette découverte, comment de toutes les régions du monde, ouvriers et marchands se précipitèrent vers ce nouvel Eldorado, comment le sol naguère encore si délaissé fut fouillé, et le désert peuplé. C'est ainsi que la bourgade de San Francisco, si petite et si obscure en 1846, est devenue la magnifique ville où l'on compte aujourd'hui plus de cent cinquante mille habitants.

Sombre et sinistre fut la première phase de son agrandissement : croisade universelle du dix-neuvième siècle dans le culte du veau d'or ; croisade affreuse, combat horrible. La plupart de ceux qui, des pays les plus lointains, s'en allaient au bord de la baie de San Francisco construire leur cabane en bois ou planter leur tente, n'avaient qu'une pensée : s'enrichir, sans aucun scrupule de conscience, à tout prix ; et ceux qui, dans les placers, s'étaient enrichis en quelques jours par un fécond minerai, couraient à la cité naissante pour y jouir de leur fortune sans réserve, à tout hasard. Les maisons de jeu et de débauche occupaient là une grande place. Le mineur y entrait avec sa carabine sur l'épaule ou ses pistolets à la ceinture, et journellement le sang y coulait avec l'alcool. Le vol et l'assassinat étaient des moyens de lucre très-souvent employés, très-souvent impunis, la police et la magistrature impuissantes à réprimer les malfaiteurs ; la loi de Lynch, plus redoutée, étant plus expéditive.

De tout temps l'exploitation des mines d'or a eu de funestes résultats. Les galions du Mexique et du Pérou ont appauvri et affaibli l'Espagne ; les mines de l'Oural dépravent la population qui les entoure ; les mines de Californie et d'Australie ont enfanté les désordres et les crimes les plus horribles.

« Nos mines, disent les honnêtes gens de la Californie, sont une malédiction. »

Enfin la fièvre de l'or s'est apaisée, et, dans les villes et les villages de cette contrée, il s'est fait un grand changement. Après les mineurs, dont les brutales passions s'enflammaient dans les placers, après les aventuriers de toute sorte, sont venus les négociants recommandables, les ouvriers honnêtes. L'ordre a succédé à l'anarchie, et l'on a découvert que la vraie richesse de la Californie n'est pas dans ses filons d'or, mais dans ses produits agricoles. On s'est mis à cultiver ce sol fertile, et déjà on y fait d'abondantes vendanges et de telles récoltes de céréales, qu'on en exporte une grande partie au Japon et en Chine.

La vaste cité de San Francisco, avec son mouvement commercial, ses nouveaux édifices, ses divers points de vue, ne suffit point à la curiosité de M. de Hübner. A quatre-vingts lieues de là, il ira voir un phénomène de végétation, les *Big trees* de Mariposa, des arbres de 90 pieds de circonférence et de 500 pieds de hauteur.

M. Carl Müller les cite dans sa Botanique cosmique, et les range dans la famille das conifères. « L'un de ces arbres étant, dit-il, abattu, on a calculé, d'après ses cercles annuaires, qu'il était âgé de plus de trois mille ans. »

Bien autrement colossal cependant est le *Ficus benjamina* de l'île de Semao, dans l'archipel des Indes, qui de son seul tronc, par la multiplicité de ses rameaux descendant sur le sol et y reprenant racine, forme toute une forêt.

Bien autrement anciens sont les baobabs de l'embouchure du Sénégal, découverts au quinzième siècle par le Vénitien Cadamostre. Selon l'opinion de M. de Humboldt, ces arbres existeraient depuis plus de cinq mille ans.

Par les mauvais chemins, à cheval et en voiture, il n'a pas fallu moins de dix jours à l'actif voyageur pour faire cette excursion à Yesamita.

En vingt-quatre jours, le bateau à vapeur de San Francisco le transporte, à travers l'océan Pacifique à Yokohama.

Le voilà dans une des rades de cet empire, composé de trois mille huit cent cinquante îles grandes et petites, qui, de la pointe sud-est du Kamtschatka jusqu'à l'île Formose, s'étend comme un cordon sur un espace de près de mille lieues. Le voilà sur le sol de ce mystérieux Japon, si longtemps fermé à l'Europe, si inébranlable dans des coutumes et des traditions bien plus anciennes que nos plus anciennes histoires. Qu'est-ce que notre pauvre petite chronologie de quelques milliers d'années, comparées à celle du Japon? Selon ses légendes cosmogoniques, les dieux sortis du chaos vivaient depuis des myriades d'âges dans leur placidité suprême, quand l'un d'eux, pour varier le cours de sa vie céleste, eut l'idée de faire à ses pieds une terre habitable. Il plongea sa lance dans les eaux, et les gouttes qui en ruisselaient formèrent, en se coagulant, le monde, c'est-à-dire l'archipel du Soleil levant[1]. Le même dieu, qui était d'une nature entreprenante, créa ensuite huit millions d'êtres, dix mille choses, et remit le gouvernement de ce nouveau monde à sa fille bien-aimée, la déesse du soleil. Cette belle divinité ne régna que pendant deux cent cinquante mille ans, et légua son empire à quatre dieux terrestres qui, l'un après l'autre, régirent ses domaines pendant l'espace de deux millions quatre-vingt-onze mille et quelques années. Le dernier d'entre eux ayant été séduit par les charmes d'une simple mortelle, enfanta avec elle un fils qui devint le premier des mikados[2].

À l'un de ces mikados commence l'histoire authentique du Japon. Il s'appelait Zin-mou (conquérant divin), et vivait vers l'an 660 avant Jésus-Christ.

De cette époque aussi date la religion primitive des Japonais, le culte des vieillards, dépositaires de la science et de l'histoire nationale, instructeurs de la jeunesse. Les plus doctes inspiraient au peuple un profond sentiment de vénération. Après leur mort, ils étaient déifiés. On leur donnait le nom de kamis, c'est-à-dire génies, et on les adorait.

Des siècles s'écoulent entre les diverses phases histo-

---

[1] Le nom de Japon, chez les indigènes, *Nipon*, signifie : origine du soleil, et s'applique spécialement à la grande île de l'archipel.

[2] *Études asiatiques*, par M. L. de Rosny.

riques du calme Japon. Au troisième siècle de l'ère
chrétienne commencent ses relations avec la Chine. Elles
se sont d'âge en âge agrandies.

Au sixième siècle, le boudhisme indien est introduit
dans la principauté de Nippon, puis successivement
dans les autres provinces.

A la fin du treizième siècle, Marco Polo, par sa description de Zipangu, donna à l'Europe la première indication du grand archipel oriental.

Trois siècles encore. Enfin voici venir Fernand Pinto,
qui par hasard découvre ces parages de Zipangu, que
Christophe Colomb espérait atteindre quand il partit de
Palos avec ses petits navires.

Cervantès a signalé Pinto comme un imposteur. Con-
grève, dans une de ses pièces, a répété cette injure [1].
Le fait est qu'en lisant les récits de l'aventureux Portugais, on serait parfois tenté de dire ce que disait des
Voyages de Gulliver un naïf lecteur : « Ce monsieur
Gulliver est bien intéressant; mais il raconte çà et là
des choses difficiles à croire. »

En ce qui tient au Japon, la relation de Pinto est cependant véridique. Il fut emporté par un coup de vent
vers l'île de Kin-sin et se réfugia dans le port de Bungo.
Nul Européen avant lui n'était entré là. Les habitants
de la ville le regardaient avec curiosité et avec bonté.
Le gouverneur voulut le voir, et le traita généreusement [2].

Il partit, bien déterminé à revenir, et revint en effet
l'année suivante avec une mission du vice-roi de Por-

---

[1] « Ferdinand Mendez Pinto was but a type of thee, thou liar of the
first magnitud. *Love for love.* »

[2] *Les Voyages advantureux de Fernand Mendez Pinto,* traduits du
portugais par B. Figuier, 3 vol. in-8°. Paris, 1830.

tugal. Il obtint un traité de commerce fort avantageux pour ses compatriotes, et bientôt dans les rades du Japon arrivèrent les navires des négociants de Goa et de Macao.

Avec ces négociants arrivent aussi les missionnaires catholiques, et d'abord le tendre et fervent apôtre, illustré par ses voyages, sanctifié par ses vertus, saint François Xavier, qui, par sa parole et par sa charité, si doucement et si éloquemment enseignait l'Évangile. Il aima le Japon ; il y fut aimé et béni.

Après les Portugais, ces ardents, ces chevaleresques et poétiques explorateurs du seizième siècle, Vasco de Gama, Albuquerque, Camoëns, apparaissent les Hollandais, ces habiles et patients laboureurs de la mer. Sur plusieurs points, principalement par les ports de Bungo, Férundo, et Nagasaki, l'empire d'Orient est ouvert à l'industrie et à la science des régions occidentales.

Pendant un long espace de temps, le dogme catholique pénètre au milieu des disciples du sintoïsme et du boudhisme, et le commerce des Européens dans les villes japonaises s'accroît de jour en jour. Les Portugais, dit un ancien écrivain, tiraient la *moelle d'or* du Japon, et Kæmpfer ajoute que s'ils avaient pu pendant une vingtaine d'années encore continuer prudemment leurs fructueux échanges, ils auraient amassé à Macao plus de richesses qu'on ne pouvait en voir à Jérusalem du temps de Salomon.

Mais l'attitude des Portugais, enorgueillis de leurs succès, souvent offensait les hauts dignitaires du pays. Les progrès du christianisme irritaient les bonzes, et le siogoun (l'empereur temporel) était inquiet de tout ce qu'il entendait raconter de la puissance de Philippe II, maître du Portugal, maître de Goa, de Macao et des

Philippines. Un incident fit éclater la catastrophe préparée par ces méfiances et ces animadversions. Des lettres saisies sur un navire révélaient un complot organisé pour détrôner l'empereur. La colère du gouvernement frappa les innocents comme les coupables.

Par un décret impérial, les Portugais furent à jamais bannis; toute communication directe ou indirecte avec eux interdite sous peine de mort, et l'enseignement et le culte du catholicisme également proscrits.

Cette ordonnance fut suivie d'une persécution semblable à celle des premiers temps de l'Église, et, dans l'empire des souverains japonais, comme dans l'empire des Néron et des Dioclétien, la même croyance produisit le même héroïsme. Des milliers d'hommes, de femmes, d'enfants, subirent avec un courage inébranlable les tortures et la mort en proclamant leur espérance chrétienne.

Dès cette époque, pendant un espace de deux cents ans, les Portugais n'ont point reparu au Japon ; les Anglais et les Russes ont à plusieurs reprises essayé vainement d'y pénétrer. Les Hollandais seuls ont obtenu l'autorisation d'y envoyer chaque année deux bâtiments de commerce, mais en se soumettant au contrôle le plus rigoureux, à la surveillance la plus injurieuse. Ils n'ont point été cependant condamnés à fouler aux pieds la croix, comme on l'a souvent répété. « Cette obligation, dit le savant Thunberg, n'était imposée qu'aux Japonais des districts où les missions catholiques avaient fait des prosélytes. Chaque année ils devaient publiquement, devant des inspecteurs, marcher sur des statues en bronze représentant l'image de Jésus-Christ et de la Vierge. Par là, le gouvernement voulait constater l'anéantissement du christianisme et raviver la haine contre les Portugais[1]. »

Le Japon a reçu de la Chine les enseignements de Confucius et les caractères idéographiques; des missionnaires européens, diverses notions d'histoire, de géographie et de mathématiques. Les Hollandais ont importé à Yeddo des instruments de chirurgie, de géométrie, de physique, d'astronomie, et des livres scientifiques dont quelques-uns ont été traduits en japonais. Mais, en réalité, jusque dans les derniers temps, ce pays n'avait subi aucune modification par ses rapports accidentels avec les nations étrangères.

Tel il était en des siècles lointains, tel il apparut à l'escadre américaine qui, en 1853, l'obligea à rompre ses barrières[2]. Reportons-nous à cette époque, nous allons voir ses coutumes traditionnelles et ses institutions séculaires.

Un peuple laborieux, un vaste régime féodal, une riche aristocratie, des princes qui tirent de leurs domaines annuellement plusieurs millions[5]; au-dessus de ces grands feudataires, de ces daïmios, deux potentats : le siogoun ou taïkoun et le mikado.

Les daïmios, avec leur énorme fortune, pourraient s'abandonner à une ambition dangereuse; mais leurs rentes sont fort diminuées par les dépenses qu'ils doi-

----

[1] *Voyage de C. P. Thunbery au Japon*, t. III.

[2] *Narrative of the expedition of an american squadron to the China seas and Japon, under the command of commodore M. C. Parry*, 1 vol. in-8°. New-York, 1857.

[5] On estime le revenu du prince de Nagato à près de 6 millions, celui du prince d'Ako à 6,900,000 francs, celui du prince de Ksiou à 8,880,000 francs.

Humbert, *le Japon illustré*, l'un des livres les plus beaux et les plus complets qui aient jamais été publiés sur cette contrée. 2 vol. in-4°. Paris, librairie Hachette, 1871.

vent faire pour le service de l'État. De plus ils sont
obligés de venir passer six mois de l'année à Yeddo.

« Ils occupent là, dit un voyageur anglais, de vastes
édifices, solidement construits, qui ressemblent à des
casernes, et quand ils retournent dans leurs domaines,
ils sont tenus de laisser leur famille en otage dans la
capitale[1]. »

Le siogoun est le successeur d'un habile général qui
au douzième siècle réussit à faire d'un emploi secondaire et passager un pouvoir héréditaire et souverain.
Il commande les armées et gouverne le pays de concert
avec les daïmios. Il n'est, en réalité, que le premier
vassal du mikado, mais un vassal investi d'une autorité
suprême.

Le mikado est le successeur du puissant Zin-mou, le
descendant en ligne directe des génies célestes. On le
regarde comme un dieu. En sa qualité de dieu, il ne
peut sortir de son palais. Jamais ses pieds ne touchent
le sol, jamais sa tête n'est exposée au grand air, jamais enfin il ne doit subir le contact ou l'atteinte des
éléments ni des hommes. Ses cheveux, sa barbe et ses
ongles sont des objets sacrés que l'on n'ose tailler dans le
jour. Sa toilette est faite en silence pendant son sommeil.
On brise, après chaque repas, la vaisselle que ses mains
ont touchée, et chaque jour on le revêt d'un habit neuf.
Douze femmes ont particulièrement le privilége de le
servir. L'une d'elles porte le titre d'impératrice[2].

La dynastie du siogoun remonte au douzième siècle;
la dynastie du mikado dure depuis deux mille cinq cents
ans.

Le Japon barbare garde ainsi ses deux couronnes.

---

[1] *Two years in Japon,* by Éd. de Fonblanque.
[2] Humbert, *le Japon illustré.*

L'Europe civilisée n'a point de telles persévérances.

Le Japon barbare garde son caractère national. Les voyageurs modernes le voient le même que les missionnaires du seizième siècle, et en font le même éloge.

Une page dans laquelle M. de Hübner décrit le cultivateur japonais est une véritable idylle.

« Le Japonais, dit-il, est ami de la nature. En Europe, le sentiment du beau a besoin d'être développé et formé par l'instruction. Nos paysans parleront de la fertilité des champs, de l'abondance de l'eau qui fait marcher les moulins, de la valeur des fruits, mais non des charmes pittoresques du pays. Ils n'y sont pas complétement insensibles ; mais ce qu'ils éprouvent est une satisfaction vague dont ils ne peuvent se rendre compte. Il n'en est pas ainsi du cultivateur japonais. Chez lui le sentiment du beau est inné. Peut-être aussi a-t-il plus de temps pour le développer. Il est moins accablé de travail que nos paysans : la fertilité du sol, la pluie et le soleil font la moitié de la besogne. Il lui reste des heures entières où, couché sur le seuil de sa cabane, fumant sa pipe, prêtant l'oreille aux chants de ses filles, il laisse errer ses regards sur le paysage qui l'entoure, et qui est beau partout. S'il le peut, il bâtit sa chaumière au bord d'un ruisseau ; au moyen de quelques grosses pierres il crée une petite cascade, car il aime le bruissement de l'eau. A côté s'élève un jeune cèdre ; il en réunit quelques branches, en sépare d'autres, et le fait pencher au-dessus de sa petite chute. C'est un motif que vous voyez mille fois représenté sur les images enluminées. A côté, il plante un abricotier. Quand l'arbre est en fleurs, l'homme et sa famille sont dans l'extase. »

De toutes les contrées de l'Asie, le Japon est la seule qui n'admette pas la polygamie. Là, quand une jeune

fille se marie, elle renonce à toute coquetterie. Elle
altère même sa franche beauté, pour ne pas éveiller de
coupables désirs : elle rase ses sourcils et se noircit les
dents. Que si l'une d'elles, malgré ces rigides précautions, en vient à céder à une fatale tentation, c'est un
crime monstrueux, et le mari outragé doit se tuer solen-
nellement. C'est ainsi que le Japonais barbare se fait
le médecin de son honneur : *el médico de su honra*. En
pareil cas, l'Européen civilisé a d'autres règles de conduite : il tâche de tuer la femme coupable et le séduc-
teur, si mieux il n'aime demander aux tribunaux une
satisfaction par un procès scandaleux.

Le Japon barbare va recevoir les nouvelles leçons
des pays civilisés. En vain ses vieux conseillers lui ont
répété leur *Timeo Danaos*, en vain ils ont dit : « Depuis l'exclusion des Européens, la paix et la prospérité
de notre pays n'ont pas été un instant troublées. S'ils
reviennent, ils ne pourront nous apporter que des enseignements inutiles ou dangereux. Les Japonais ont
bon gîte, bonne nourriture, bon vêtement, et toute la
liberté nécessaire ; ils sont contents de leur façon de
vivre , heureux de leurs rapports domestiques, très-
attachés à leurs coutumes héréditaires. Le marchand
étranger éveillera leur mécontentement ou leur avarice,
leur donnera des besoins artificiels ou des vices inconnus. »

Ainsi parlaient les défenseurs du bon vieux temps.

Mais les Etats-Unis désiraient si vivement témoi-
gner leur amitié à la nation japonaise, et, pour mieux
exprimer ce désir, le commodore Parry entrait dans
la baie d'Yeddo avec de si grands vaisseaux et de si
gros canons ! comment résister à de telles démonstrations ?

Après les États-Unis sont venues la France et l'An-

gleterre, toujours avec la même amitié et les mêmes
gros canons ; puis la Russie, qui désirait établir une
station navale dans l'île d'Yezo, en face de la Mant-
chourie ; puis la Hollande, qui, dans cette extension
des autres peuples, ne pouvait plus se contenter de
son petit îlot de Decima.

Enfin l'empire oriental a de nouveau été ouvert au
monde civilisé. Heureuse influence du monde civilisé !
le Japon s'est mis aussitôt à faire une révolution. Le
sang a coulé, des domaines princiers ont été confisqués,
des couvents dilapidés. C'est ainsi que se font les glorieuses révolutions !

Dans le tumulte de la guerre, dans la joie du pillage
et de la confiscation, tout l'ancien édifice social s'est
écroulé, le féodalisme anéanti, les grands vassaux rui-
nés, le siogoun supprimé, l'empereur spirituel, le mikado, reprenant, dans son sanctuaire, possession du
pouvoir temporel, et les affaires régies par des ministres tout prêts, s'il le faut, à se déclarer, comme
leurs collègues d'Europe, ministres responsables. Deux
de ces conseillers du nouvel empire ont été pris dans
les rangs secondaires de la milice des daïmios ; un
autre, pauvre étudiant de Nagasaki, a été du jour au
lendemain appelé au poste le plus élevé. La révolutionnaire Europe ne sera-t-elle pas jalouse de voir l'antique, le rétrograde Japon, arriver ainsi d'emblée à la
réalisation des belles idées démocratiques ?

M. de Hübner, qui, dans ses hautes fonctions, a souvent pris part aux grandes affaires politiques, devait
naturellement s'émouvoir de cette révolution. Il en a
recherché l'origine et suivi d'un œil attentif le développement. Il en parle avec la réserve d'un diplomate,
dans le langage discret d'un homme de bonne compagnie ; mais à travers ses réserves, on voit qu'il la

juge sévèrement, et craint d'en prévoir les résultats [1].

Grâce à son titre d'ancien ministre et d'ancien ambassadeur, grâce aussi à la persistance de sa volonté, M. de Hübner a pu voir au Japon ce que très-peu de personnes ont la permission de voir. Il a été à Kiyoto, et là, malgré les craintes de ses guides, les résistances des intendants, il a pénétré dans le palais interdit aux profanes, dans sa première et seconde enceinte, et jusque dans son sanctuaire : un vaste édifice, de larges dalles dénudées, quelques beaux arbres, un étang couvert de feuilles mortes au pied de deux maisons posées sur des poutres. Là demeurait autrefois le descendant des dieux, le mikado ; là, il vivait de sa vie de dieu, dans sa morne séquestration.

Après la révolution, il a été s'établir à Yeddo, et par l'effet de cette même révolution, il a renoncé à l'une des plus rigoureuses coutumes de ses aïeux : il est sorti de son palais. Oui, on a vu, chose inouïe, on a vu dans les rues de sa nouvelle capitale le divin empereur passer une fois en calèche, une autre fois dans une voiture de louage. Il portait un uniforme de fantaisie, des aiguillettes d'officier de marine, des broderies d'ambassadeur.

M. de Hübner a obtenu l'honneur de lui être présenté, et plusieurs grands dignitaires l'ont conduit cérémonieusement à la salle d'audience, « une salle de vingt-quatre pieds de long, le plancher couvert d'une natte fine ; aucun meuble, sauf un piédestal de deux pieds de hauteur occupé par le mikado. A l'entrée, la

---

[1] Dans un livre rempli de faits et d'observations, M. Lindau a donné de curieux détails sur les premiers résultats de la rentrée des Européens dans l'empire du mikado. (*Voyage autour du Japon*, 1 vol. in-18. Paris, Hacfiette, 1864.)

pièce était sombre ; mais par un heureux hasard , un rayon de soleil glissant entre les persiennes et par les fentes des cloisons de papier, répandait une vive clarté sur la personne de l'empereur. Dans les rares audiences officielles, un rideau à demi baissé dérobe la tête du souverain aux regards des personnes qui l'approchent. Ici, aucune précaution de ce genre n'avait été prise. Il était assis sur ses talons, les jambes croisées, et tenant ses mains appuyées l'une contre l'autre. C'est exactement la pose qu'on donne aux statues de Bouddha. »

« L'empereur, ajoute M. de Hübner, a vingt ans ; il paraît en avoir trente. Ses traits ont tous les signes de la race japonaise : le nez large et un peu épaté ; le teint blême, mais les yeux vifs et brillants , malgré l'immobilité que lui prescrit l'étiquette. Il me semblait avoir souvent rencontré ce visage dans les rues d'Yeddo. Le costume était on ne peut plus simple : tunique bleu foncé et de très-larges pantalons rouges ; les cheveux arrangés à la mode du pays ; à l'oreille droite une aigrette faite d'une branche de bambou et de crins s'élevant verticalement à une hauteur de deux pieds et demi, et s'agitant avec violence au moindre mouvement de sa tête. C'est l'insigne du rang suprême. Le mikado et ses ministres ne portent point de bijoux. Excepté en nous adressant la parole , Sa Majesté se tint immobile comme une statue. En parlant, elle ne faisait que murmurer entre ses dents des sons inarticulés et à peine saisissables. Un de ses ministres les répétait à haute voix, et le drogman du palais les traduisait en anglais. »

De la capitale politique des Japonais , M. de Hübner a été à Osaka, leur capitale commerciale ; de Yokohama à Fujiyama, le fameux volcan qui est maintenant éteint et couvert de neige comme l'Hécla. Les artistes de l'empire d'Orient ne se lassent pas de le peindre sur les éventails, les tentures, les écrans.

L'infatigable voyageur a été à l'ancien temple de Hakoni, puis au lac de Biva, partout l'œil lucide et l'esprit éveillé ; tantôt décrivant avec grâce un intérieur de famille ou de paysage ; tantôt recueillant une notion industrielle, un document géographique, une légende populaire ; tantôt disant le résultat de ses observations sur ce qu'il a vu et entendu.

Amateur d'œuvres d'art, il se plaît à étudier l'architecture, la ciselure, l'orfévrerie, l'imagerie des Japonais. Très-nettement il en démontre l'idée traditionnelle, le caractère singulier, et nous représente en quelques lignes la situation de l'artiste dans ce curieux pays.

« Il n'y a, au Japon, ni ateliers, ni académies, ni marchands de tableaux. Il paraît que l'art se transmet dans la même famille de père en fils. De là son caractère stéréotypé. Ordinairement, l'amateur qui fait une commande appelle l'artiste, lui paye trois ou quatre rios (18 à 30 fr.) par mois, le loge et le nourrit pendant tout le temps de son travail, et en retour attend de lui un certain nombre de tableaux qui, exécutés sur de la la soie ou du papier, se conservent, roulés ou collés, sur des baguettes de bambou, et suspendus dans la niche ou sur la portion immobile de la cloison de l'appartement d'honneur. Ce fut exactement ainsi que Murillo, pendant cinq ans, dans un monastère de Séville, et dix dans un autre, créa ses chefs-d'œuvre, et péniblement et misérablement gagna l'auréole de l'immortalité. »

Homme du monde, élevé dans les habitudes héréditaires de l'aristocratie, M. de Hübner remarque la res-

pectueuse attitude des domestiques japonais devant leurs
maîtres, et il dit :

« Ici subsistent encore des formes de politesse réglées
par l'étiquette depuis un temps immémorial. En Europe
au seizième siècle, et plus tard encore, des démonstrations analogues étaient de rigueur. Des personnes du
même rang s'inclinaient jusqu'à terre avant de s'em-
brasser. Les enfants se mettaient à genoux devant leurs
parents pour leur dire bonsoir. Un page, fils de gentilhomme, s'agenouillait en servant son maître. Le baise-
main des grandes cérémonies s'est encore conservé dans
plus d'une cour d'Europe. Mais les négociants de
Yokoama, trouvant ces démonstrations absurdes et in-
dignes de l'humanité, les ont interdites à leurs domestiques japonais, qui, affranchis des règles et usages de
leur pays, sont devenus grossiers et insolents. Il est
facile de détruire les formes d'une civilisation et difficile de les remplacer par d'autres. »

Chrétien fidèle, M. de Hübner se plaît à chercher les
traces du christianisme. Sur le chemin de Kiyoto, il
parcourt avec un sentiment pieux la ville où séjourna
saint François Xavier. Dans la baie de Nagasaki, il regarde avec émotion le rocher du haut duquel, en 1658,
quatre mille chrétiens furent précipités dans la mer.
« Là, dit-il, a été noyée la véritable civilisation du
Japon. »

Nous recommandons aux lecteurs les pages éloquentes
où il raconte les diverses péripéties du christianisme
dans cette contrée.

Avec la même fidèle pensée, il visite à Shangaï le
couvent des jésuites et la maison de refuge fondée par
les sœurs de Charité pour les enfants abandonnés. En
Chine, au sein des familles pauvres, et parfois même
des familles aisées, les filles sont considérées comme

une charge dont on a le droit de s'affranchir. Elles sont
jetées dans la rue ou dans la rivière, ou enterrées vives.
Ce sont ces malheureuses créatures que nos religieuses
recueillent à Pékin, à Canton, partout où elles ont pu
établir leur orphelinat. Admirable vertu du catholicisme ! « Hier encore, dit M. de Hübner, ces petits
êtres nés au bord de la tombe, gisaient sur un tas d'immondices, exposés à être dévorés par les cochons, ou à
s'éteindre dans une lente et terrible agonie. Aujour-
d'hui ils ont trouvé des mères qui, pour les sauver,
sont accourues de l'autre extrémité du monde. »

De Shangaï, l'avant-poste des Européens sur les rives
de l'Empire-Céleste, M. de Hübner s'en va voyager dans
cet empire. Naturellement il ira jusqu'à la grande
muraille, et naturellement, avec son insatiable curiosité, en dépit de tous les obstacles, il pénétrera, d'ici,
delà, dans tous les édifices interdits aux vulgaires mortels. C'est ainsi qu'à Pékin il est entré dans le temple
du Ciel, visité par l'empereur une fois par an, et le
reste du temps rigoureusement fermé. C'est ainsi qu'à
Canton, par un ordre spécial du vice-roi, il est parvenu
à voir la prison des condamnés à mort, hommes et
femmes, avec ses cangues et ses tortures. Il l'appelle
l'abîme de l'abomination.

De Pékin et de Canton, M. de Hübner a fait une vive
description. Mais dans cette dernière partie de son
voyage, ce qui est surtout intéressant, c'est le récit des
drames de Tien-tsin. C'est le résultat de ses études et
de ses réflexions en de hautes questions. Œuvre d'un
historien, œuvre d'un diplomate, toutes deux graves et
sagaces.

Dans la populeuse et tumultueuse cité de Tien-tsin,
il a appris, par les documents les plus authentiques,
tous les incidents de cette terrible journée du 21 juin

1870 , où le consul de France et plusieurs négociants français, deux prêtres et dix sœurs de Charité furent égorgés et déchirés par une plèbe fanatique.

A Pékin, à Canton, à Shangaï, à Macao, M. de Hübner a interrogé les hommes les plus expérimentés, fonctionnaires indigènes, diplomates européens, négociants. Avec les renseignements qu'il a recueillis, avec ses observations personnelles, il a fait un lumineux exposé de l'état social et politique de la Chine depuis la dernière guerre, de ses difficultés intérieures, de ses dispositions envers les étrangers, particulièrement envers les chrétiens, dont le nombre s'accroît sans cesse.

Nous ne pouvons reproduire intégralement ce large travail, et, en l'analysant, nous craindrions d'en amoindrir l'importance. Il doit être lu en entier avec attention.

C'est sur un bateau des Messageries françaises, en traversant la Méditerranée, que M. de Hübner achève d'écrire sa narration. En lisant sa dernière page, on arrive avec lui à Marseille, au pied de Notre-Dame de la Garde, et l'on regrette d'avoir fini si vite cette promenade autour du monde, si instructive et si charmante.

III

VOYAGE DE M. DE CARNÉ [1]

Nous devons aux missionnaires catholiques les premières notions sur cette vaste péninsule longtemps inconnue qu'on appelle l'Indo-Chine. Là, comme dans
les autres régions de l'Asie, comme en Afrique et en
Amérique, ces doux interprètes de l'Évangile ont été
et sont encore, sur différents points, les éclaireurs de
la science, les pionniers de la civilisation. Humbles et
pauvres, sans souci des besoins du jour, sans crainte
des mortels périls, la foi dans le cœur, la croix à la
main, ils s'en vont à travers les contrées désertes, les
torrents impétueux, les forêts sauvages, chercher l'obscure cabane où ils feront luire la lumière de Bethléem.

En même temps qu'ils se dévouent à ce pieux devoir,
ils accomplissent peu à peu, sans prétention aucune,
par un patient travail, une œuvre scientifique. Ils étu-
dient la géographie des lieux qu'ils parcourent, la

[1] 1 vol. in-12 avec carte et gravures. Dentu, 1872

langue, les mœurs, les traditions des peuplades au sein desquelles ils vont répandre la bonne semence, et un jour, on est tout surpris d'apprendre qu'un problème ethnographique ou philologique, longtemps inutilement discuté par les plus illustres professeurs, vient d'être résolu par un modeste prêtre dont le nom n'a jamais résonné dans aucune académie.

De tout temps, la France a eu, dans cette noble milice, de nombreux représentants, et ils ont fait au loin aimer et respecter son nom.

Au dix-septième siècle, ni les Portugais, ni les Hollandais, ni les Anglais, ces ardents explorateurs, n'avaient pu entrer en rapports directs avec la cour de Pékin. En 1689, notre missionnaire Bouvet conduisait vers le souverain du Céleste-Empire une ambassade française, et obtenait pour elle une exemption de cérémonial que lord Amherst sollicita vainement en 1861 [1].

Au dix-huitième siècle, le savant jésuite Parennin, le fils d'un paysan des environs de Pontarlier, jouissait d'une grande autorité parmi les mandarins, et du fond de la Chine adressait à l'Académie des sciences à Paris des lettres que Voltaire lui-même n'a pu s'empêcher de louer.

Un autre de nos compatriotes, le Père de Rhodes, qui fut, pendant de longues années, le chef de la mission de Cochinchine, apprenait, en quelques mois, à parler aisément la langue du pays, l'une des langues les plus difficiles qu'il y ait au monde [2].

---

[1] *Journal of the first french embassy to China,* traduit d'un manuscrit inédit. London, 1859.

[2] Tous les mots de cette langue sont des monosyllables, et l'on ne distingue leur signification que par les divers tons qu'on leur donne en

Malgré les persécutions qu'elle subit à diverses reprises, les emprisonnements et les tortures qui devaient
l'épouvanter, les arrêts de mort qui devaient l'anéantir,
cette mission de Cochinchine continua bravement son
œuvre. A l'aide de quelques hardis néophytes, elle
trouvait un refuge pendant les jours de proscription,
elle prêchait et baptisait dans les cavernes, puis, dès
que l'orage était passé, on la voyait reparaître près de
ses chapelles en ruines, confiante et résolue comme
auparavant.

Vers la fin du siècle dernier, elle était placée sous la
direction de M. Pigneau de Behaines, un homme d'une
haute intelligence qui, entre deux révolutions, préparait une grande œuvre. Il venait d'être nommé évêque
d'Adran *in partibus*, lorsque dans la contrée où il ne
songeait qu'à poursuivre son pacifique apostolat, Gia-
Long, le roi légitime est détrôné, proscrit, sans ressources. Le généreux prélat s'attache à cet infortuné, le
suit dans sa retraite, le réconforte et entreprend de lui
faire rendre sa souveraineté. Oui, il ira en France, il
verra le ministre, il obtiendra des navires, des soldats,
qui combattront vaillamment pour le bon droit et sub-
jugueront les révoltés.

Le malheureux roi vaincu, mais plein de courage.
n'aspire qu'à recommencer le combat. Il a foi en ce vénérable prêtre dont il connaît depuis longtemps l'intelligence, dont il vient d'éprouver la charité. Il lui confie
ce qu'il a de plus cher, son fils, innocent Joas, dérobé
par miracle aux fureurs de ses ennemis. Il lui remet
avec un entier abandon ses pleins pouvoirs pour régler

les articulant. Un monosyllabe, par exemple Daï, signifie vingt-huit choses entièrement différentes par les diverses façons de l'accentuer et de
le prononcer.

les conditions du contrat qu'il désire conclure avec le gouvernement de la France.

Et l'évêque s'embarque pour son long voyage et s'en va à Versailles avec son jeune pupille, qui sera fort choyé. Il visite les ministres, il est admis auprès de Louis XVI, il lui dit ses projets. Louis XVI avait, dans sa sainte âme, un trop vif sentiment de l'honneur et des intérêts de la France pour ne pas s'associer avec empressement à l'idée du valeureux prélat. En prenant la défense du roi détrôné, il faisait un acte de magnanime justice, et, par là, il espérait relever, au delà des mers, la gloire de notre drapeau, reconstituer pour nous, dans les parages de l'Inde, un nouvel élément de pouvoir, une nouvelle colonie.

Noble espérance ! hélas ! c'était en 1787. Si près du 10 août ! Si près du martyre !

Mais, en 1787, il pouvait encore agir selon sa libre et généreuse pensée. Les négociations auxquelles il s'intéressait s'achevèrent sans entraves. Le traité cochinchinois fut signé d'un côté par MM. de Vergennes et de Montmorin ; de l'autre par le fils de Gia-Long et Mgr Pigneau.

Le roi de France s'engageait à fournir à son allié vingt bâtiments de guerre, des régiments européens, des troupes coloniales, de l'argent, des armes, des munitions.

Par les engagements du roi de Cochinchine, nous obtenions dans ses États, la cession à perpétuité d'un port et d'un territoire, l'autorisation de prendre dans ses forêts les bois nécessaires pour construire nos navires, le droit d'instituer à notre gré des consulats dans ses différentes villes, le libre exercice du culte catholique, et enfin des milliers de soldats pour nous soutenir, si nous avions une guerre dans l'Inde.

Les Anglais apprirent avec douleur les clauses de ce
contrat. Ils en examinaient avec une âpre jalousie les
conséquences probables et s'en effrayaient. Bientôt ils
furent rassurés.

L'actif, le hardi, le généreux prélat ne put obtenir
en France l'armement qui lui était promis, et celui qu'il
espérait trouver dans nos domaines de l'Inde lui fut
enlevé par le mauvais vouloir d'une femme qui exer-
çait un fatal ascendant sur le gouverneur de Pondichéry.

Il parvint seulement à réunir quelques centaines de
soldats et une vingtaine de braves officiers. Avec ces
vaillants hommes, Gia-Long attaqua résolûment ses
adversaires, les mit en déroute, les chassa de leurs forteresses, et comme son fidèle protecteur l'avait prévu,
il finit par reconquérir son royaume.

Mais alors nous ne pouvions plus fonder sur cette
terre lointaine notre colonie. La France était livrée à
l'enfer de la révolution. Les révolutions ne fondent rien.
Elles tuent et détruisent.

Par sa reconnaissance, Gia-Long se montra digne
pourtant des services qui lui étaient rendus. Il traita si
amicalement nos officiers, que plusieurs d'entre eux
ne voulurent plus le quitter[1]. Dans l'éclat de ses victoires, il n'oublia pas un instant ce qu'il devait à l'évêque d'Adran. Il le combla des plus hautes marques de
distinction.

Près de Saïgon, à l'ombre des aréquiers, s'élève un
édifice religieux que l'empereur Gia-Long a fait construire par un architecte français. C'est le tombeau de
cet illustre évêque qui, aux humbles vertus du céno-

---

[1] Entre autres MM. Vagnier et Chaigneau qui furent nommés mandarins. *La Cochinchine et le Tonquin*, par M. E. Veuillot, p. 225.

bite, joignait l'ardeur de l'apôtre et le génie de l'homme d'État.

Confident intime, et pour ainsi dire premier ministre de l'empereur triomphant, il n'employa son pouvoir qu'à soutenir la cause de sa religion. Jamais il ne cessa de penser à la France. Il priait avec ferveur pour elle et à ses derniers moments, en 1799, après les horreurs de la Convention, sous le honteux gouvernement du Directoire, il se souvenait encore du plan de colonisation qu'il avait fait en une des douces phases du règne de Louis XVI.

Ses vœux enfin ont été exaucés. En quelques années, après quelques combats, nous avons pris possession de cette province de Cochinchine qui nous était donnée par le traité de 1787. Comme autrefois, dans notre poétique île Maurice, comme autrefois dans notre chevaleresque Louisiane et dans notre cher Canada, qu'on appelait la Nouvelle-France, nos vaillants marins ont élevé sur les rives du Cambodge leur pavillon, nos prêtres ont édifié leurs églises et leurs écoles, nos négociants leurs maisons de commerce, nos artisans leurs ateliers. Après nos derniers désastres, nous avons là, comme en d'autres lieux, des intérêts nationaux, des intérêts de cœur et de fortune.

Et pour le naturaliste, l'ethnographe, le philologue, l'historien, quelle quantité d'études nouvelles à faire dans cet immense espace de l'Indo-Chine qui, du voisinage de l'équateur, s'étend jusqu'au vingt-sixième degré de latitude septentrionale : flore et faune de ces cinq chaînes de montagnes nouées aux chaînes du Thibet, de ces larges vallées qui descendent vers la mer de Chine, le golfe de Siam, et le golfe du Bengale, physionomies et dialectes de diverses races, traditions d'événements dramatiques, migrations et combats,

puisque le combat est partout, même aux lieux où
l'homme a plus de place qu'il n'en peut occuper.

La Chine, à diverses reprises, a essayé d'asservir le
Tonquin, le royaume de Siam, l'empire des Birmans.
Ces mêmes États ont lutté l'un contre l'autre avec achar-
nement. Le Cambodge, qui n'est plus aujourd'hui qu'une
faible province soumise à notre protectorat, était jadis
un empire d'une puissance fabuleuse. Un officier chinois, qui le visita au treizième siècle, dit que ce pays
avait une étendue de 700 lieues et possédait 200,000
éléphants de guerre[1]. D'autres chroniques racontent
que cent-vingt rois étaient ses tributaires, et qu'il pouvait mettre en campagne une armée de cinq millions
d'hommes.

Dans sa capitale, les bâtiments du Trésor occupaient
un espace de plusieurs lieues. Dans le palais du roi, on
voyait une multitude de colonnes couvertes de peintures
et une fenêtre à treillis d'or, au haut de laquelle étaient
suspendus cinquante miroirs où se réflétaient les images de la rue. Le magnifique monarque portait à ses
mains et à ses pieds des anneaux et des bracelets d'or.
Aux heures solennelles, sur sa tête étincelait une couronne d'or chargée de diamants ; aux jours de petite
cérémonie, il mettait tout simplement à son front une
perle que Cléopâtre aurait eu de la peine à dissoudre,
une perle qui pesait deux ou trois livres.

On sait avec quelle facilité les Orientaux prodiguent
les détails merveilleux dans leurs récits. Mais ce qui at-
teste de la façon la plus visible, la plus palpable, l'ancienne fortune du Cambodge, ce sont les ruines de son
temple, de sa cité d'Ongkor, ruines étranges comme
celles qui ont été découvertes par M. Stephensen dans

---

[1] *Nouveaux mélanges asiatiques,* par M. A. de Rémusat, t. I, p. 87.

l'Amérique centrale, ruines gigantesques comme celles
de Ninive et de Persépolis, décorées de fines ciselures,
comme les rosaces et les clochetons du moyen âge, et
perdues au milieu de l'écrasante végétation des tropiques, comme les colonnes de Palmyre et les sphynx
d'Égypte au milieu des sables.

Saïgon, la capitale de notre colonie cochinchinoise,
a une imprimerie qui nous donne des rapports officiels
et des pages historiques souvent fort instructives. Des
écrivains de mérite ont publié aussi sur diverses parties de l'Indo-Chine de très-curieuses notions[1]. Parmi
ces œuvres récentes. il en est deux qui doivent exciter particulièrement notre intérêt. C'est le récit de
voyage de M. Mouhot[2] et celui de M. L. de Carné, le fils
de l'illustre académicien.

Henri Mouhot, un Franc-Comtois de Montbéliard, la
ville natale de Cuvier et de Laurillard. La science de
ces deux grands maîtres le séduisait. Tout jeune il ma-
nifestait une vive prédilection pour l'histoire naturelle.
Il avait aussi une aptitude particulière à l'étude des
langues, et le goût des arts, et le désir de voir les pays
étrangers. Sa chétive fortune ne lui permettait guère
de s'abandonner à ces rêves juvéniles. Par son travail,
par sa précoce instruction, il acquit ce qu'il désirait ardemment : le moyen de voyager. Après avoir traversé la
Russie, l'Allemagne, la Hollande, il s'était établi en
Angleterre, et il venait d'épouser la descendante d'un

---

[1] *La Cochinchine et le Tonquin,* par M. E. Veuillot, 1 vol. in-8. —
Voyage en Indo-Chine, par le P. Bouillevaux, 1 vol. in-12. — *Cochinchine française,* par Ch. Lemire, 1 vol. in-12. — *Annuaire de la Cochinchine française.* Saïgon, in-8 . — *Tableau de la Cochinchine,*
par MM. Cortambert et L. de Rosny, 1 vol. in 8°, 1862.

[2] *Travels in the central parts of Indo-China,* 2 vol. in-8°. Londres, 1864. — Publiés d'abord en français dans le *Tour du Monde,*
réimprimés en 1 vol. in-12. Paris, Hachette, 1868.

fameux voyageur, Mungo Park, lorsque la lecture d'un livre sur le royaume de Siam suscita en lui le désir de visiter cette contrée si peu connue. La principale difficulté en cette affaire était encore la question d'argent. Par bonheur, la Société zoologique et la Société géographique de Londres avaient eu déjà l'occasion d'apprécier l'esprit et le caractère du jeune Franc-Comtois. Elles se réunirent pour lui constituer une modique subvention qu'il accepta avec empressement. Il s'exaltait à l'idée de s'en aller au delà des mers accomplir une tâche nouvelle et de revenir dans son pays, ayant fait d'importantes découvertes, ayant mérité que son nom fût inscrit dans les annales de la science. Avec cet espoir, il s'éloignait courageusement de sa femme aimée, de son frère, qui avait été en diverses excursions son fidèle compagnon, et de son cher foyer de Montbéliard.

Le 27 avril 1859, il s'embarquait à Londres sur un navire de commerce. Cinq mois après, il arrivait dans l'Indo-Chine. Il a été là quatre années, toujours à l'œuvre, à travers tous les obstacles.

Avec ses faibles émoluments et quelques lettres de recommandation, il ne pouvait voyager dans les royaumes indiens comme un ambassadeur ou comme un mandarin. Il devait au contraire se heurter à de nombreuses entraves et se résigner à de dures privations. Mais il avait la force physique et la force morale, l'heureux élan de la jeunesse et l'un des dons les plus précieux, la bienveillance qui attire la bienveillance.

Doux et compatissant, il conquiert l'affection des pauvres gens qui pour un minime salaire rament sur son canot, ou conduisent les buffles attelés à sa charrette.

Patient et vigoureux, il supporte sans se plaindre les pluies torrentielles et les feux ardents d'un ciel tropical.

Habile chasseur, il s'aventure intrépidement au milieu des forêts où il peut se trouver tout à coup en face d'un rhinocéros, d'un tigre, d'un groupe d'éléphants sauvages.

Que, si parfois il se sent affaibli par de trop longues marches ou de trop dures privations, attristé par la perspective des souffrances qu'il doit encore subir, il se réconforte en songeant à sa famille, il se console par un sentiment religieux.

Un jour, après avoir péniblement remonté le cours d'une rivière, il aperçoit, dans une plaine marécageuse, au haut d'un toit de feuillage, une croix, la croix qui annonce la demeure d'un missionnaire, et il s'écrie : « Pendant un temps plus ou moins long, avez-vous été privé de vos parents et de vos amis, séparé de la société civilisée ? Avez-vous été assailli par les ouragans ou tourmenté par les hommes ? Avez-vous été malheureux ? Avez-vous perdu un être aimé ? En un mot, avez-vous souffert ? Alors vous comprendrez le sentiment avec lequel le voyageur solitaire salue la croix, le divin emblème de notre religion. C'est pour lui un ami, un consolateur, un frère, un père. A l'aspect de cette croix, son cœur se dilate. Plus on a été malheureux, plus on se plaît à la contempler. Vous vous agenouillez, vous priez, vous oubliez vos peines et vous sentez que Dieu est avec vous. C'est ce qui m'est arrivé. »

Né et élevé dans la doctrine protestante, M. Mouhot parle avec une profonde admiration des missionnaires catholiques et cite avec une touchante expression de gratitude et de respect ceux qu'il a rencontrés dans ses diverses pérégrinations.

Ainsi s'en va l'honnête et alerte voyageur, l'œil vigilant, l'esprit éveillé, l'âme ouverte à toutes les bonnes émotions et affermie dans toutes les circonstances par l'austère sentiment du devoir. Cet amour du devoir l'entraîne dans des districts où nul voyageur, si ce n'est peut-être quelque intrépide missionnaire, n'avait encore pénétré, et il ne se dévoue pas seulement à sa tâche de naturaliste. Il observe attentivement le caractère et les habitudes des différentes communautés au milieu desquelles il s'arrête, et recherche avec avidité tout ce qui tient à leur histoire, à leurs traditions religieuses, à leur géographie.

C'est ainsi qu'il a recueilli de curieuses notions sur le royaume de Siam, le Cambodge, le Laos et la région montagneuse où campent les Stiengs sauvages. Il se plaît aussi à raconter ses aventures de voyage et à dépeindre les scènes de la nature ou les monuments. Il a relevé le plan des antiques ruines de Battabang enfouies sous un amas de plantes touffues, et il a fait une admirable description des ruines d'Ongkor.

En 1862, un soir, au mois d'avril, il écrivait : « Me voici de retour à Bangkok, après quinze mois d'excursion. Pendant ce temps, à peine ai-je eu de loin en loin l'agrément d'un lit, pas d'autre boisson que de la mauvaise eau, ni d'autre nourriture que du riz et du poisson sec. Pourtant, ce régime ne m'a point affaibli, et je n'ai point eu d'accès de fièvre dans l'intérieur de ces forêts où, souvent trempé jusqu'aux os et ne pouvant changer de linge, je bivouaquais la nuit au pied des arbres. »

Encouragé par cette épreuve, il veut continuer ses travaux. Une des précieuses collections d'oiseaux, d'insectes, de coquillages qu'il envoyait en Angleterre a été perdue dans un naufrage, il veut en former une autre, et il va s'aventurer dans une région nouvelle. Avec une frêle embarcation et deux pauvres Cochinchinois dont il a fait par sa bonté des serviteurs dévoués, il entreprend de remonter jusqu'en Chine le Mékong, ce grand fleuve chanté par Camoëns[1].

Mais, dans le Laos, il est saisi par la fièvre des jungles à laquelle jusque-là il avait si heureusement échappé. Le 29 octobre, d'une main tremblante, il écrit ces mots dans son journal : « O mon Dieu, ayez pitié de moi ! »

Sa dernière ligne. Une pensée religieuse, une prière après sa vie d'études et de labeurs. O brave et tendre Franc-Comtois !

Quelques jours après il était mort.

Les officiers français qui, en 1867, suivaient ses traces le long du Mékong lui ont élevé un monument à l'endroit même où il avait succombé.

Les savantes sociétés d'Angleterre dont il avait été le si actif et si intelligent délégué lui ont rendu un solennel hommage.

Sa ville natale ne l'a point oublié.

Ceux-là non plus ne l'oublieront pas qui auront lu son entraînante narration.

Il est mort aussi ce vaillant L. de Carné qui, comme M. Mouhot, avait voulu explorer l'extrême Orient. Il n'était point cependant, comme M. Mouhot, obligé de chercher dans le fruit d'un patient travail un allègement aux rigueurs de la fortune. Son nom, sa famille, ses relations, lui rendaient tout chemin facile. Mais il

---

[1]
Vés passa por Cambajo Mecom rio
Que capitan dos aguas se interprata
Tantas recebe d'outro so no estio
Que alaga os campos largos e inquieta.
(*Os Lusiadas*, chant X, strophe 127.)

était de ceux qui se font de la vie une idée sérieuse,
qui préfèrent les fermes entreprises aux vaines frivo-
lités, le combat à l'inertie, qui disent avec le poëte :

> Quelque plaisir furtif, quelque erreur, quelque peine,
>   Non, tel n'est point notre destin.
> Mais la vive action, la lutte dans l'arène,
>   Un pas de plus chaque matin [1].

Gentilhomme de vieille souche et gentilhomme de la
glorieuse Bretagne, par ces deux titres, par les enseignements de la maison paternelle, il se sentait naturellement porté aux généreux desseins. Tout jeune, il entrait au ministère des affaires étrangères, avec le titre
d'attaché, comme autrefois son père. Il aspirait à
voyager, comme son père, plus loin encore, et il accepta avec joie une mission pour l'Indo-Chine.

Dans l'intérêt de nos relations commerciales, et en
particulier de notre colonie, une commission avait été
judicieusement organisée par notre gouvernement.

Elle se composait de trois officiers de marine chargés
des travaux hydrographiques et des observations astrono-
miques, de deux médecins fort experts dans l'étude des
sciences naturelles et de M. L. de Carné, à qui le ministre des affaires étrangères confiait l'examen spécial
des affaires politiques et commerciales.

Au mois de juin 1866, cette commission, présidée par
un officier de marine d'un rare mérite, M. de Lagrée,
partait de Saïgon avec trois interprètes et une escorte
de douze soldats dont six européens et six annamites.
Elle allait essayer de résoudre un grand problème, elle
allait explorer le Mékong qui descend des montagnes

---

[1] T. Longfellow, *The psalm of life.*

du Thibet et, par quatre embouchures, se jette dans la mer de Chine. Si l'on parvenait à le remonter jusqu'à son origine, si, dans toute son étendue, il était navigable, ou si on pouvait le rendre navigable, quel événement! Par là désormais on irait directement en Chine, par là, notre port de Saïgon devenait l'entrepôt commercial du monde entier.

A la fin du siècle dernier, quand Bruce arrive au pied des collines de Geesh, il s'écrie avec un orgueil superbe : « On peut se figurer l'impression que j'éprouvai en atteignant à ce but qui, pendant trois mille ans, a trompé les efforts de la science et de l'industrie, les recherches des anciens et des modernes. Des rois ont armé, pour s'y rendre plus sûrement, des légions entières, et toutes leurs tentatives n'ont abouti qu'à un fatal désappointement. Moi, simple Breton, je triomphe, dans mon esprit, des rois et des armées. Me voilà parvenu, à travers des souffrances et des périls insurmontables, au lieu qu'ils ont vainement cherché. Me voilà aux sources du Nil. »

Bruce se trompait. Les trois fontaines de Geesh ne sont point les sources du Nil, et, à supposer qu'il eût fait la découverte dont il était si fier, elle n'offrait aucune utilité. Mais le Mékong sondé dans toute sa longueur, le Mékong navigable, c'était une nouvelle d'un immense intérêt.

Une telle perspective devait enthousiasmer nos délégués de Saïgon, et quelques-uns peut-être se réjouissaient aussi d'observer sur un large espace les phénomènes de la nature tropicale.

Ah! les régions des tropiques, celui qui ne les a pas vues ne peut se représenter par l'imagination cette fabuleuse puissance, cette exubérance de vie et de végétation, ces colonnes de palmiers et de cocotiers portant à leur sommet une couronne de fruits onctueux, ces bananiers qui sans cesse produisent les grappes nutritives, et sans cesse renaissent, ces tiges colossales des bois résineux dont l'écorce distille la gutta-percha ou l'encens; ces géants des forêts vierges reliés l'un à l'autre par des lianes gigantesques, comme les mâts d'un vaisseau par des cordages, et décorés d'éclatantes guirlandes, comme des arcs de triomphe en des jours pompeux, et ces arbres infatigables dont les rameaux sont toute l'année chargés de fleurs et de fruits, et les aromes exhalés de toutes parts, et la chaude lumière qui donne à l'oiseau, à l'insecte, à la plante l'éclat de l'émeraude, du rubis, du diamant, et les cris, les chants, les soupirs, les crépitations, les bruissements mélodieux ou les harmonies sauvages de tout ce qui respire dans cet océan de lumineux rayons. Oui, là est la force productive de la terre dans sa plus prodigieuse extension. Là est l'enchantement de l'éternelle grandeur, de l'éternelle florescence. A voir ces merveilles, on dirait une image de l'Eden. Mais dans cet Eden trompeur sont les plus grands périls et les plus grands fléaux, les tempêtes épouvantables, les pluies diluviennes, les chaleurs suffocantes; sur le sol, les serpents et les scorpions, les légions de bêtes fauves; dans les eaux, les requins et les caïmans; dans les airs, les tourbillons d'insectes venimeux, les miasmes pestilenciels.

J'ai vu ces régions des tropiques, et d'autres encore. Je suis revenu de mes voyages, bien persuadé que le pays le plus beau, le meilleur, c'est la France. Est-ce sa beauté qui lui suscite tant d'ennemis, hélas? et faut-il lui appliquer le sonnet que Filicaja adressait à l'Italie :

> Italia, Italia, o tu cui feo la sorte
> Dono infelice di belleza.

Les provinces méridionales de l'Indo-Chine produisent, comme celles de l'Amérique, le tabac, le sucre, le coton. Elles ont, en outre, des richesses particulières qu'on ne trouve point dans d'autres contrées à la même latitude, le bois d'aigle aromatique, le teck, dur comme le fer, et incorruptible, l'arec et le bétel, aussi nécessaires aux Siamois et aux Annamites que le tabac aux Peaux-Rouges et le coca aux habitants des Andes. Elles ont la goyave, la mangouste, et de plus le durion, le fruit par excellence ; le lotus aux longues tiges, dont les semences fournissent une excellente farine ; le palmier, dont on extrait un suc enivrant ; l'arbre à pain, l'arbre à vernis et le bambou, cet arbre providentiel, dont on mange les jeunes pousses, dont on emploie les tiges et les rameaux à construire des maisons, à faire des vases, des nattes, des paniers. Elles ont, faut-il le dire, le pétrole. M. le capitaine Cox qui parcourut, il y a un demi-siècle, plusieurs provinces de l'empire des Birmans, y a vu un grand nombre de puits d'où l'on extrayait cette huile, si liquide et si pure, qu'elle pouvait être sans aucune préparation livrée au commerce[1]. J'espère ne pas commettre une imprudence en indiquant ces sources peu connues. La Birmanie est bien loin. Les nouveaux niveleurs qui nous ont si effroyablement fait voir la puissance du pétrole n'iront pas le chercher jusque dans le golfe du Bengale, à trois mille lieues de Paris. La principale production de l'Indo-Chine est le riz dans toutes ses variétés, le riz commun, le riz rouge, le riz gluant. On n'en compte pas moins de quarante espèces. Les rizières, qui occupent toute la population agricole, sont fécondées par des inondations périodiques, comme les plaines d'Égypte par les

---

[1] *Voyage du capitaine Hiram Cox*, t. I, p. 68.

débordements du Nil. Mais l'aspect de ces inondations est effrayant. « Elles arrivent à l'improviste, dit un voyageur du dix-septième siècle, et, se joignant avec la mer, on dirait que ce n'est qu'une même chose[1]. » Dans la partie basse du pays, toutes les routes alors sont supprimées, les barques voguent à travers champs, les animaux féroces se retirent en masse sur les hauteurs. Rien ne donne une plus juste idée du déluge. Les grandes pluies tombent principalement aux mois de septembre, octobre, novembre. Malheur alors à celui qui est obligé de coucher dans les jungles. Sous son toit de feuillage, il est assailli par des myriades de moustiques et des légions de taons, par des pucerons presque imperceptibles dont la piqûre très-douloureuse produit d'énormes ampoules; par des sangsues qui sentent l'homme à vingt pas, et de tous côtés, avec une vitesse incroyable, viennent lui sucer le sang.

Mais le plus funeste fléau des divers États de l'Indo-Chine, c'est leur gouvernement, l'antique despotisme oriental, dans toute son ignorance et toutes ses cruautés, l'écrasement de la population par le stupide ou impitoyable pouvoir du souverain. A ce souverain tout appartient, l'impôt du sol et du commerce, le revenu, le bien, la vie de ses sujets. Le plus modeste de ces potentats s'intitule : Glorieux roi de la terre et de la mer, seigneur de l'éléphant céleste et de tous les éléphants blancs, maître de l'arme surnaturelle, juge suprême, arbitre de l'existence[2]. Ses hauts fonctionnaires, ses mandarins, sont ses premiers esclaves, si chétifs dans leur grandeur et si éblouis par sa sublime gloire, qu'ils ne peuvent se tenir debout de-

---

[1] *Relation de la Cochinchine,* par Borri.
[2] *Account of Ava, Siam et Anam,* p. 492.

vant lui. À son aspect, ils tombent à genoux et restent prosternés, s'appuyant sur leurs coudes, la face contre terre. Dans son étincelante description de Bangkok, M. Ludovic de Beauvoir, le charmant voyageur, nous représente une autre obligation des humbles Siamois. « En remontant le fleuve (le Meh-nam), dit-il, nous ne sommes pas maîtres de notre admiration devant l'effet magique des clochetons et des toits vernissés dont je viens de parler. Mais soudain, tous nos rameurs lâchent leurs pagaies et se prosternent à plat ventre sur leurs bancs. — Qu'est-ce donc? — Nous sommes en vue du palais du roi et du quai où il s'embarque. — Là-devant, tout Siamois doit s'incliner et adorer la demeure du souverain[1]. »

Le nom du roi de Siam et de l'empereur des Birmans, dit un écrivain anglais[2], ne peut, sous peine de mort, être prononcé par un de leurs sujets. Ce nom redoutable n'est confié qu'à un petit nombre de favoris. Personne n'ose s'informer de la disposition d'esprit ou de la santé de ces merveilles de la création, car il n'est pas permis de supposer qu'elles puissent être tristes ou malades.

Les vice-rois et les gouverneurs de province se pavanent dans le même orgueil et s'enrichissent tant qu'ils peuvent par leurs exactions. De dix-huit à soixante ans, chacun de leurs administrés est asservi à l'arbitraire corvée. Il peut à toute heure être enlevé à ses rizières, à sa famille, pour servir dans un régiment, pour ramer sur une pirogue, ou faire quelque autre rude métier.

Nos socialistes, nos communards, devraient aller dans ce pays. Ils auraient là de belles réformes à opérer. Pour

---

[1] *Java, Siam, Canton*, p. 265.
[2] *Revue britannique*, 1865.

les encourager à cette œuvre humanitaire, nous pouvons leur dire que les sublimes maîtres de l'Indo-Chine n'exigent point de l'étranger les génuflexions imposées à leurs courtisans, et qu'ils peuvent se laisser aisément séduire par quelque petit produit de l'industrie européenne. Avec un flacon d'eau de Cologne, une bouteille d'eau-de-vie, un pain de savon, M. Mouhot a gagné les bonnes grâces de deux princes birmans, et M. de Lagrée a touché le cœur d'un roi du Laos en lui envoyant une descente de lit et une cuillère en ruolz.

Quel que fût à leur départ l'esprit des jeunes membres de notre commission cochinchinoise, ils durent bientôt reconnaître les difficultés et les périls de leur entreprise. Ils s'embarquaient avec leurs provisions sur une canonnière très-habilement organisée, et s'en allaient sur le Mékong, admirant la verdure de ses rives, les plantations de riz et de coton et les cases de bambou ombragées par les cocotiers. Mais, plus loin, des roches sur lesquelles les eaux du fleuve se brisent impétueusement les arrètent dans leur navigation. A leur grand regret, ils sont forcés d'abandonner le commode bâtiment où ils étaient tous réunis. Par bonheur, ils avaient un passeport du roi de Siam, qui leur décernait le titre de grands mandarins et ordonnait qu'ils fussent partout respectueusement traités. A la vue de cette superbe *podorojnaïa*, de cet ukase, de ce firman, les gouverneurs font aussitôt construire des cases pour les nobles voyageurs, et leur offrent ensuite des pirogues et des bateliers,

Ces pirogues sont faites d'un tronc d'arbre creusé au feu et recouvertes dans toute leur longueur d'un toit de feuillage assez compact pour amortir les rayons du soleil, pas assez pour former un sûr abri contre les averses. Les bateliers, armés de grandes gaffes, ma-

nœuvrent très-habilement au milieu des rapides et travaillent avec ardeur. Arrachés par un ordre arbitraire à
leur demeure, pour accomplir, sans aucune rétribution,
une dure corvée, ils ne se plaignent pas. Ils sont doux
et résignés. Seulement, le soir, quand ils ont amarré
leur barque au rivage, coupé du bois, allumé le feu,
préparé le bivouac, ils se rappellent le privilége que
leur donne l'honneur de conduire de hauts dignitaires ;
ils veulent en user comme de coutume : ils se précipi-
tent dans les villages voisins pour y enlever une cargaison de poules et de canards. Grande surprise pour eux,
quand le chef de l'expédition, M. de Lagrée, leur annonce qu'il s'oppose formellement à ces rapines. Autre
surprise encore plus grande, quand il leur accorde à
tous un salaire journalier. Un mandarin qui porte une
barbe touffue, qui ne mâche pas de bétel, qui n'emmène
pas avec lui une douzaine de femmes, qui défend de
voler et paye ses rameurs, jamais les bonnes gens n'a-
vaient rien vu de pareil !

Poules et canards n'auraient pourtant pas été du superflu aux soupers de la petite caravane. En quittant la
canonnière, elle avait été forcée d'abandonner une
partie de ses provisions ; elle en avait perdu une autre
par divers accidents, toutes ses farines abîmées par
l'humidité, ses barils de vin et d'eau-de-vie percés en
une nuit par des légions d'invisibles insectes. Quelques
semaines après son départ de Saïgon, il ne lui restait
plus qu'un petit nombre de bouteilles de vin qu'on réservait pour les malades, et un peu de farine, élément essentiel des pilules de quinine, si nécessaires dans ces
parages qui toute l'année enfantent la fièvre.

A leurs haltes, nos braves compatriotes s'asseyent
par terre, mangent du riz cuit à l'eau, et, pour se réconforter dans leur pénurie, parlent de la France, cette

chère France, qu'on ne peut, si loin qu'on aille, jamais
oublier ; qu'on aime si fièrement dans sa prospérité et
si tendrement dans son infortune. Quelquefois, au milieu de ces entretiens, tout à coup retentit le rugisse-
ment du tigre. Chacun alors se lève et prend son fusil.
Dans ces régions, le tigre est comme l'ours en Finlande,
l'animal le plus redouté. Les Finlandais, dans leurs
sombres forêts de sapins, donnent à l'ours, pour le ca-
joler, le titre de grand-père. S'ils parviennent à en tuer
un, ils lui demandent pardon, ils lui adressent de tendres paroles, et le prient de vouloir bien se laisser
transporter dans leur maison, où il sera reçu comme un
hôte vénérable. Les Indo-Chinois, dans les jungles, té-
moignent pour le tigre le même respect, et l'appellent
aussi le grand-père. Le grand-père, si rien ne l'arrête,
les traite cruellement.

Après de longs et pénibles jours de navigation, la
flottille de pirogues arrive à Bassac, capitale d'un ancien
royaume laotien envahi jadis par les Chinois, conquis
par les Cambodgiens, et enfin subjugué par les Siamois.
Nos patients voyageurs séjournent là quelque temps.
C'est la saison des pluies. Quelques-uns d'entre eux
sont malades. De plus, ils doivent attendre des passe-
ports de Pékin, car ils veulent franchir la frontière de
Chine. En dépit de tous les obstacles et de tous les périls, ils veulent continuer leur entreprise. Le Mékong
n'est point ce qu'il avaient espéré. Pour qu'il devienne
une grande artère commerciale, on serait obligé d'y
faire d'immenses travaux. Mais il doit être exploré
aussi loin que possible : il le sera.

En prenant possession de Bassac, les Siamois y ont
laissé, avec le titre de roi, un descendant des anciens
maîtres du pays, et ils n'ont pas été si généreux envers
lui que la Compagnie des Indes envers les rajahs, aux-

quels elle assure au moins une grosse pension en s'emparant de leurs domaines. Ce petit roi de Bassac n'a pour tout revenu que le produit des corvées et de quelques impôts. Son palais n'est qu'un assemblage de chaumières entouré d'une palissade. On y arrive par une chaussée mobile faite de troncs d'arbres inégaux. On y monte par une échelle. Mais il a conservé les insignes royaux : la corbeille, l'aiguière et le crachoir en or, que plusieurs chambellans portent toujours derrière lui. « Jeune encore, dit M. L. de Carné, il a des manières distinguées, une physionomie agréable, un peu triste, comme il convient au rejeton d'une race déchue. »

Pendant leur séjour dans sa capitale, nos compatriotes n'ont eu qu'à se louer de lui. Ils étaient accueillis dans son palais avec une bienveillance particulière, invités aux fêtes solennelles et aux banquets d'apparat, où on leur servait des tiges de bambous assaisonnées de piment, des œufs de canard salés, de l'eau et de l'eau-de-vie, dans la plus étrange collection de fioles dépareillées : bocaux à confitures, flacons de vinaigre de toilette, pots de pommade. Dès qu'ils veulent faire une excursion pour visiter quelque pagode, quelque bonzerie, quelque ancien monument, le messager du roi les précède dans tous les villages qu'ils traversent. Partout ils trouvent tout ce qui leur est nécessaire, vivres et moyens de transport, barques et éléphants.

L'éléphant rend ici à l'homme les mêmes services que le chameau dans les déserts de l'Arabie. M. Mouhot l'appelle la frégate des jungles et des montagnes tropicales. Pour se faire une idée de sa force et de son intelligence, il faut l'avoir vu dans les chemins, qui ne sont que des ornières, dans les ravins marécageux. Tantôt se laissant glisser, les pieds serrés l'un contre

l'autre, sur la molle argile des pentes escarpées, tantôt
à demi plongé dans la fange, et, un moment après, debout sur les roches aiguës, il franchit des troncs énormes, brise les lianes et les bambous qui s'opposent à
son passage, sonde avec sa trompe la profondeur de
l'eau qu'il doit traverser, s'accroupit, se relève, che-
mine sans faire un faux pas, et se couche à plat ventre
pour que le cornac puisse relever le bât qui glisse sur
son dos. Étonnante créature, si finement articulée dans
son corps colossal, si puissante et si facile à conduire,
elle donne au voyageur l'exemple de la patience et de
la bonté.

En parcourant la principauté de Bassac, en poursui-
vant de côté et d'autre diverses études, la commission
attendait toujours les passe-ports demandés à Pékin. Un
officier de marine, M. Garnier, était allé à la recherche
du messager qui devait les apporter. Nulle nouvelle de
lui, nulle nouvelle du pays aimé. Ceux qui, en un lointain voyage, ont éprouvé cette privation savent la peine
qu'on en ressent. Les malades pourtant étaient guéris,
et il fallait profiter de la saison sèche pour continuer le
long voyage. A tout hasard, M. de Lagrée se remit en
route. De nouveau, il s'embarqua sur le Mékong, et la
navigation du grand fleuve devenait de plus en plus difficile, plus impétueux son courant, plus larges et plus
hautes ses cascades. A certains endroits, les bateliers,
avec toute leur habileté, emploient des heures entières
à franchir un espace de quelques kilomètres ; en d'autres, ils sont obligés, comme ceux du Canada, de tirer
leurs pirogues hors de l'eau et de les transporter par
terre au delà des rapides. Après leurs pénibles manœuvres, ils mangent un peu de riz et se couchent sur la
terre nue. Quand on voit la misère, la servitude et la
patience de ces pauvres gens, on comprend les progrès

que le bouddhisme a faits parmi eux, le bouddhisme, qui limite la vertu à l'abstinence et le culte à la contemplation ; qui, pour récompense suprème, promet à l'homme le *Nirvâna*, c'est-à-dire l'annihilation absolue de son existence [1].

Dans une heureuse halte enfin, voici le messager si désiré. « Un jour, dit M. de Carné, j'étais dans un de ces petits belvédères en bois bâtis ordinairement près des pagodes. A mes pieds, le fleuve, large et tranquille comme un immense miroir d'acier frappé par les rayons du soleil, renvoyait mille éclairs. Il s'unissait à la rive opposée par un banc de sable que tachaient de noir dés buffles s'avançant avec lenteur vers l'eau pour échapper à la chaleur du jour. Le ciel était comme une calotte métallique chauffée à blanc, et le rayonnement du paysage brûlait les yeux. Ma pensée, dans une sorte de demi-sommeil, comme toujours, se dirigeait vers la France, quand des cris de joie vinrent brusquement m'apprendre que nous allions entendre parler d'elle. M. Garnier arrivait. Nous tenions enfin les passe-ports signés par le régent du Céleste-Empire. Nous apprenions en même temps que le canon avait grondé en Europe, bouleversé l'Allemagne et soulevé l'opinion en France. D'après le ton des journaux et les prophéties contenues dans nos lettres particulières, une guerre prochaine et terrible, à laquelle notre patrie ne demeurerait pas étrangère, nous paraissait inévitable. C'est avec un pareil poids sur le cœur que nous nous remettions en marche pour entrer dans des régions reculées où nous savions trop bien que nul courrier ne pouvait nous atteindre. Je n'ai dans aucune autre circonstance d'un voyage qui nous réservait tant d'épreuves, mesuré plus nettement

---

[1] *Ceylan* by Emerson Tennent, t. I, p. 529 et 543.

l'étendue des sacrifices que j'avais acceptés. Nos lettres de famille lues, relues, commentées, retrempèrent nos courages. Les moins anciennes remontaient au mois de septembre 1866. Nous étions en mars 1867.

Près du village où l'arrivée de M. Garnier produisait de telles émotions s'élevait, il y a un demi-siècle, une ville considérable, Vien-chan, la capitale du principal royaume laotien. On y voyait des palais superbes, et l'une des plus grandes, des plus belles pagodes de l'Indo-Chine. Les palais ont été saccagés ; les murs de la pagode sont ensevelis sous les plantes touffues. Les Siamois ont enlevé avec soin les précieux ornements, entre autres une statue de Bouddha en émeraude qui est maintenant à Bangkok. Elle a une coudée de haut et vaut, selon Mgr de Pallegoix, plus d'un million [1].

En 1827, « le roi de Vien-chan ayant commis envers son suzerain de Siam une faute d'étiquette, une armée siamoise entra dans ce malheureux pays de Laos avec l'ordre d'y mettre tout à feu et à sang, et cet ordre fut exécuté avec une cruauté que nos mœurs nous laissent à peine comprendre. Les Laotiens furent exterminés, ou déportés en masse, et leur capitale fut rasée, comme l'avait été Jérusalem par les armées romaines. Ainsi, de nos jours une capitale florissante a été anéantie, un peuple tout entier a en quelque sorte disparu, sans que l'Europe ait rien soupçonné de ces scènes de désolation, sans qu'il soit arrivé jusqu'à elle un seul écho de ce long cri de désespoir. »

Ainsi dit M. L. de Carné.

Mais les États de l'Europe sont parfois assez douloureusement occupés de leurs propres désastres. On y voit des hordes fraternelles qui pourraient donner

[1] *Description du royaume Thai*, t. I, p. 64.

aux plus barbares soldats de l'Indo-Chine des leçons
de meurtre, de saccage et des héros du peuple-roi,
qui se réjouiraient fort d'emporter des statues en émeraude.

Au delà de Vien-chan, le Mékong apparaît de nouveau menaçant et terrible, tantôt hérissé de rocs aigus,
tantôt resserré entre deux collines, bondissant et rugis-
sant. M. de Lagrée et ses compagnons le sillonnent tant
qu'ils peuvent avec leurs légers canots, et lorsqu'ils ont
été obligés de s'en écarter, le rejoignent après avoir fait
un détour sur ses rives, soit à pied, soit sur de petits
bœufs bossus qui trottent comme des chevaux. Ils le
suivent à travers le Laos siamois et le Laos birman. Ils le
suivent jusqu'en Chine : « Ah ! la Chine ! » s'écrie avec
joie M. L. de Carné. Quinze mois de fatigues, de privations, de souffrances sont oubliées. La Chine ! C'é-
tait le but du voyage, et c'est le commencement du
retour.

Partis de Saïgon au mois de juin 1866, les courageux voyageurs arrivaient sur les frontières de l'Yunnan
au mois de décembre 1867, mais dans quelles conditions ! Épuisés de ressources, sans chaussures, presque
sans vêtements, ils ne pouvaient continuer leur route
que par l'efficacité de leurs passe-ports, et les mandarins dont ils allaient invoquer l'appui étaient tout trou-
blés et effarés. La province par laquelle ils pénétraient
dans le Céleste Empire était livrée à toutes les calamités par la guerre civile, par les révoltes de la population musulmane.

Dès le temps où Marco Polo visitait ces régions, c'est-
à-dire dès le treizième siècle, il existait déjà en Chine
une quantité de mahométans. D'âge en âge, par les relations de commerce, par diverses émigrations, leur
nombre s'est accru, et, dans certaines provinces, ils

ont acquis une assez grande prépondérance. Ceux du Midi venaient de se révolter contre l'autorité souveraine. Ils avaient attaqué et battu les armées impériales, envahi et dévasté plusieurs districts, constitué à Tali un nouvel empire et proclamé un sultan.

Une ville qui essayait de leur résister a été inondée de sang, une autre livrée aux flammes, une autre encore se prépare avec douleur à soutenir un siége. On élargit les fossés, on amasse des armes et des munitions, les cavaliers aiguisent leurs lances, les artilleurs s'exercent au maniement des longs tubes en fer décorés du nom de canons. Trois hommes à chacune de ces pièces primitives : l'un sert d'affût, le second pointe, le troisième tire.

Grâce aux papiers de Pékin, la petite caravane est très-courtoisement reçue par les gouverneurs de ces malheureuses cités. Ils lui assignent des logements dans les pagodes, ils lui envoient des provisions, et lui donnent une escorte pour la protéger, non-seulement contre les bandes de pillards errant à travers champs, mais contre la curiosité du peuple, une si impétueuse curiosité, qu'il est très-difficile de s'en défendre. Les Chinois ne se contentent pas de voir passer dans la rue ces hommes à grande barbe vêtus d'une façon étrange. Ils veulent s'approcher d'eux, les regarder face à face et les palper.

« A Lingan, dit M. de Carné, nous nous étions enfermés dans notre demeure pour échapper à ces stupides obsessions. Bientôt nos portes furent assiégées et battues par le flot populaire. Cet insatiable besoin de nous voir étant ainsi contrarié provoqua la plus vive irritation ; la curiosité brutale se transforma bientôt en une sorte d'hostilité furieuse. Les pierres volèrent pardessus les murs, et de menaçantes clameurs nous poursuivirent dans notre retraite. Ce peuple ameuté n'en voulait aucunement à notre existence. Il ne réclamait qu'une chose, mais il la réclamait impérieusement : nous examiner à son aise. Les plus audacieux, escaladant les murs, nous intimaient de loin et en gesticulant l'ordre de marcher, de nous asseoir, de manger et dormir. Ils voulaient voir comment s'y prenaient les Européens pour accomplir toutes les fonctions animales. »

Le mandarin militaire de Lingan, un colosse dont on redoutait la force physique et la colère, put seul mettre fin à ce redoutable attroupement.

D'étape en étape, par les villes en rumeur, par les villages dévastés, par les champs sur lesquels l'hiver commence à étendre son blanc linceul, notre petite cohorte s'avance vers la vallée de Yang-Tsé-Kiang d'où elle retournera à Saïgon. M. de Lagrée avec ses fidèles auxiliaires n'a plus que deux tâches à remplir. Après avoir vu les rapides, les écueils, les cascades du Mékong et constaté l'impossibilité d'y faire jamais passer un bâtiment de transport ou un bateau à vapeur, il a conçu un autre espoir, il s'est appliqué à une étude qui peut avoir pour notre jeune colonie un très-grand résultat. Il veut explorer le bassin du Songkoï, un autre puissant fleuve qui prend sa source au nord-ouest de l'Yunnan et va se jeter dans les eaux du Tonquin, voisines de nos nouvelles possessions, il veut ainsi se rapprocher de ce fantastique Mékong dont il a si péniblement remonté le cours. Il l'a quitté à 1,200 milles de son embouchure.

Pour achever son étude géographique, il veut le rejoindre, sinon à sa source, au moins près de sa source. La révolte musulmane a planté là son étendard. Raison de plus pour essayer de pénétrer dans ces parages. Grand péril assurément, mais aussi grande attraction pour un studieux et courageux esprit.

M. de Lagrée s'attache à ce projet, et, à travers tous les obstacles, trouve, chemin faisant, quelque moyen de l'accomplir. Avant tout, il avait besoin d'argent. A Yunnan-sen, un général chinois lui prête avec confiance 700 tacls (environ 6,000 francs), remboursables en une fourniture d'armes françaises. Dans la même ville, un vieux prêtre musulman lui dit, après l'avoir longtemps interrogé : « Je vous comprends, vous voyagez pour vous instruire, comme je l'ai fait moi-même. Soyez assuré que toutes les têtes du pays, excepté la mienne, sont trop dures pour concevoir cette vérité. Mais je puis vous affranchir des plus grandes difficultés. Mon autorité, consacrée par un pèlerinage aux lieux saints, est également respectée des musulmans rebelles ou impériaux. Avec un mot de moi, vous pourrez circuler librement dans le pays, et, grâce au passe-port en langue arabe que je vous remettrai, vous pourrez pénétrer jusque dans Tali. »

Avec ses six mille francs qui lui semblent, après ses jours de pénurie, un énorme trésor, avec la recommandation du vieux pèlerin mahométan, M. de Lagrée continue sa route. Mais, déjà affaibli depuis plusieurs semaines, il tombe malade à Tong-tchouan, de telle sorte, que, malgré son énergie, il est forcé de s'arrêter. Ici commence, dans cette vaillante odyssée, un douloureux événement ; ici nous devons encore citer M. de Carné que nous voudrions citer à chaque page.

« M. de Lagrée, dit-il, était hors d'état de faire dans le pays des mahométans révoltés l'excursion qu'il méditait depuis Yunnan-sen et qu'il considérait comme le couronnement de son entreprise. D'un autre côté, il n'ignorait pas ce qu'avait d'attrayant pour ses compagnons la perspective de ce voyage supplémentaire. Étudier la civilisation originale que pouvait avoir produit l'islamisme transporté si loin de son berceau, contempler la mosquée auprès de la pagode, revoir le Mékong à Liking ou, à peine sorti du Thibet, il coule aux pieds d'une montagne qui mesure 5,000 mètres d'altitude, et près de Yong-tchang, sur l'extrême frontière de Birmanie où le Vénitien Marco Polo était venu six siècles avant nous, pénétrer enfin dans la jeune capitale d'un empire naissant, c'était là en effet le programme qui avait ranimé notre ardeur presque éteinte. Nous contraindre à y renoncer en raison de sa santé, M. de Lagrée ne pouvait s'y résoudre. Mais, redoutant les périls annoncés d'un commun accord par cent bouches officieuses, et les redoutant d'autant plus qu'il ne serait plus là pour les affronter avec nous, craignant en même temps de nous imposer un sacrifice, tourmenté par mille sentiments contraires où se révélaient à la fois son esprit prévoyant et son cœur généreux, il nous réunit tous autour de son lit, pauvre lit plus mauvais et plus dur qu'un lit de camp, et nous laissa libres de prendre une décision. S'il nous avait été donné de lire dans l'avenir, d'apercevoir l'échec qui nous attendait à Tali et la douleur que nous retrouverions à Tong-tchouan, peut-être cette décision eût-elle été bien différente. Mais nous étions dans l'âge de la confiance. Notre départ fut résolu. »

M. de Lagrée reste à Tong-tchouan avec un excellent médecin, M. Joubert. M. de Carné part avec les quatre autres membres de la commission. De cet aventureux voyage il a fait une relation dont nous ne pourrions donner une idée en essayant de l'analyser. On doit lire en entier ces pages poétiques où il décrit l'aspect des campagnes de la Chine méridionale aux premiers rayons du printemps, la profondeur des vallons où roule le Kiang-tse, les hautes montagnes colorées par les feux de l'aurore, l'immortelle magicienne, et les pages graves où il raconte son voyage à travers les malheureuses peuplades chinoises, pillées par les bandits, épouvantées par les musulmans, sa rencontre avec des prêtres catholiques qui jusque-là vont porter l'évangélique consolation, et son trajet dans l'empire des révoltés. Il n'a pu, comme il le désirait, revoir le Mékong ; le chef des hordes musulmanes ne le permettait pas. Mais il a pu pénétrer dans l'antre du lion, dans la citadelle du sultan de Tali, et il n'en est sorti sain et sauf que par une sorte de miracle.

Parti de Tong-tchouan à la fin de janvier, il y revenait au mois d'avril, et à son arrivée apprenait le terrible événement : M. de Lagrée était mort. Il était mort, le noble marin, victime de son ardeur à servir son pays, de sa passion pour la science. Ainsi que la religion, la science a ses martyrs. Dans cette turbulente arène qu'on appelle le monde, toutes les généreuses idées, tous les vaillants efforts ont leurs martyrs, quelquefois glorifiés, souvent méconnus, souvent oubliés.

M. de Lagrée n'a point été oublié. Ce qu'il avait fait avec un religieux sentiment pour M. Mouhot, ses compagnons l'ont fait pieusement aussi pour lui. Ils lui ont élevé un monument funéraire à l'endroit où sa vie s'était éteinte, et ils ont exhumé son corps pour l'emmener avec eux, pour l'ensevelir sur le rivage où flotte le drapeau de la France.

A Tong-tchouan, un long espace les sépare encore de la terre de Cochinchine. Mais en quelques jours ils peuvent rejoindre un des affluents du Yang-tse, puis le Yang-tse lui-même, « le fils de l'Océan. » Le magni-

fique fleuve les emportera rapidement vers les parages
de Saïgon.

Ils partent. Ils viennent de voir une des provinces du
Céleste Empire terrifiée, subjuguée par les rebelles musulmans ; ils vont en voir d'autres désolées également
par d'audacieuses insurrections, par la guerre civile et
les brigandages.

Dans le Setchuen sont les sauvages Mansens qui descendent de leurs montagnes, et pillent et tuent sans
miséricorde. Il y a quelques années, un parricide fut
commis dans une cité considérable de cette contrée. Selon les lois de la Chine, toute ville souillée par cet horrible crime doit être aussitôt rasée. Celle-là le fut en
entier et le lieu où elle s'élevait est devenu le repaire
des terribles Mansens. Les habitants du pays sont dans
un tel effroi, que tout inconnu leur apparaît comme un
ennemi. Ils n'osent essayer de se défendre. Ils se retirent
dans des huttes misérables, dans des crevasses de rochers, et dès qu'ils sont un peu rassurés, se remettent à
cultiver les plus petites parcelles de terre.

Dans la province de Nankin, autre invasion, autre
désastre. C'est   que la fameuse révolte de Taï-ping
a été triomphante. On sait qu'en 1853 ils s'emparè-
rent de cette immense ville de Nankin, l'ancienne capitale de l'empire, et la gardèrent onze années en leur
pouvoir.

Un officier anglais, M. Blakiston, qui, en 1860, remonta jusqu'à Ping-shan le Yang-tse[1], raconte, dans la
relation de son voyage, comment les chefs de la révolte
étaient installés dans l'ancienne résidence des Ming,
comment ils étaient convaincus que nulle puissance ne
pouvait leur résister. Déjà ils avaient fait la carte de leur

____

[1] *Five months on the Yang-Tse*, p. 27.

empire, une carte curieuse : au milieu de l'Océan, une immense terre carrée, la Chine; au milieu de cette Chine, une immense ville, entourée de quatre fortes murailles, leur future capitale ; au nord-ouest, deux petites îles : la France et l'Angleterre. Des autres nations, nul indice.

« A une longue distance de Nankin, dit M. Blakiston, de tout côté on ne voit que des maisons dévastées, des villages déserts, çà et là quelques vieilles femmes implorant la pitié des passants, aucun homme valide. Les Taï-ping ont incorporé de force les hommes dans leur armée, et là où ils passaient n'ont laissé que les femmes pour cultiver les champs. »

En 1866, cette malheureuse contrée commençait à réparer ses désastres. Mais à quelles calamités n'est-elle pas encore exposée?

M. L. de Carné a, de l'ouest à l'est, traversé la Chine presque en entier, et il écrit : « Comme un cadavre longtemps conservé sous la cloche d'une machine pneumatique, et dont le contact de l'air précipite la dissolution, la Chine se décompose au souffle des idées européennes. Cet empire, le plus vieux qui s t sous le soleil, tombe à son tour en ruines. Son heure est proche, et l'on peut croire qu'elle aurait déjà sonné, sans la jalousie qui divise ses héritiers. Les progrès de la Russie vers le Nord, la forte situation de l'Angleterre du côté de l'Occident, les arrière-pensées entretenues par d'autres puissances, et dont les marques de sympathie données aux chefs des Taï-ping furent un curieux symptôme, la force des choses, en un mot, et la faiblesse des Chinois, permettent d'entrevoir le démembrement de l'antique édifice, dont Fohi jeta les bases il y a quelques milliers d'années. »

Ni M. de Carné, ni ses amis ne sont tentés de prolonger leur séjour dans ce pays, où, à tout instant, ils remarquent tant de misères morales et de misères physiques; où, dans plusieurs villes, ils sont obligés de défendre, les armes à la main, le cercueil de leur chef, et de se défendre eux-mêmes contre une féroce curiosité.

Ils sont contents de s'embarquer, à Souitcheou, sur une grande jonque, et plus contents encore de retrouver, à Hang-kao, un large bateau à vapeur.

Les longs voyages produisent, selon la diversité des caractères, des impressions bien différentes.

Un Anglais, M. Ruxton, a été, dans les Montagnes Rocheuses, passionné pour la chasse, errant de forêt en forêt dans ces régions sauvages, et vivant sans ménagement de la vie des trappeurs. Il vient ensuite loger dans un grand hôtel américain, et dit : « La première fois que je couchai dans un lit après ma campagne de dix mois, il me sembla que mes bras et mes jambes ne pourraient plus s'habituer à cette luxueuse situation. L'usage des chaises me parut aussi fort embarrassant, et plus d'une fois je m'assis sur le parquet, les pieds croisés, comme naguère auprès de mon feu de bivouac. Ce qui me causa seulement une très-grande joie, ce fut de retrouver du pain. C'était le seul mets qui me tentait à la table splendide de mon hôtel, et j'en mangeai une prodigieuse quantité. Pendant le dîner, j'oubliais constamment de me servir de ma fourchette. J'employais mes doigts en place de cet ustensile dont je ne reconnaissais plus l'utilité. Mais qui pourrait dire les souffrances que je ressentis lorsque j'essayai de faire rentrer dans mes bottes mes pieds qui, pendant près d'un an, n'avaient porté que les mocassins ; lorsqu'au lieu de mon large turban, il me fallut mettre sur ma tête un chapeau qui me serrait les tempes? Quant aux tortures

de la redingote, des bretelles, des gants et d'autres dé-
plorables choses, je n'essayerai pas de les décrire. Je
tire le voile sur ces fatales inventions du monde civilisé[1]. »

En arrivant dans une grande et riche cité, après ses
longs trajets dans de misérables régions, M. de Carné
a de tout autres sensations. « Nous montâmes là, dit-il,
à bord d'un de ces steamers américains qui relient
Hang-kao à Shang-haï. En mettant le pied sur ce superbe bâtiment, l'émotion et l'admiration envahirent
mon âme. J'éprouvai tous les sentiments qu'inspire
aux barbares la première apparition de ces masses flottantes sans rames et sans voiles, par les seuls batte-
ments d'un cœur de feu. Tout entier au plaisir d'être
seul dans ma cabine, et d'avoir un lit muni de draps ;
absorbé par tant de jouissances nouvelles, que chacun
de mes mouvements faisait en quelque sorte éclore en
moi, je laissai pendant longtemps s'enfuir les rives du
Yang-tse, sans songer à monter sur le pont. »

De Shang-haï, qui est devenu le principal entrepôt du commerce étranger dans le Céleste Empire,
un autre bateau à vapeur transporte nos voyageurs à
Hong-kong, l'île anglaise ; et un autre à Saïgon, où
ils sont reçus, comme ils le méritaient, avec accla-
mations.

Ils avaient, en effet, admirablement accompli leur
tâche périlleuse. Ils rapportaient les notions les plus
intéressantes sur la géographie, le climat, les productions des diverses contrées qu'ils avaient parcourues.
Trompés dans une de leurs espérances par les cascades du Mékong, ils avaient en revanche reconnu
la navigabilité du Songkoï, et par cette découverte

---

[1] *Adventures in Mexico and the Rocky moutains.* Londres, 1847.

ils ouvraient une nouvelle voie aux combinaisons politiques et commerciales de notre colonie cochinchinoise.

Cette jeune et précieuse colonie! N'aurons-nous pas dans nos malheurs la consolation de la voir se développer? Ne ferons-nous pas tous nos efforts pour la soutenir, pour l'agrandir et, en tout cas, pour la garder?

Si nous pouvions douter de son importance, songeons à l'inquiétude que les Anglais ont eue de notre traité de 1787 et de nos premiers essais d'établissement dans ces parages. M. Crawfurd, qui fut envoyé successivement à Ara et à Siam par la Compagnie des Indes, écrivait en 1822 : « Si la Cochinchine et les contrées adjacentes étaient soumises à l'habile administration d'un gouvernement européen, si les Français avaient réussi dans leur entreprise, je crois que, par le caractère docile des populations, la fertilité du sol, les excellents ports ouverts de différents côtés, la position centrale de ce pays, je crois que là serait, pour notre commerce et nos possessions dans les Indes, le plus redoutable danger [1]. »

Un autre Anglais, M. John Barrow dit, dans une de ses relations de voyages : « L'exclusion complète des Français de la côte de l'Indoustan leur rend plus désirable un territoire en Cochinchine, surtout si l'on considère qu'une position semblable serait aussi incommode et dangereuse pour notre commerce en Chine que pour nos possessions dans l'Inde. Mais, indépendamment des torts que peut nous faire cette place au pouvoir d'un ennemi actif à nuire à tous nos intérêts dans l'Inde, il faut observer que les ressources qu'elle offre à notre navigation et à notre commerce peuvent

---

[1] *China, Ava, Siam*, p. 321.

les porter à un degré de puissance et de considération
infiniment supérieur à celui où ils sont parvenus [1]. »

M. L. de Carné nous montre en quelques mots la
force particulière de cette colonie naissante et l'espérance qu'on en doit concevoir.

« La Louisiane et le Canada, dit-il, nous ont, à deux
époques néfastes, échappé, malgré l'effort de nos
armes. La Cochinchine, au contraire, a vécu, elle a
prospéré en dépit de toutes les hésitations de la métropole. L'on peut dire que de toutes nos entreprises au
dehors, celle-là a été la moins calculée et la plus heureuse,
la plus dédaignée et la plus féconde, la plus obscure et
la plus utile. C'est l'œuvre de notre fortune plus que de
notre volonté [2].

Après sa longue migration, le jeune diplomate désirait bien naturellement revoir sa patrie, sa famille,
son foyer. Il revient en France à la fin de 1869, et il y
apportait le germe d'une de ces implacables maladies
enfantées par l'ardent soleil et par les pluies torrentielles des tropiques. Il essaya de lutter contre le péril
qui peu à peu devenait plus grave. Il se retira dans sa
chère Armorique, la forte terre, a dit Brizeux, la terre
des trente Bretons, des Duguesclin, des Cartier, des
Surcouf, des Chateaubriand. Il espérait peut-être trouver dans la bénigne atmosphère de ce vigoureux pays
un remède au poison de l'atmosphère asiatique. Ni les
soins assidus d'un habile médecin, ni les tendresses
dont il était entouré ne purent le sauver.

La mort lui donna seulement le temps de revoir ses

[1] *Voyage à la Cochinchine*, traduit par Malte-Brun, t. II, p. 509.
[2] A ceux qui voudront savoir par quels combats nous avons fait cette
précieuse conquête, nous recommandons l'ouvrage de M. L. Pallu : *Histoire de l'expédition de Cochinchine en* 1861, 1 vol. in-8°. Paris, Hachette, 1864.

notes, de coordoner ses manuscrits, et de composer sa relation de voyage, l'une des meilleures relations qui aient jamais été publiées dans notre langue. Elle sera recherchée avec avidité par tous les gens de goût. Tous en la lisant regretteront qu'il ait si peu vécu, ce brillant écrivain qui, en cette première œuvre, nous apparaît avec tant de diverses qualités, tant de finesse d'esprit et de générosité d'âme, de sentiments poétiques et de raison précoce.

Et quels regrets il laisse, dans sa maison de Bretagne, dans le cœur de ceux dont il était la joie et l'espoir !

Jean-Paul Richter a dit : « L'homme le plus heureux est celui qui lit un bon livre de son fils. »

Mais si ce fils n'est plus !

O pauvre père en deuil !

IV

LES ÉVANGILES

Ce livre des évangiles ! je ne puis me lasser de le regarder. C'est la glorification d'un sentiment religieux par l'amour d'une généreuse pensée et d'un noble travail ; c'est, pour un bibliophile, la réalisation d'un rêve idéal ; c'est le plus magnifique memorandum pour ceux qui ont eu le bonheur de visiter la contrée dont il retrace les prodiges, la terre promise, la terre sainte, l'ancienne Chanaan, aujourd'hui la Palestine, l'un des plus petits pays du globe, et l'un des plus charmants. Cinquante-cinq lieues de son extrémité septentrionale à son extrémité méridionale, des rives du Dan, une des sources du Jourdain, à Bethsabée, où vécut Abraham. Il serait, selon la remarque de Sterne, vraiment à plaindre le voyageur qui, ayant été de Dan à Bethsabée, s'écrierait : tout est désert.

Dans cet étroit espace, quelle puissance de végétation, quelle variété d'aspects ! Le Liban, disent les poëtes arabes, porte sur sa tête l'hiver ; sur ses épaules, le

printemps ; à sa ceinture, l'automne, et l'été repose à
ses pieds.

Sur ses collines, dans ses vallées, par ses diverses
élévations de terrain, la Palestine produit les végétaux
des chaudes régions et ceux des zones tempérées : le
palmier et le chêne ; le coton et le lin ; le bananier,
chargé de fruits nutritifs ; l'olivier, toujours vert ; le
figuier, qui donne jusqu'à trois récoltes par an ; le
froment, que les israélites jadis vendaient au loin ; la
vigne, dont les envoyés de Moïse pouvaient à peine
porter les lourdes grappes. Un vieux voyageur allemand raconte qu'il a vu dans la plaine de Saint-Jean-
d'Acre, un cep de vigne de trente pieds de hauteur,
dont les rameaux formaient un dôme circulaire sous
lequel pouvait s'abriter, comme sous le toit d'un cara-
vansérail, toute une cohorte de pèlerins.

Dans son ancienne prospérité, la Palestine, dont la
surface ne représente pas plus de 1,500 lieues carrées,
a pu avoir une population de plus de cinq millions
d'âmes ; à présent, elle n'en a pas 500,000. Son climat
est pourtant aussi doux qu'aux jours de David et de
Salomon, et son sol aussi fertile, plus fertile encore
que celui de la Syrie et de la Phénicie, dit Shaw, l'excellent observateur[1]. Mais elle a été, la malheureuse
Palestine, dévastée par tant de guerres et assujettie à un
si rude pouvoir ! Elle a été, comme toutes les provinces
de l'empire turc, livrée à des pachas, dont le principal
souci est d'acquérir, le plus tôt possible, par toutes sortes
d'impôts et d'exactions, par la ruse ou la violence, la
plus grosse somme d'argent pour payer leur tribut
annuel au trésor du sultan, pour offrir d'efficaces pré-

---

[1] *Voyage dans plusieurs provinces de la Barbarie et du Levant,*
t. II, p. 59 et 60.

sents à leurs protecteurs, et enfin se faire une fortune.
Les voyageurs du temps passé : Pietro délla Valle, d'Arvieux, Clarke, Burckhardt, Mariti, ont signalé à diverses
reprises les résultats de ce barbare système.

« Le pacha, dit Volney, peut s'applaudir de pénétrer
aux sources les plus profondes de l'aisance, par la ra-
pacité clairvoyante des subalternes ; mais, qu'en ar-
rive-t-il ? Le peuple, gêné dans la jouissance de son
travail, restreint son activité dans les bornes des premiers besoins. Le laboureur ne sème que pour vivre ;
l'artisan ne travaille que pour nourrir sa famille ; s'il
a quelque superflu, il le cache soigneusement. Ainsi
le pouvoir du sultan transmis au pacha et à tous ses
subdélégués, en donnant un libre essor à leur passion,
est devenu le mobile d'une tyrannie répandue dans
toutes les classes, et les effets en ont été de diminuer
par une action réciproque l'agriculture, les arts, le commerce, la population, en un mot, tout ce qui constitue
la puissance de l'État[1].

Après de pompeux projets de réforme, les voyageurs
modernes ont eu encore à constater, avec le même esprit
de vérité, les mêmes calamités. « L'homme, dit M. le
duc de Raguse, s'éloigne de la terre où, par un mé-
diocre travail, il trouverait une large récompense, car
là est le danger qu'il redoute, le danger de paraître
riche et d'exciter une cruelle convoitise[2]. »

« Dans les environs de Tibériade, dit monseigneur
Mislin, l'excellente terre que je traversai jusqu'au pied
de la montagne est presque entièrement inculte ; le fel-
lah de la Galilée comme celui de la Samarie ne laboure
que ce qui lui est nécessaire, faisant ce raisonnement

[1] *Voyage en Syrie*, t. II.
[2] *Voyage en Orient*, t. III.

7

pratique : « plus je récolte , plus le gouvernement me prend. C'est ici cependant , comme l'assure Josèphe, que de son temps on aurait eu de la peine à trouver un pouce de terre improductif[1]. »

La Palestine a un fléau de plus que d'autres provinces musulmanes ; le fléau des arabes bédouins :

Arabi avari,
Ladroni da ogni tempo e mercenari[2].

Descendants, disent-ils, d'Ismaël, le fils aîné d'Abraham, indignement lésés dans le partage de ses biens, ils doivent sans cesse chercher une compensation à l'iniquité commise envers eux. En vertu de ce beau raisonnement, ils s'en vont, avec leurs grandes lances, rôdant et furetant de tous côtés, épiant avec la même convoitise le manteau du pèlerin, la sacoche du marchand, la récolte du laboureur, le troupeau du berger. Ils se croient tout aussi bien, si ce n'est plus, que les fonctionnaires du sultan en droit de percevoir le harach, le miri[3] et d'autres arbitraires contributions ; très-féroces, si l'on a l'audace de leur résister ; assez bons princes, si l'on se laisse humblement dévaliser. La milice turque ne peut réprimer leurs déprédations. Ils occupent tranquillement plusieurs districts de la Judée, et souvent arrivent jusqu'aux portes de Jérusalem. Le gouverneur de cette ville n'ose garantir, à quelques lieues de distance, la sécurité du voyageur. Pour quiconque désire faire en paix une excursion hors des murs de l'antique puissante cité, le mieux est de

---

[1] *Les Saints Lieux*, t. III.

[2] *Jérusalem délivrée*.

[3] Le harach, impôt personnel des raïas ; le miri, impôt prélevé sur le revenu présumé des contribuables.

transiger avec les chefs d'une de ces hordes rapaces. Ainsi avons-nous fait, à l'aide de notre consul, quand nous allions vers le Jourdain; pour ne pas être volés en route, nous nous résignions à payer d'avance les voleurs.

De siècle en siècle, la Palestine a été de plus en plus opprimée et dépeuplée. A tout jamais, peut-être, sa grandeur matérielle est perdue. Mais sa religieuse grandeur, nulle révolution et nul barbare pouvoir ne peuvent la lui enlever. Ses champs sont incultes, ses monuments en ruines, ses habitants condamnés à la servitude et à la pauvreté; mais là s'est élevée la voix divine qui a dit : Bienheureux sont ceux qui souffrent la persécution pour la justice; bienheureux les pacifiques; bienheureux ceux qui pleurent!

Le voyageur mondain ne verra plus ces villes jadis si riches, ces sentiers si fleuris, la biblique beauté du Carmel et de la plaine de Saron. Mais le pèlerin visitera avec une pieuse émotion ces saintes campagnes où ont passé des pieds bénis[1]. Là partout les images solennelles de la Bible, les miracles de l'Évangile, et partout aussi les légendes. Nous ne sommes point tenus de leur accorder une foi explicite; mais il y en a qui attestent une croyance si candide et il y en a qui ont tant de charme! Comment s'en éloigner? Pour moi, j'en fais l'aveu, au risque de scandaliser les rigoureux esprits; dès ma lointaine jeunesse, en mes diverses pérégrinations, je me suis laissé, à tout instant, séduire par ces naïfs récits du peuple : en Europe, par leur tendre ou héroïque caractère; en Amérique, par leur nature primitive et sauvage; en Palestine, par leur élément reli-

---

[1]   Those holy fields
Ower whose acres walked those blessed feet.
                                        (*Shakespeare.*)

gieux. J'en ai recueilli, ou pour mieux dire, botanisé un
grand nombre de ces fleurs de poésie souvent si mécon-
nues ou si peu appréciées. Je ne puis résister au désir
d'en citer quelques-unes : d'abord l'abrégé d'une longue
légende des Trois Rois, répandue en Europe au moyen
âge, publiée à Strasbourg dans les premiers temps de
l'imprimerie (1488).

La prophétie qui annonçait l'apparition d'une étoile
dans la tribu de Jacob ayant été proclamée par un
oracle païen, les païens eux-mêmes étaient intéressés à
son accomplissement. Une tour fut construite sur une
haute colline de l'Inde, et douze astrologues observaient
nuit et jour le firmament. Quand le temps fut venu, on
vit se lever une étoile brillante qui répandit sur toute
la contrée une lumière aussi éclatante que celle du soleil.
L'étoile présentait, dans ses rayons, la forme d'une
croix et d'un petit enfant. Il en sortit une voix qui
disait : Aujourd'hui est né un roi en Judée. Cette étoile
fut vue de l'Inde entière, et l'on ne doute pas que ce ne
fût celle qui avait été annoncée par les Prophètes. L'Inde
était divisée en trois régions séparées l'une de l'autre
par de hautes montagnes. La première était l'Arabie,
dont le sol est tout rouge par la quantité d'or qu'il renferme ; Melchior en était le roi ; la seconde, gouvernée
par Balthazar, était la Godolie, ou l'encens coule de tous
les arbres ; la troisième, soumise au sceptre de Gaspard,
était le royaume de Thanis, où il y a tant de myrrhe.
que, lorsqu'on passe le long des buissons, elle s'attache
aux vêtements.

Chacun de ces souverains avait vu l'étoile et s'était
décidé à la suivre, mais sans faire part de sa résolution
à ses voisins. Ils se mirent en marche avec une suite
nombreuse, et pour eux disparurent tous les obstacles
d'un long chemin coupé par des montagnes, traversé

par des fleuves. Ils ne buvaient ni ne mangeaient, non
plus que leurs gens et leurs chevaux, et n'éprouvaient
nul besoin de repos et de sommeil. Ils allaient, sans
s'arrêter, dans la direction de l'étoile, et ils ne mirent
que treize jours à faire un trajet qu'ils ne purent, à
leur retour, accomplir en moins de deux ans.

Mais lorsqu'ils furent arrivés près de Jérusalem, l'é-
toile disparut sous une brume épaisse. Chacun d'eux
s'arrêta : Melchior sur le Calvaire; Balthazar sur des
Oliviers, et Gaspard entre les deux. Quand le brouillard
s'éclaircit, ils furent bien étonnés de se voir là tous les
trois. Ils reconnurent alors qu'ils avaient obéi au même
message, s'embrassèrent avec joie, et se dirigèrent ensemble vers Jérusalem.

Leurs troupes réunies étaient si nombreuses, qu'on
eût dit une armée qui venait assiéger la ville. Hérode
était fort inquiet. Les voyageurs lui demandèrent quel
était ce roi des juifs dont ils avaient vu s'élever l'étoile
qui devait les conduire à Bethléem. L'étoile se montra
de nouveau devant eux et s'arrêta sur une misérable
cabane. Là était l'enfant Jésus, âgé de treize jours, et
sa mère Marie, très-modestement vêtue. Les rois, au
contraire, étaient magnifiquement parés et avaient avec
eux d'immenses trésors, car tout ce que le conquérant
du monde, Alexandre, avait laissé à sa mort, tout ce
que la reine de Saba avait donné à Salomon, et tout ce
que Salomon avait conservé dans son temple, les trois
rois l'avaient reçu de leurs ancêtres, qui avaient pillé
le temple de Jérusalem, et ils apportaient ces richesses.
Mais quand ils entrèrent dans la cabane, elle se trouva
inondée d'une lumière dont ils furent complétement
éblouis. Chacun d'eux offrit alors la première chose
qu'il trouva sous sa main. Melchior offrit trente pièces
d'or ; Balthazar de l'encens, et Gaspard, de la myrrhe.

Ils perdirent le souvenir de ce que la Vierge leur avait dit, et se rappelèrent seulement qu'ils s'étaient prosternés devant le petit Jésus, en s'écriant : que Dieu soit loué !

Ensuite, ils burent, mangèrent, se reposèrent, puis s'en retournèrent par le chemin le plus direct vers leurs royaumes où, malgré la célérité de leur marche, ils n'arrivèrent qu'en deux ans. Ils racontèrent à leurs peuples ce qu'ils avaient vu, les miracles que Dieu avait faits, et partout on érigea l'image d'une étoile avec une croix et un enfant. Lorsque saint Thomas, l'apôtre, se rendit aux Indes pour prêcher l'Évangile, il y trouva ces symboles, et en fut grandement réjoui.

En Italie, il y a une autre singulière légende des Trois Rois. On raconte qu'en se rendant à Bethléem, ils passèrent par Rome, et une des femmes de cette ville, au lieu d'aller, comme toutes les autres, saluer respectueusement ces pieux pèlerins, dit qu'elle avait de la besogne, et qu'elle les verrait à leur retour. Ils rentrèrent dans leur pays par une autre route, et vainement elle les attendit ; elle les attend encore. Pour son impie dédain, elle est comme le Juif-Errant, condamnée à vivre jusqu'à la fin des siècles, sans cesse épiant la nouvelle apparition des Rois Mages, qu'elle n'a pas voulu voir, et qu'elle ne verra pas, ombre inquiète et mélancolique, image de l'erreur des hommes qui se sont détournés d'un bonheur providentiel, et qui, plus tard, le recherchent sans pouvoir le reconquérir [1].

Mais les légendes de la Vierge ! Elles sont innombrables. En Galilée, en Judée et jusqu'en Égypte, dans le vallon de Nazareth, sur le chemin de Jérusalem à

---

[1] W. Story. Roba di Roma.

Bethléem, jadis si riant et si beau, qu'on l'appelait le Paradis sur le sol où s'élevait l'antique ville d'Héliopolis, en tout lieu où la mère de Dieu a passé, ces légendes rappelent, par une religieuse idée, l'angélique salutation : *Ave, Maria, gratia plena*. A l'endroit où elle pose le pied, naissent les roses de Jéricho, ces rameaux de petites fleurs-tiges, desséchés par le temps, complétement morts en apparence, si on les met dans un verre d'eau, un instant après ils renaissent. Du couvent de la Casa Nuova j'en ai rapporté en France plusieurs qui, depuis une dizaine d'années, gisaient dans un grenier, et je les ai vus revivre.

Près d'un laboureur riche et avare portant un sac de pois sur l'épaule, un matin, passe la Sainte Vierge :

— Que sèmes-tu là ? lui dit-elle doucement.

— Des pierres, répond-il.

— C'est bien, tu récolteras ce que tu as semé.

Et, en punition de son avarice et de son mensonge, ses sillons, en été, ne produisirent que des pierres.

En Égypte, les branches des hauts palmiers s'inclinaient vers Marie pour lui donner leurs fruits.

Près du Caire on montrait encore, au siècle dernier, un sycomore qui la déroba aux satellites d'Hérode.

Le large tronc de cet arbre s'ouvrit à leur approche. La Vierge y entra ; l'arbre se referma sur elle, puis de nouveau s'ouvrit quand ces sanguinaires agents furent assez loin[1].

Près de Matarieh est un autre vénéré sycomore, à côté d'une source d'eau douce. Il a sous ses rameaux

---

[1] Nous empruntons cette légende au *Recueil des Évangiles apocryphes* publié avec de curieuses notes par M. Gustave Brunet, cet ingénieux et savant bibliographe à qui nous devons tant d'intéressantes notions.

abrité la sainte famille[1]. La source a jailli du milieu
des sables pour la désaltérer. Dans toute la vallée du
Nil, on ne trouverait pas une eau pareille.

Entre toutes les femmes de la Palestine, celles de
Nazareth se distinguent par leur grâce et leur beauté.
Ce don leur vient de Marie, qui nous représente la
grâce la plus virginale et l'image la plus pure de l'idéale
beauté.

Dans cette miraculeuse contrée, les rivières, les vallées, les collines ont aussi leurs légendes.

Le long des côtes de Caramanie, de Syrie, à la cime
des montagnes, on peut voir encore des vestiges de
tours en ruines. Elles formaient autrefois, dit la tradition, une ligne continue au moyen de laquelle, par des
signaux particuliers, une nouvelle était rapidement
transmise de Jérusalem à Constantinople. On prétend
que la mère de Constantin les fit bâtir pour annoncer
plus vite le résultat de ses investigations lorsqu'elle
alla chercher la croix du Sauveur. Si le fait est vrai, nous
devons à la religion ce qui est attribué à la science.
Quatorze cents ans avant M. Chappe, la piété de sainte
Hélène inventait le télégraphe.

La vallée de Josaphat n'est pas moins célèbre parmi
les musulmans que parmi les chrétiens. Là, disent les
disciples du Coran, au jour du jugement suprême, doit
venir Mahomet, monté sur son fameux coursier Borach,
qui a une tête d'homme, et, comme Pégase, un corps
de cheval ailé. Il déroulera, sur toute l'étendue du vallon, sa pelisse doublée de peaux de jeunes agneaux
blancs. Les âmes des élus viendront s'y nicher, et il les
emportera dans son paradis, où chaque bienheureux

---

[1] Le sycomore est l'un des bois les plus indestructibles. Les cercueils
des momies, faits avec ce bois, se sont conservés jusqu'à nos jours.

musulman aura d'immenses domaines, des tentes de
perles et d'émeraudes, quatre-vingt mille domestiques; à chacun de ses repas, trois cents mets exquis
servis dans trois cents plats d'or, et du vin sans restriction.

A quelques lieues de là est le Jourdain.

> O rives du Jourdain! O champs aimés des cieux!

Sa gloire remonte bien au delà du jour où Moïse
cherchait à l'entrevoir du haut du Nébo. On dit que
pendant quarante jours, Ève et Adam devaient se pu-
rifier dans ses flots, et qu'ils auraient pu ensuite rentrer dans l'Éden ; mais la malheureuse Ève n'eut pas
la patience de rester là quarante jours, et le paradis
terrestre fut encore perdu.

Je n'en finirais pas si j'entreprenais de narrer toutes
les légendes bibliques ou évangéliques répandues dans
ces régions d'Orient, depuis les étonnantes histoires de
Sarah et de la reine de Saba jusqu'aux naïfs récits qui
nous représentent Jésus dans son enfance s'amusant
avec de la terre glaise à façonner des petits oiseaux, et
il soufflait sur eux, et les oiseaux soudain ouvrant leurs
ailes s'envolaient et chantaient.

Il faut que je m'arrête. Je voulais seulement indiquer
le religieux sentiment qui a produit en Palestine ces
candides narrations à côté des livres sacrés.

Ah, cette Palestine! Que d'émotions on éprouve
quand on a, dans un humble état de pèlerin, le bonheur qui fut refusé au sublime libérateur des Hé-
breux, à Moïse, le bonheur de l'atteindre et de la parcourir !

Eurotas ! Eurotas ! s'écrie avec enthousiasme M. de
Chateaubriand en voyant le petit ruisseau coulant ob-

scurément sous des amas de joncs, ayant perdu jusqu'à son nom. Maintenant on l'appelle l'Iri ou Vasili-Potamo. Ce petit ruisseau rappelait à l'illustre voyageur les gloires de Sparte.

Mais sur la terre patriarchale de Chanaan, où est le sépulcre d'Abraham, sur la terre chrétienne de Samarie, de Galilée et de Judée, à chaque filet d'eau, à chaque pointe de roc, à chaque grotte souterraine, à chaque parcelle de sol, quels noms auxquels la Grèce n'a rien à comparer ! Quelles images émouvantes, quels souvenirs pénétrant jusqu'au fond de l'âme !

C'est là qu'il doit aller celui qui veut avoir la plus vive compréhension des saintes Écritures ; c'est là que doit aller l'artiste qui veut essayer de peindre quelques scènes de l'Ancien et du Nouveau Testament.

Les peuples d'Orient n'ont point la mobilité des races occidentales. Nous nous laissons bien vite séduire par les nouvelles idées qui changent nos habitudes journalières, et quelquefois bouleversent notre état social. Les orientaux ne songent point à dénaturer leur état héréditaire. Mécontents ou inquiets du présent nous courons avec une agitation fébrile au devant de l'avenir ; les orientaux restent tranquillement fidèles au passé. Les machines rapides, la vapeur, l'électricité sont les agents de nos impatiences. La statue de Memnon s'éveillant au lever du soleil, exhalant de ses lèvres de granit de vagues sons mystérieux, puis restant dans sa majestueuse attitude, immobile et muette, n'est-ce pas l'emblème de l'Orient ?

Où est la sagesse ?

Time is money, s'écrie l'impétueux anglo-saxon en s'élançant à tout hasard en toutes sortes d'aventures.

Mieux vaut, dit le calme fils de l'Orient, mieux vaut être assis que debout, mieux vaut se reposer que marcher, mieux vaut dormir que veiller et ce qui vaut le mieux c'est d'être mort.

Où est la sagesse?

Je pourrais bien dire de quel côté j'incline, mais à quoi sert? Je désire seulement constater que le caractère distinctif des peuplades orientales n'a point été altéré par leur contact avec les nations étrangères. Telle était, il y a des siècles, leur physionomie, telle on peut la voir encore aujourd'hui. Il en est de même de leurs costumes et de leurs vêtements.

Je me rappelle un incident de l'excursion que je faisais, il y a une vingtaine d'années, sur le chemin de la mer Morte. A l'une de nos haltes du soir, deux des Bédouins qui nous escortaient ayant obtenu quelques piastres pour nous préparer, disaient-ils, un souper de pacha, pénètrent dans un pâturage, et en reviennent avec un mouton.

Aussitôt, voilà tous leurs compagnons à l'œuvre. Ceux-ci pour allumer le feu abattent les tiges de saules et de jasmins ; ceux-là façonnent un four avec quelques pierres et de la terre humide prise au bord du ruisseau ; un autre délaye sur une espèce de dalle de la farine dans de l'eau. En un instant, le mouton est proprement écorché, le four achevé et chauffé. Les branches qui auraient pu l'enfumer sont enlevées. Il n'y reste qu'une braise ardente. On y jette la bête toute entière, puis on ferme hermétiquement le four avec les mêmes matériaux qui avaient été employés à sa construction.

Près de là on en a établi un autre dont on enlève aussi

les tisons à moitié brûlés, et sur ces cendres chaudes
cuisent nos pains sans levain.

N'était-ce pas une scène des anciens temps, une scène
de la vie nomade des patriarches ? J'ouvre la Bible et
j'y lis les versets de la Genèse qui racontent comment
Abraham, à l'arrivée des trois inconnus, ordonne à Sara
de préparer de la farine pour faire cuire les pains sous
la cendre, *subcineritios panes*, puis court a un de ces
bestiaux qu'un de ses serviteurs fait rôtir.

Au siècle dernier, le chevalier d'Arvieux, l'intelligent
délégué de la France en divers États du Levant, décrivait
le sépulcre de la Sainte Vierge et disait : « J'espère
que de ce tombeau taillé dans le roc messieurs les
peintres ne feront pas une auge, ou un coffre, comme
ils l'ont fait aux dépens de la vérité [1]. »

Un grand nombre d'autres observations peuvent être
ajoutées à cette juste remontrance.

Puisque le Christ pour accomplir son œuvre de ré-
demption a voulu vivre pendant trente-trois ans de la
vie humaine, ne doit-on pas le réprésenter dans les
conditions de cette existence temporelle, dans la grotte
de Bethléem où il fut l'enfant Jésus, dans le doux vallon
de Nazareth où il grandit, dans la sereine lumière de
l'Orient éclairant les sentiers où il cheminait avec ses
disciples, dans les agrestes paysages qui attiraient son
bon regard et dont il a souvent joint avec tant de
charme les traits idylliques à ses discours.

Qui n'aimerait à contempler la réelle peinture du
lac de Tibériade où il dormait dans le mugissement de
la tempête, du mont Thabor où il apparut dans sa céleste transfiguration, du plateau sacré que l'on appelle
la Montagne des béatitudes où il enseigna à ses apôtres

---

[1] Mémoires du chevalier d'Arvieux, envoyé extraordinaire du roi,
t. II, p. 179.

s la tendre prière répandue maintenant dans le monde
e entier, où il prononça son divin sermon, l'éternelle con-
e solation des justes et des affligés, le *fiat lux* d'une nou-
v velle vie et d'un nouveau monde ?

Il y a d'ailleurs tels passages de la Bible ou de l'Évangile que la connaissance des choses ou des lieux auxquels ils s'appliquent nous rend plus lucides ou plus
touchants.

J'en citerai seulement quelques exemples.

A Nazareth, un certain nombre de familles habitent
encore des excavations formées dans le roc. Au dehors,
sur toute leur largeur, on élève un mur. On perce une
porte ici, une fenêtre là, et voilà une demeure où l'on
est parfaitement à l'abri du soleil et de la pluie. L'intérieur de ces primitives habitations est divisé en deux
parties : La première est occupée par les bestiaux. De
là, on monte par un escalier de deux à trois marches à
la seconde partie de l'édifice où d'un côté est la cuisine, de l'autre les nattes servant de lit aux gens de la
famille. Tout le long de cette espèce d'estrade est une
crèche assez large et assez profonde pour qu'on puisse
au besoin y coucher. Si, comme il est permis de le
croire, la sainte grotte de Bethléem était jadis organisée
de la même manière, n'est-ce pas là le plus simple et
le plus vrai tableau de la nativité ? La Vierge au bord
de l'estrade, l'enfant Jésus tout naturellement posé
dans la crèche, le bœuf et l'âne ayant leur place à quelques pieds au dessous, se levant et le réchauffant de
leur souffle[1].

---

[1] « Qu'à Bethléem il y ait eu des grottes, dit Mgr Mislin, c'est ce dont
il est facile de se convaincre en faisant le tour des rochers sur lesquels
est bâtie l'église de la Nativité. C'est dans une de ces grottes que devait
se retirer la Vierge pour y trouver une demeure tranquille et un abri
contre les rigueurs de la saison. » (*Les Saints Lieux*, t. III, p. 11.)

« Malheur à vous, dit le Christ, malheur à vous, scribes et pharisiens, parce que vous ressemblez à des sépulcres blanchis. »

On comprendra mieux la justesse de cette comparaison, si l'on sait que les Juifs avaient coutume de faire blanchir fréquemment à la chaux les tombes de leurs parents.

On comprendra mieux aussi la rigueur de la retraite de Notre-Seigneur, en voyant la sombre montagne de la quarantaine, et l'on sera plus ému de la parabole du bon Samaritain, à l'aspect du sinistre ravin où le voyageur fut arrêté, dévalisé, blessé par les larrons et laissé sans secours sur le sentier désert.

Maintenant enfin, les voilà ces vraies images de la Terre sainte, les voilà à la plus belle place dans l'œuvre superbe publiée par la maison Hachette.

Au siècle dernier, avant les frénésies de nos ravageurs révolutionnaires, quand la France avait encore dans ses arts et métiers des corporations si sagement organisées, l'aspirant à la maîtrise devait, pour justifier son ambition, faire son chef-d'œuvre. Il y travaillait avec une vive émulation et une pensée de cœur. Il y employait tous ses soins, toute son habileté, et lorsque sa tâche était achevée, quelle joie ! Les maîtres lui décernaient le diplôme désiré ; sa famille célébrait par un heureux banquet son triomphe. Il entrait dans la voie des honneurs, il pouvait être élu membre du syndicat ou de la jurande, diriger d'importantes affaires, et dans les occasions solennelles représenter sa confrérie.

Il y a longtemps que la librairie Hachette a gagné toutes les Maîtrises, et maintenant, aucun éditeur d'Allemagne, d'Angleterre, d'Amérique, ne peut disputer à cette librairie de France le premier rang.

Son fondateur n'aurait eu nulle peine à passer son examen devant les censeurs royaux qui, selon les règlements du temps de Louis XIV, exigeaient que le libraire fut de bonne vie et mœurs, qu'il sût très-bien le latin, et aussi le grec. Il avait fait d'excellentes études, et il pouvait entrer sans crainte dans la noble corporation qui a donné à notre pays, les Étienne, puis les Debure, les Raynouard, les Pankoucke, les Crapelet, les Lefèvre, et, du siècle dernier jusqu'à l'époque actuelle, les savantes et illustres générations des Didot. A une haute intelligence il joignait une rare énergie. Ceux qui ont eu le bonheur de le connaître dans l'intimité se souviennent de ses qualités de cœur. A sa mort, il a eu la satisfaction de penser que son royaume littéraire ne serait pas divisé. Ses successeurs, son fils et ses gendres ont honoré sa mémoire par leur fidèle accord dans la continuation et l'agrandissement de ses vastes entreprises. Encouragés par leurs succès, ils ont voulu montrer jusqu'où pouvait aller l'action de la librairie, par d'ingénieuses combinaisons, par un patient labeur, et aussi, il faut le dire, par de généreuses dépenses. Ils ont voulu faire un livre qui fût un chef-d'œuvre de typographie, et quel livre! Le récit des apôtres, l'enseignement du Christ, traduit en français par celui qui a dit en ce grand langage l'avénement du Christ :

« Rome tend les bras à César, qui demeure sous le nom d'Auguste et sous le titre d'empereur, seul maître de tout l'empire. Il dompte, vers les Pyrénées, les Cantabres et les Asturiens révoltés ; l'Éthiopie lui demande la paix ; les Parthes épouvantés lui renvoient les étendards pris sur Crassus avec les prisonniers romains ; les Indes recherchent son alliance ; ses armes se font sentir aux Rhètes, aux Grisons que leurs montagnes ne peuvent défendre ; la Pannonie le reconnaît ; la Germanie le redoute et le Weser reçoit ses lois. Victorieux par terre et par mer, il ferme le temple de Janus. Tout le monde vit en paix sous sa puissance et Jésus-Christ vient au monde[1]. »

Bossuet avait disséminé dans ses œuvres en une quantité de fragments une traduction complète des évangiles. Un membre éminent de l'Académie des Inscriptions, M. Wallon, a religieusement recueilli ces épis épars ; il les a rejoints l'un à l'autre, il a relié la gerbe tout entière. Pas un grain de bon froment n'y manque.

Les parcelles de la précieuse traduction étant ainsi rassemblées par une main sûre et délicate, les éditeurs se sont mis à l'œuvre pour en faire, comme ils le désiraient, en examinant les livres mémorables de diverses époques et de divers pays, une publication plus majestueuse que celle de Froben et autres célèbres imprimeurs de la Renaissance, plus correcte que celle des Elzévirs, plus élégante que celles de Bodoni, plus gracieuse que celles de Baskerville, enfin une publication de tout point accomplie.

Il se sont mis à l'œuvre, ne ménageant ni le temps, ni l'argent. Ils ont fait préparer une encre d'imprimerie d'une qualité exceptionnelle et fait fabriquer à grands frais du papier comme on n'en trouve plus, en ce temps de papiers cotonneux et calcinés par le chlore qui les blanchit. Ils ont fait dessiner et ciseler de nouveaux caractères après en avoir minutieusement étudié la forme et les dimensions. Les typographes les plus habiles ont été employés à la composition et au tirage de ces belles feuilles où l'on ne devait voir aucun défaut. Le crayon le plus ingénieux, le burin le plus correct ont tracé une quantité de charmantes décorations :

____

[1] *Discours sur l'histoire universelle.*

arabesques, lettrines, têtes de chapitres, fleurons, ornements symboliques des quatre évangiles.

Enfin un artiste de premier ordre, M. Bida, s'est consacré pendant un long espace de temps à cette publication. Peu d'hommes connaissaient comme lui les régions du Levant. Il les avait parcourues à plusieurs reprises et en avait bien saisi le caractère définitif. Il a voulu les revoir avant de commencer l'œuvre qui lui était demandée. Cette fois, il est allé tout droit en Palestine, et de Bethléem au Jourdain, de Nazareth à la mer de Galilée, du mont Thabor au mont des Oliviers. il a visité pieusement tous les lieux consacrés par le christianisme. C'est là qu'il a recueilli les éléments et conçu le plan de cette magnifique collection de dessins qui ont été gravés avec un soin tout particulier et intercalés dans le livre des évangiles.

Je n'essaierai point de décrire ces diverses compositions. Je ne pourrais que répéter l'éloge qui en a été fait par les juges les plus compétents. Je dirai seulement l'impression que j'en éprouve. Pour moi , c'est la véridique peinture de l'Orient ; c'est le paysage, c'est l'habitation, la vie nomade et la vie de famille, le tableau tel qu'on pouvait le voir, il y a deux mille ans : l'anguleux et astucieux visage du pharisien, la grâce naturelle de la jeune Galiléenne, la simplicité rustique du pêcheur, le vêtement patriarcal, l'habitation étroite et dénudée, le paysage lumineux.

A cette vérité locale M. Bida joint un sentiment élevé ; sentiment poétique dans plusieurs scènes idylliques, comme : le Retour d'Égypte ; Jésus et les Apôtres traversant le champ de blé ; Jésus et les petits enfants ; l'Intérieur de la maison quand l'étranger entre, disant : Que la paix soit sur cette demeure ! Sentiment de cœur dans la peinture de la Samaritaine et de la Chananéenne, de la Femme adultère, du Foyer de Marthe et Marie ; sentiment de piété quand il dessine l'image de la Vierge et celle du Christ. A l'image de la Vierge, il a donné la beauté idéale, comme les peintres italiens, et l'expression de candeur, comme les anciens peintres allemands ; à la figure traditionnelle du Christ, une sérénité céleste, un regard et un sourire d'une douceur ineffable.

Haydn écrivait en tête de ses oratorios : *In nomine Domini* ou *Soli Deo gloria*.

Owerbeck, le religieux peintre, se mettait à genoux et faisait sa prière avant de prendre ses pinceaux. Danneker, le sculpteur, m'a dit que pendant de longues années, quand il se préparait à faire sa statue du Rédempteur, il lisait et relisait sans cesse le Nouveau Testament.

Tout artiste qui veut produire une œuvre chrétienne doit avoir l'âme chrétienne, M. Bida nous a noblement révélé la sienne.

Ainsi, par le concours du savant, du peintre, des graveurs, des typographes, par les découvertes de l'industrie, par le labeur assidu de plusieurs classes d'artisans, peu à peu s'est fait ce livre des Évangiles si justement recherché et admiré. Les éditeurs y ont mis plus d'un million, sachant parfaitement d'avance qu'un tiers au moins de cette somme était irrévocablement perdu. Mais l'honneur qu'ils voulaient avoir, ils l'ont eu pleinement ; en France et en Angleterre le plus prompt et le plus complet succès ; en Allemagne, à l'Exposition de Vienne, la plus éclatante distinction. Ils ont été occupés de cette entreprise pendant près de quinze années. Ils y travaillaient encore dans les rigueurs du siége et les calamités de la Commune.

Les bons patriotes de la Commune voulaient brûler cette maison qui, au milieu de l'effarement universel, poursuivait sa tâche pacifique et donnait l'aliment quotidien à deux mille ouvriers.

Le nouveau recueil des Évangiles, le livre des miracles est sorti comme un miracle de ces deux crises mortelles.

V

VOYAGE AU GROËNLAND[1]

Dans les ports septentrionaux de la France, principalement dans celui de Dunkerque, chaque année des centaines de marins s'embarquent pour aller pêcher la morue dans les eaux de l'Islande, et quelquefois s'avancent vers les parages du Groënland. Rude est leur tâche, cruelle la mer où ils s'aventurent, très-incertaine leur récolte. Mais ils sont vigoureux, alertes, résolus, et telle est leur ardeur, que, si on les laissait faire, ils partiraient à l'équinoxe du printemps : la périlleuse saison. De sages ordonnances ne leur permettent plus d'entreprendre cette expédition avant le mois d'avril. Par une autre bienfaisante disposition, un bâtiment de guerre est envoyé chaque année vers ces aventureuses flottilles. Pour leurs navires, faibles navires de 60 à 80 tonneaux, montés par une douzaine d'hommes, et mal approvisionnés, la corvette militaire c'est le patronage, c'est

---

[1] *La Terre de désolation.* Excursion d'été au Groënland, par le docteur J. Hayes, 1 vol. in-8°. Paris, Hachette, 1874.

l'autorité, c'est le secours de la patrie. Là, dans une collision, est le pouvoir armé ; là, pour des matelots turbulents, la loi de la discipline ; là, pour les malades, le médecin et la pharmacie.

Jeune — il y a longtemps — j'ai eu le bonheur de naviguer sur un de ces salutaires bâtiments, sur la corvette *la Recherche*, et je me rappelle encore deux épisodes de notre traversée entre les rocs des Feroë et la plage de Reykiavik.

Un jour nous recueillîmes un pêcheur qui, en tombant d'un hunier, s'était brisé la jambe. Ses camarades lui avaient fait de leur mieux une ligature avec deux planchettes et du fil carret. Il était robuste, mais très-souffrant et en grand danger de rester à jamais estropié. Notre chirurgien s'empara de lui, le pansa, le soigna assidûment. Quand nous rentrâmes en France, il était guéri.

Un autre jour, nous vîmes venir un brave homme tout effaré : c'était le capitaine d'un équipage en révolte. Une enquête rigoureuse démontra l'exactitude des faits qu'il racontait. Les deux principaux insurgés furent transportés sur *la Recherche* et condamnés au châtiment qu'ils méritaient. En quelques heures l'affaire était terminée, l'ordre rétabli. L'honnête capitaine ne savait comment exprimer sa reconnaissance.

En 1833, *la Lilloise* allait ainsi visiter nos pêcheurs. Elle était commandée par un habile et vaillant officier, M. de Blosseville, qui, dans sa juvénile ardeur, avait sollicité l'autorisation de faire au delà de l'Islande une courageuse tentative.

Le 21 juillet, il appareillait à Dunkerque. Le 4 août, il écrivait au ministre de la marine qu'il allait s'efforcer d'atteindre la côte orientale du Groënland.

Après cette dépêche, plus rien. Pas la moindre nouvelle de lui ni de son bâtiment. L'année suivante, le brick de guerre *la Bordelaise* fut envoyé en Islande pour s'enquérir du sort de *la Lilloise*, et ne rapporta de son voyage aucun des indices si désirés. Pour continuer dans une zone plus étendue ces perquisitions, le ministère de la marine arma, en 1835, *la Recherche*, et en confia le commandement à un vigoureux Breton, simple mousse au début de sa carrière, comme ses deux nobles contemporains Roussin et Duperré, et comme eux élevé graduellement, par l'éclat de ses services, au rang suprême d'amiral, l'amiral Tréhouard, dont on a fait, il y a quelques mois, les obsèques.

En deux années consécutives il explora la côte occidentale d'Islande, s'arrêtant en divers ports, interrogeant le fonctionnaire, le pêcheur, le marchand. Il explora la banquise qui s'étend entre le cercle polaire et le cap Farewell; puis enfin visita plusieurs établissements du Groënland. Inutile investigation ! La Chambre des députés avait voté une somme de 100,000 francs pour quiconque donnerait quelque renseignement sur *la Lilloise*. Le zèle d'un grand nombre de pauvres gens du Nord était fort stimulé par l'appât de cette récompense. Personne ne put la gagner.

Dans les mers de l'Inde, un bâtiment peut tout à coup être pris par un cyclone, et totalement englouti en un instant. Dans les régions polaires, il peut être cerné par un amas de glaces flottantes, serré, broyé et enseveli de telle sorte, qu'on n'en revoie pas un débris. Telle a été probablement la fin de *la Lilloise.*

En se dirigeant vers le Groënland, M. de Blosseville ne comptait pas y découvrir, comme Frobisher, la voie la plus courte pour aller en Chine, ni comme les premiers délégués de la Compagnie danoise, des collines de sable pleines de pépites d'or. Non, il aspirait à voir cette fameuse côte orientale, jadis très-fréquentée par les Norvégiens qui y avaient fondé d'importantes colonies, et maintenant fermée par une barrière de glaces. Quel honneur pour lui, s'il accomplissait la tâche vainement entreprise à diverses époques par plusieurs valeureux marins, notamment Graah[1] et Scoresby[2], s'il parvenait à résoudre la question historique et géographique si longtemps discutée et si indécise encore! Peut-être aussi M. de Blosseville, en sa qualité de Normand, éprouvait-il un intérêt particulier pour les plages boréales conquises par les Vikings scandinaves comme son doux pays de Normandie.

« Le Viking, s'écrie le jeune aventurier si bien dépeint par Geijer, le Viking m'a reçu sur son navire. Le vent vigoureux souffle dans nos voiles, il nous emporte au sein de la mer sur les ondes bleuâtres, sur les vagues élevées de l'abîme, et je suis si joyeux et si résolu! Je tiens entre mes mains la vieille épée de mon père. J'ai juré que la mer me conduirait à la conquête d'un autre royaume[3]. »

Ces intrépides Vikings, avec leurs navires primitifs, leurs drakars, sans carte et sans boussole, ils allaient sur les mers lointaines, à l'est et à l'ouest, au nord et au sud, vers les dunes de l'Angleterre et les rives fleuries de la Sicile, vers les côtes de l'Espagne et les plaines de la Russie; ils allaient à l'aventure, exaltés par leurs rêves de gloire barbares, fiers de leur audace et non moins fiers de leurs pillages. A leur retour au foyer paternel, ils étalaient avec orgueil les dépouilles enlevées

---

[1] *Undersœgelse Reise til Æstkysten af Grœnland i aarene 1828-1831.* Copenhague, 1832.

[2] *Journal of a voyage to the northern whale-fishery.* Edinburg, 1833.

[3] *Skaldestycken,* af E.-G. Géier. Upsala, 1833.

à la maison étrangère. Le scalde chantait leurs exploits ;
la jeune fille les regardait en rougissant avec une candide admiration, et, quand ils succombaient dans une
de leurs luttes, ils savaient qu'ils seraient récompensés
de leur valeur par les joies du Valhalla, assis à la table
d'Odin, servis par les Valkyries, buvant le miœd dans
des coupes inépuisables.

Ceux qui les avaient vus, ces terribles pirates, ne pouvaient les oublier. A leur aspect, Charlemagne, dit-on
pleura, et, dans les provinces par lesquelles ils avaient
passé, on ajoutait ce verset aux litanies : *A furore Nor-
mannorum libera nos, Domine.*

Si tous prétendaient se signaler par la même bravoure, tous ne pouvaient avoir la même fortune. Les
uns étaient jetés par une tempête dans une île sauvage ;
d'autres abordaient sur des rives fécondes. Rolf, banni
de Norvége pour un acte de violence, s'en va avec une
bande d'aventuriers vers l'Angleterre, puis traverse la
Manche, remonte la Seine, s'empare de Rouen et devient duc de Normandie. Un autre banni, Éric le Rouge,
quitte l'Islande avec sa jeune femme et va débarquer
au Groënland. Celui-là aussi était d'un tempérament
peu idyllique. Un soir, dit une vieille légende citée par
Egède, en revenant de la chasse, il trouve sa femme
morte et près d'elle un garçon à qui elle venait de donner
le jour. Il s'enfonce un dard aigu dans la poitrine, et du
sang qui en jaillit abreuve l'enfant[1].

A la migration de ce farouche Viking (986) commence l'histoire du Groënland, étrange histoire racontée
en partie dans les sagas islandaises, discutée longuement sur plusieurs points par les érudits scandinaves,
écrite en latin par le savant Torfesen[2].

---

[1] *Dagbog,* af Pastor Hans Egede.
[2] *Gronlandia antiqua.* Copenhague, 1715.

Éric retourna en Islande, fit une pompeuse description de la terre où il avait séjourné, qu'il appelait, pour la rendre plus attrayantte : la *Terre-Verte* (Groënland), et détermina plusieurs familles à s'y établir avec lui.

Quelques années après, Leif, un de ses fils, ayant fait un voyage en Norvége, sous le règne d'Olof Tryggvason, l'ardent promoteur de la doctrine évangélique, se convertit au christianisme et emmena avec lui un zélé prêtre qui catéchisa, éclaira et baptisa la colonie groënlandaise.

Quelques années après, ce même Leif ayant entendu parler d'une autre contrée vers laquelle un navire norvégien avait été emporté par un ouragan, voulut la connaître. Il s'embarqua avec une trentaine d'hommes, parmi lesquels se trouvait un ancien serviteur de son père, un Allemand nommé Tyrker. En se dirigeant vers l'ouest, selon l'indication qui lui avait été donnée, il arriva d'abord à un rivage rocailleux au-dessus duquel s'élevaient des glaciers, et l'appela Helluland. Plus loin, il vit une côte sans escarpement, des bancs de sable blanc, une terre couverte de bois, et lui donna le nom de Markland (terre de bois). Deux jours après, l'aventureux navire, poussé par un vent de nord-est, atteignit une autre plage traversée par une rivière qui tombait dans la mer. Leif remonta cette rivière, jeta l'ancre près d'un lac d'où elle descendait, et résolut de passer là l'hiver. Il divisa son équipage en deux troupes qui, tour à tour, devaient travailler à la construction des huttes et faire des excursions dans le voisinage. A tous, par une sage prévoyance, il recommanda expressément de ne pas trop s'éloigner du campement, et de ne pas se séparer les uns des autres. Un jour Tyrker disparut. Leif, inquiet, prit avec lui douze hommes pour aller à sa recherche, et le rencontra revenant tout joyeux d'une excursion à travers champs. « Je suis né, dit-il, dans un pays où l'on connaît la vigne, et je viens de trouver ici des rameaux de vigne. »

Leif alors donna à ce pays le nom de Vinland.

Tel est l'événement cité dans plusieurs sagas, raconté en détail par Snorre Sturlesson dans sa *Heimskringla*, par Torfeus dans sa *Vinlandia antiqua*, par Schoning dans son Histoire de Norvége, l'événement commenté par un grand nombre de chroniqueurs et de géographes. Il n'est pas contestable et n'a guère été contesté. Évidemment, les Scandinaves ont dès le dixième siècle atteint le sol d'Amérique. Un des écrivains qui, tout en reconnaissant l'authenticité de ces voyages, en nient les résultats, M. Murray, a tenté de prouver que le Vinland est tout simplement la partie méridionale du Groënland, séparée par un golfe du district où Éric s'était établi[1]. Mais la subtilité de ses calculs ne peut changer en cette question la croyance hénérale. M. Rafn, l'actif secrétaire de la Société des antiquaires du Nord, a, dans une savante dissertation, démontré catégoriquement par des observations de géographie, d'astronomie et d'histoire naturelle, que le rivage rocailleux auquel Leif donna le nom de Hellulund est Terre-Neuve ; que la Markland est la Nouvelle-Écosse, et le Vinland une des rives de Massachusetts[2].

Leif passa tranquillement l'hiver sur un sol où s'éle-

---

[1] *Historical account of discoveries and travels in North America,* t. Ier, p. 13.

[2] *Découverte de l'Amérique au dixième siècle.* Dans les Mémoires de la Société des antiquaires du Nord. Copenhague, 1839. — *Antiquités américaines,* par Ch. Rafn. Copenhague, 1845. — Voir aussi l'excellent livre publié récemment par M. Gabriel Gravier : *Découverte de l'Amérique par les Normands au dixième siècle.* Rouen, 1874.

vaient de beaux bois, près d'une rivière où il faisait des
pêches abondantes. Au printemps, il retourna, comme
un oiseau de passage, vers sa demeure septentrionale.
Un de ses frères, Thorvald, voulut visiter cette région
où l'on prenait si aisément de si beaux poissons, et fit
à l'est et au nord d'autres découvertes. Leif, dans le
cours de son expédition, n'avait rencontré aucun être
humain. Un jour, ses compagnons aperçurent trois
canots d'où sortirent trois hommes de petite taille, à la
face large et aux cheveux noirs. C'étaient des Esquimaux. Les vigoureux Norvégiens leur donnèrent par
mépris le nom de Skrællinger [1], et, sans la moindre
provocation, en tuèrent huit. Le neuvième réussit à
s'échapper. Peu de temps après, une nuit, comme ils
dormaient paisiblement sur leur navire, ils furent tout
à coup réveillés par des cris stridents. Une quantité
d'embarcations les cernaient, et les Skrællingers lan-
çaient sur eux des volées de flèches. Cette impétueuse
attaque fut vaillamment repoussée, et la flotte ennemie,
vaincue, obligée de fuir. Cependant Thorvald avait
reçu une flèche en pleine poitrine, et, se sentant mor-
tellement blessé, il appela autour de lui ses compagnons : « Préparez-vous, leur dit-il, à retourner dans
notre pays. Auparavant, il faudra m'ensevelir sur ce
promontoire qui m'a paru si beau. A mes pieds vous
planterez une croix, et désormais ce lieu s'appellera
Korsnaes (cap de la Croix). »

Ainsi fut fait. Mais les fils d'Éric le Rouge avaient,
comme leur père, l'ardeur de la migration. Un troisième
fils, Thorstein, s'embarqua pour le Vinland avec sa
femme Gudrida, une jeune et vaillante femme dont

---

[1] Le mot islandais Skrællinger signifie une chose desséchée. Le mot
danois signifie littéralement une pelure, et figurément un homme chétif.

l'histoire se retrouve dans plusieurs romantiques sagas. Le navire qui devait l'emporter sur les plages d'Amérique fut rejeté par une violente tempête sur la côte du Groënland. Thorstein y mourut.

Quelques années après, Gudrida épousa un descendant du fameux Regnar Lodbrok, un noble islandais nommé Thorfinn Karlsefne, qui se sentait aussi attiré vers le Vinland, non point pour y faire une simple exploration, mais pour y fonder un établissement. Il équipa dans ce but trois bâtiments, y mit du bétail, des instruments d'agriculture, et emmena avec lui soixante hommes.

Il atteignit une baie près de laquelle croissait le maïs, et rencontra de pacifiques Skrællingers avec lesquels il fit de fructueux échanges ; car pour une bandelette, un lambeau d'étoffe, les bonnes gens lui donnaient des fourrures superbes, et pour une tasse de lait tout ce qu'ils avaient de meilleur. Ce lait leur était totalement inconnu, et lorsque pour la première fois ils entendirent le beuglement d'une vache, ils s'enfuirent épouvantés.

Mais, l'année suivante, une armée d'autres Skrællingers attaqua la petite troupe d'émigrants. Thorsfinn, ayant failli périr dans la mêlée, abandonna ses projets de colonisation. Il repartit pour le Groënland, puis pour l'Islande, avec la précieuse cargaison qu'il avait amassée, et il mourut, disent les chroniques, très-riche et trés-honoré.

Gudrida, la belle Islandaise, subissant son nouveau deuil, ayant, dans son dévouement conjugal, accompli tant de rudes traversées et bravé tant de périls, voulut se réconforter l'âme par un pieux pèlerinage. Déjà plusieurs descendants des farouches sectateurs d'Odin, plusieurs fervents catholiques, avaient été humblement s'agenouiller dans la sainte cité de Jérusalem [1]. Une autre sainte métropole attirait la pensée de la jeune chrétienne. Elle alla faire ses dévotions à Rome, puis revint en Islande finir ses jours dans un couvent fondé par un de ses fils. Heureuse fin, après de si cruelles épreuves !

Longtemps encore les Scandinaves s'en allèrent à la recherche des terres occidentales, et plusieurs s'y fixèrent. Puis tout à coup plus rien ; plus de voyages vers la contrée découverte, explorée par les fils d'Éric, habitée trois années de suite par Gudrida ; plus aucune notion de Vinland. L'aurore d'une immense révélation disparaît dans de grandes ombres. Un voile ténébreux s'étend sur la mer par laquelle on arrivait à un nouveau monde. L'Amérique, un instant entrevue, puis délaissée, oubliée, perdue dans les errements du moyen âge, attendait ses vrais découvreurs. Les Antilles embaumées attendaient Christophe Colomb ; le Canada, où la France fut si aimée, où elle est encore aimée, attendait notre valeureux Jacques Cartier.

On pense que la colonie norvégienne qui commençait à s'établir autour de Korsnaes fut anéantie par les indigènes, où se mêla graduellement à eux de telle sorte, qu'elle finit par y perdre son caractère distinctif et le souvenir de son origine.

Au Groënland, la colonie norvégienne s'accroissait à l'est et à l'ouest. Dès le commencement du douzième siècle, elle formait un diocèse ; elle avait un évêque institué par le roi de Norvége, proclamé par la papauté. Au quatorzième siècle, un de ses monastères est décrit d'une façon étonnante dans le livre de deux célèbres

----

[1] Voir le curieux et savant livre de M. P. Riant : *Expéditions et pèlerinages des Scandinaves en Terre sainte.* Paris, 1865.

voyageurs vénitiens, les deux fils de Carlo Zeno, le héros de la guerre de Venise contre les Génois[1].

« Ce monastère, dit Nicolas Zeno, est construit au pied d'une montagne volcanique de laquelle descend une source d'eau chaude dont les religieux font un heureux emploi. Sur cette eau, ils font cuire dans des bassins de cuivre leur pain et leurs autres aliments. Cette même eau, introduite dans divers tuyaux de cuivre, d'étain ou de pierre, chauffe leur réfectoire, leurs cellules et leur église. Par d'autres conduits elle se répand à travers des jardins abrités sous un toit, et y entretient une si douce température, qu'on voit sur ce sol groënlandais éclore les fleurs et mûrir les fruits des régions méridionales. »

Un éminent officier de la marine danoise, M. Zarthmann, a fait une étude approfondie de cette narration, publiée cent soixante-dix ans après le temps où elle fut écrite, et il en parle sévèrement. « Elle a trompé, dit-il, Frobisher dans son expédition au nord-ouest, et elle est tellement fabuleuse, qu'elle ne peut donner aucune juste idée des contrées qui y sont décrites[2]. »

Mais, quelles que soient les erreurs et les inventions des deux Zeni ou les interpolations de Mazolini, qui recueillit leurs lettres, il est certain que si le Groënland n'a pas mérité son nom de Terre-Verte, comme la verte Érin, il n'a pas été non plus jadis la terre de si grande désolation.

Jadis sur ses rives occidentales s'élevaient quatre églises paroissiales et une centaine de villages ; sur sa

<hr>

[1] Daru, *Histoire de Venise,* livre XI.

[2] *Bemœrkninger om de Zeni lilskrevne Reiser i Nordem.* Dans le *Nordisk Tidskrift* t. II. Copenhague, 1855. Washington Irving exprime à peu près la même opinion. *History of the life and discoveries,* of Ch. Colombus. Appendice, n° XIII.

rive orientale, cent quatre-vingt-dix villages, douze
églises, deux couvents et le siége épiscopal[1]. Les habitants de ces villages avaient des pâturages et des bestiaux, et, chaque été, vendaient leurs produits à des navires étrangers. Mais, de plus en plus, les glaces ont
recouvert la surface du pays, les glaces se sont amassées
le long de la côte orientale de telle sorte que nulle embarcation, pas même le léger kayak, ne peut maintenant y arriver. La peste noire qui, au quatorzième siècle,
ravagea les plus riantes régions de l'Europe, atteignit
aussi les Groënlandais dans leurs remparts de neige,
et les décima. A ces mortels fléaux se joignit celui des
batailles. Petites images des grandes choses! Déroute
d'Arbelle! désastre de Hastings en de petits pays qui
ne seront célébrés par aucun historien et par aucun
poëte! Les derniers descendants d'Éric furent attaqués
à l'improviste et vaincus par une bande d'Esquimaux
qui s'empara de leurs bancs de pêche, de leurs cabanes,
comme Alexandre des trésors de Darius, et Guillaume
le Conquérant du royaume de Harold.

A la mort du roi Hagen, vers l'année 1380, Olaf, en
adjoignant la couronne de Norvége à celle de Danemark,
devenait par là le souverain des colonies norvégiennes.
Ni lui, ni la plupart de ses successeurs ne s'occupèrent
de celle qui était reléguée si loin d'eux, ayant si grand
besoin de secours. On prétendait pourtant qu'il devait
y avoir là des mines d'or. Les lecteurs de la Bible affir-
maient le fait en citant un des versets du livre de Job
où il est dit : « L'or vient du septentrion, » et les
adeptes des sciences cabalistiques en citant un des écrits
de Théophraste Paracelse. Mais cette belle croyance
n'allait guère au delà d'un cercle restreint de *scholars*.

[2] Egede, *Description du Groënland*, p. 8 et 16.

Généralement, on n'avait par la tradition qu'une effrayante idée du Groënland, et dans les agitations des quinzième et seizième siècles, combinaisons politiques, luttes intestines, divisions de l'aristocratie, soulèvement des paysans, batailles de tous côtés, ni l'habile Marguerite, qui fit l'union de Calmar; ni son malheureux pupille, Éric de Poméranie ; ni Christophe de Bavière, dans son règne rapide ; ni Christian II, dans ses luttes sanguinaires, ne pouvaient songer aux pauvres peuplades perdues dans l'abîme des glaces polaires.

Au dix-septième siècle, les entreprises des Anglais, les voyages de Willouhgby, Frobisher, Davis, éveillèrent l'ambition de Christian IV, le grand roi de Danemark. Il voulut aussi chercher le chemin de l'Inde par le nord-ouest, et, dans ce but, il organisa successivement quatre expéditions qui n'eurent aucun utile résultat. Un vaillant marin, Jean Munk, qui commandait la quatrième expédition, fut arrêté dans sa traversée par les glaces, obligé de passer l'hiver dans une île déserte, et retourna l'année suivante en Danemark avec deux hommes de son équipage. Tous les autres étaient morts[1].

Deux navires furent encore envoyés au Groënland par des armateurs de Copenhague qui espéraient faire une brillante spéculation. Leurs capitaines, peu experts en minéralogie, ramenèrent un amas de sable qu'ils considéraient comme un minerai précieux, et qui ne renfermait pas le moindre grain de métal.

Après ces diverses tentatives, le Groënland est de nouveau abandonné. D'un acte de dévouement religieux date sa nouvelle histoire. Au commencement du dixhuitième siècle, dans le village de Vaagen, en Norvége,

---

[1] C.-F. Allen, *Faedrelandets historic,* p 573.

vivait un charitable pasteur, Jean Égède, jeune encore, père de famille, très-estimé de ses paroissiens, assez riche du produit de son pastorat, et fort heureux. Par une sorte de prédestination, il lisait avec un intérêt tout particulier, à ses heures de loisir, ce qui avait été écrit sur cette malheureuse terre, décorée du nom de Terre-Verte. Il recherchait ceux qui en avaient quelque connaissance spéciale, et se sentait le cœur attendri en songeant à ces infortunés Groënlandais, oubliés dans leur sinistre isolement, condamnés aux plus rudes souffrances, et privés des consolations de la foi par leur idolâtrie.

De ce sentiment de pitié peu à peu il en vint à l'idée d'aller lui-même à eux, de les secourir tant qu'il le pourrait et de leur enseigner la douce doctrine de l'Évangile. Il écrivit à son évêque pour lui soumettre son charitable désir. On peut voir, par la réponse qui lui fut faite, à quel point d'ignorance les Norvégiens en étaient venus à l'égard de cette contrée découverte et habitée par leurs ancêtres, et de temps à autre entrevue encore par les baleiniers de Bergen.

« Le Groënland, dit le candide prélat, est sans doute une partie de l'Amérique très-peu éloignée de Cuba et d'Hispaniola, où l'on trouve une quantité d'or. »

Puis il ajoute : « Le seul que je sache qui ait voyagé dans ce pays, c'est Louis Hennepin, missionnaire français. Il a longtemps parcouru des régions qui ne peuvent être que le Vieux-Groënland, sous le même degré que celui sous lequel nous habitons, un peu au nord de celles où il place la Nouvelle-France, dans laquelle il y a un siége épiscopal nommé Québec. »

L'évêque engageait Égède à persister dans ses généreuses intentions, mais ne lui donnait aucun secours.

Longtemps le zélé pasteur chercha vainement en Norvége et en Danemark, dans le clergé et le commerce, les moyens d'accomplir son œuvre évangélique. De tout côté, il ne trouvait qu'une froide indifférence ou un mauvais vouloir. Les uns ne pouvaient raisonnablement, disaient-ils, s'associer à une entreprise inutile et dangereuse. D'autres ne comprenaient pas qu'il pût se déterminer à quitter un paisible et fructueux pastorat pour errer à l'aventure. D'autres l'accusaient de manquer à tous ses devoirs d'époux et de père, de faire un acte de barbarie s'il se séparait de sa famille ou s'il l'emmenait dans des contrées affreuses occupées certainement par des anthropophages.

Égède s'affermit contre toutes les difficultés, et parvint à les vaincre. Le conseil des missions siégeant à Copenhague s'intéressait à lui ; le roi de Danemark lui accorda sa protection. Il obtint enfin ce qu'il avait si patiemment sollicité. Au mois de mai 1721, il s'embarqua avec sa femme, résolue comme lui, et ses enfants tout jeunes. Le gouvernement lui donnait des matériaux pour construire une habitation, des ustensiles de travail, des vivres pour un an. Quelques Norvégiens l'accompagnaient, décidés à passer avec lui au moins l'hiver. Après une pénible et périlleuse navigation, il s'arrêta dans une île, au 64ᵉ degré de latitude, et fonda la colonie à laquelle il donna le nom de Godhaab (bon espoir). Les indigènes regardèrent avec étonnement ces nouveaux venus, et ne se montrèrent envers eux ni défiants, ni hostiles. Leur pacifique attitude réjouit Égède. Il y voyait un présage de succès. Le grand obstacle à l'accomplissement de sa tâche de prédicateur était une ignorance complète de la langue groënlandaise, et la difficulté de l'apprendre. Nul rapport entre cette langue et celles qu'il connaissait, nulle grammaire, nul dictionnaire, pas même un primitif abécédaire et pas un interprète. Il fallait que le pasteur norvégien s'appliquât lui-même à chercher patiemment le sens de chaque expression, à deviner et à saisir des règles de déclinaison et de conjugaison que personne ne pouvait lui expliquer, et s'exerçât à prononcer des mots bien longs et bien durs pour un fils des Scaldes, pour un disciple. de la classique Université de Copenhague.

Boileau se sentait l'oreille effrayée par les noms hollandais, les noms de Woerden et de Zuyderzée. Le délicat Boileau !

Voici un mot groënlandais qui n'est pas un des plus longs, dit M. Hall, ni un des plus gutturaux [1] :

Piniagagiakardluarungnoerangat.

Les Esquimaux profèrent cet amas de syllabes aisément.

Pour acquérir les connaissances qu'il désirait si ardemment, Égède se mit à vivre de la vie des indigènes, s'installa dans leurs cabanes, supporta courageusement leur saleté. Tandis qu'il poursuivait ainsi son œuvre généreuse, il vit arriver près de lui et il assista chrétiennement deux autres prédicateurs animés comme lui d'un zèle religieux, deux envoyés de la communauté de ces missionnaires qu'on appelle, en raison de leur origine, les frères Moraves, et en raison de leur établissement en Silésie, sur les domaines du comte de Zinzendorf, les Herrnhutes.

Nous devons à ces vaillants hommes, particulièrement à Jean Égède, à son fils Paul et à Cranz, les no-

---

[1] Hall, *Life with the Esquimaux*, p. 49.

tions les plus détaillées et les plus exactes sur le Groënland. Ils n'ont pu, ni par terre, ni par mer, pénétrer
jusqu'à l'emplacement des constructions norvégiennes,
sur la côte orientale. Mais leur œuvre, continuée par
leurs successeurs, s'est propagée le long de la côte occidentale, bien au delà du cercle polaire. Le Danemark
leur doit dans cette contrée la reconstruction des anciens établissements scandinaves anéantis au quatorzième siècle. La peuplade des Esquimaux leur doit son
éducation religieuse et civile. Ils ont appris à parler
couramment sa langue ; ils ont traduit dans cette langue les livres évangéliques, plusieurs livres d'instruction pratique et quelques livres littéraires. L'un d'eux
a même traduit la charmante fiction de Daniel de Foë,
les aventures de Robinson. Les Esquimaux doivent être
bien émerveillés en lisant la description de l'île où
le jeune aventurier anglais fait naufrage, une île où
quelques graines tombées par hasard sur le sol produisent des épis de blé, une île où l'on voit les melons
mûrir au soleil, et les rameaux de vignes s'enlacer aux
arbres. Pauvre Groënland !

Pour apprécier le courage de ceux qui, les premiers,
allèrent s'établir là afin de révéler la vérité du christianisme à une population barbare, il faut se représenter
l'état de ce pays. Un immense plateau de neige et de
glace dont on ne connaît pas encore les limites ; sur ce
plateau, des pointes de rocs noirs et des pyramides de
glaces éternelles ; sur la mer qui l'entoure, des montagnes de glaces flottantes. Pas le moindre sillon agricole,
pas de verts enclos, pas d'arbres, et un silence lugubre
interrompu par le mugissement des flots, par le fracas
des avalanches qui s'écroulent, ou des blocs de glace
qui se brisent l'un contre l'autre. Seulement, dans les
interstices des rochers où s'amasse un peu de terre et de

sable, dans les îles où nichent les oiseaux, sur les toits des maisons, on peut voir quelques arbustes, quelques plantes chétives, des mousses, et, par une grâce providentielle, du cochléaria, remède du scorbut.

Au mois de mai, les Groënlandais quittent leurs habitations d'hiver et vont camper sous des tentes. À cette époque, disent-ils, commence leur été, et il doit durer jusqu'à la fin de septembre[1]. Naïf espoir! Il n'y a pas d'apparence de dégel avant le mois de juin, pendant les jours où le soleil reste presque constamment à l'horizon, et ce dégel ne s'opère qu'à la surface du sol. Au mois d'août la neige tombe à gros flocons, et un robuste négociant, ayant entrepris de faire une excursion du côté de l'est au mois de septembre, raconta que jamais il n'avait tant souffert du froid[2].

Après ces quelques semaines qu'on est convenu d'appeler l'été, voici l'hiver, le véritable hiver, avec ses tempêtes sans trêve et ses nuits sans fin.

A Hammerfest, la petite ville septentrionale de Norvége, un jour le pasteur me disait : « Les gens du midi s'imaginent que nous n'avons aucune intermittence dans nos nuits d'hiver. Eh bien, je vous assure que plus d'une fois, au mois de janvier, en me mettant à midi précis devant ma fenêtre, j'ai pu me raser sans avoir besoin de placer une lampe à côté de moi. »

Et le bon M. Aal était tout fier de me donner une si belle idée de son pays.

Dans sa solitaire demeure de Godhaab, à une latitude bien moins élevée que celle de Hammerfest, Égède ne faisait pas la même réflexion. Les navires qui, au printemps, partaient du Danemark pour porter aux colons

---

[1] Cranz, *Historie von Groenland*, p. 58.
[2] *Grœnlandske Relation*, par M. L. Dalager, p. 97.

du Groënland des provisions, des lettres, des nouvelles de la terre natale, s'en retournaient en automne. « En les voyant s'éloigner, dit le brave missionnaire, nous ne pouvons nous défendre d'un sentiment pénible. Ils nous laissent toute une année sans relations aucunes avec la patrie. Mais nous éprouvons une émotion plus triste encore quand le soleil nous quitte au 26 novembre. Quelques jours auparavant, vers midi, je vais au haut d'une montagne contempler ses derniers rayons ; puis je leur dis douloureusement adieu, et nous voilà pour de longues semaines dans les ténèbres. Les chiens hurlent, le vent mugit ; les flots de la mer, soulevés par la tempête, battent les flancs du coteau sur lequel notre cabane est bâtie, et lancent leur écume sur nos fenêtres. Ah ! les malheureuses semaines [1] ! »

Aux tristesses de l'isolement et de l'obscurité, il faut joindre les rigueurs du froid, et quel froid ! Nous nous plaignons en notre doux pays de France, quand le thermomètre descend à quelques degrés au-dessous de zéro. Ingrats que nous sommes, Dieu nous ayant donné la meilleure place sur ce vaste globe. Au Groënland, en hiver, il n'y a plus de degrés à marquer : l'encre gèle auprès du feu, le vin et l'eau-de-vie gèlent dans les tonneaux, la fumée de l'âtre gèle au haut de la cheminée ; les pierres se brisent par la force de la gelée.

Les Groënlandais passent cette longue saison dans des cabanes, ou pour mieux dire dans des terriers de quelques pieds de haut, éclairés par de petites fenêtres où on ne voit pas un brin de vitre, mais en certains endroits une espèce de parchemin façonné avec des intestins de poissons, et ailleurs des plaques taillées

---

[1] Dagbog, *Groenland,* p. 134.

dans des blocs de glace. L'entrée de ces habitations est
si basse et si étroite que, pour y pénétrer, il faut se
courber jusqu'à terre. Ordinairement, plusieurs familles demeurent sous le même toit. Un rideau les
sépare l'une de l'autre, et leur mobilier n'occupe pas
une grande place. Au fond de chaque compartiment, une
planche recouverte des quelques peaux de phoque et
de renne, c'est le lit ; çà et là quelques grossiers ustensiles. Le meuble essentiel est une lampe d'un pied de
longueur que l'on remplit d'huile de poisson, et où
l'on met de la mousse pilée en guise de mèches. Cette
lampe sert à la fois à cuire les aliments, à sécher les
vêtements mouillés et à chauffer l'habitation. Tout cela,
pour l'Esquimau, est assez ingénieusement combiné.
Mais pour l'Européen, ce qu'il y a de plus cruel, c'est
de passer quelques instants dans ces chambres basses
totalement privées d'air. La famille groënlandaise,
constamment revêtue de peaux d'animaux, sans la
moindre parcelle de linge, et ne vivant que de lard ou
d'huile de poisson, la lampe nuit et jour allumée, les
vases de cuisine que jamais nulle main ne nettoie,
des viandes corrompues que l'on garde pour le repas
du soir ou pour celui du lendemain, d'autres saletés
encore, répandent dans cet étroit espace l'odeur la plus
horrible.

Là, sans cesse, la femme travaille. Elle a tant de
choses à faire. C'est elle qui doit veiller aux besoins du
ménage, préparer les repas, coudre les vêtements. C'est
elle qui doit rapporter au logis les divers animaux
tués par la flèche ou le harpon, les dépecer pour en
extraire les intestins et les nerfs dont elle fera du fil,
pour en faire fondre la graisse, pour en tanner la peau.
C'est elle qui doit réparer les fissures des bateaux et
construire ou réparer aussi les maisons.

L'homme chasse et pêche. Ce sont là ses deux seules
tâches, à la vérité assez importantes et assez pénibles.
De son sol il ne peut absolument rien retirer, pas le
moindre grain d'orge. De son habileté à la chasse et à
la pêche dépend son existence. L'oiseau de mer ne lui
donne qu'une nourriture insuffisante ; le renne, en
certains districts, n'est pas commun ; la capture d'un
ours ou d'une baleine est un heureux mais rare événement. Pour les Groënlandais, l'animal providentiel est
le phoque, comme le renne pour le Lapon et le morse
pour les indigentes peuplades des rives de la mer Gla-
ciale, dont l'amiral Wrangell nous a fait une si émou-
vante peinture [1]. Le phoque fournit à la famille groënlandaise l'huile qui l'éclaire et la réchauffe, la chair
qui la nourrit, les intestins dont elle forme des vitres,
des sacs, des cordages, les tendons dont elle fera
un fil menu, la peau qu'elle emploiera à tapisser les
murs humides de son foyer, à recouvrir la légère charpente de la nacelle, à façonner des vêtements imperméables.

Toute l'année l'Esquimau est occupé de cette chasse
précieuse. L'été, il s'en va à la recherche de sa proie
assis dans son kayak, glissant sur les flots comme un
poisson [2]. L'hiver, il creuse des trous dans la glace, et,
le harpon à la main, attend le moment où le phoque
sans défiance s'approche de la perfide ouverture pour
respirer.

Malheureusement, à son activité il ne joint guère la
prévoyance. S'il échoue dans son labeur habituel, il
peut vivre plusieurs jours sans manger comme le cha-

---

[1] *Reise laengs der Nordküste von Siberien und auf dem Eismeren.*

[2] Nous ne croyons pas exagérer, dit M. Méquet, en constatant que le
kayak peut filer quinze pieds par seconde, grande vitesse de chemin de
fer. (*Voyage en Islande et au Groënland*, p. 128.)

meau sans boire. Mais s'il a réussi à prendre quelques
grosses pièces, il ne la ménage guère. Son nom d'Esquimau signifie, dit Charlevoix, mangeur de chair crue.
Que cette chair soit crue ou cuite, il mange gloutonne-
ment. Si le froid excessif se prolonge au delà d'une
certaine limite, si les blocs de glace s'amoncellent et
se condensent dans les fiords de façon à rendre la
chasse et la pêche impossibles, c'est un désastre mortel. Alors le Groënlandais est obligé de tuer ses
chiens qui lui sont si utiles. Puis il fait bouillir les
peaux tannées et desséchées qu'il gardait pour recouvrir la tente ou le kayak. Puis, enfin, quelquefois,
dans son affreuse extrémité, il en vient, dit le capitaine
Graah, à des actes d'anthropophagie [1]. Dans ces longs
hivers, les animaux aussi souffrent de rudes privations.
Sur le navire *l'Hecla*, commandé par Parry, on prit
au mois de janvier un renard et on ne trouva dans son
estomac qu'un peloton de fil [2].

Si cruelle que soit cette terre boréale, le Groënlandais l'aime et ne peut se décider à la quitter. Si on l'en
éloigne forcément, il meurt de nostalgie. Le même fait
a été remarqué dans d'autres rigoureuses contrées. On
m'a raconté en Laponie l'histoire mélancolique de deux
jeunes pâtres nomades qu'un riche highlander avait à
tout prix voulu emmener en Écosse avec un troupeau
de rennes qu'il espérait acclimater dans ses montagnes.
Les rennes périrent l'un après l'autre. Lorsque le dernier disparut, les jeunes Lapons n'ayant près d'eux,
sur le sol étranger, plus rien de leur pays natal, furent
saisis par la nostalgie et languirent et moururent
presque en même temps.

---

[1] *Undersœgelses Reise*, p. 118.
[2] *The private Journal of Captain Lyon*, p. 169.

J'ai connu en Islande un poëte distingué, M Thorarensen, que nulle tentation de gloire littéraire n'avait pu arracher à son obscure demeure. Il habitait un des districts les plus arides de cette île si aride. Il en contemplait avec bonheur les plaines et les montagnes et il s'écriait :

> Ma vieille et noble Islande, ô ma douce patrie !
> Reine des monts glacés, tes fils te chériront,
> Tant que la mer ceindra la grève et la prairie
> Tant qu'au soleil de mai nos champs reverdiront.

J'ai passé dans cette même pauvre Islande plusieurs jours chez un prêtre qui, après avoir achevé d'excellentes études à l'université de Copenhague, avait longuement et fort intelligemment voyagé en Allemagne, en France, en Italie. Ni Vienne, ni Paris, ni la grandeur de Rome, ni les jardins de Florence, ni la beauté du ciel et de la mer de Naples n'avaient pu lui faire oublier sa cabane recouverte d'une couche de terre. et son petit enclos au pied des rocs dénudés, au bord des vagues orageuses. De ses diverses excursions, il avait rapporté quelques images des grandes cités européennes, une collection de livres qu'il se plaisait à relire en ses longues soirées d'hiver et à montrer aux voyageurs. Dans son humble pastorat, avec l'amour de son pays, il n'avait aucune inquiète ambition. Il était heureux.

Ovide disait, il y a dix-neuf cents ans :

> Nescio qua natale solum dulcedine cunctos
> Ducit, et immemores non sinit esse sui.

Depuis le temps où Égède publiait sa relation, le nombre des Groënlandais ne s'est pas notablement accru. On n'en compte guère plus de six mille disséminés le long de la côte occidentale, depuis le 59e jusqu'au 73e degré de latitude [1]. Leurs mariages sont, en général, peu féconds, et la durée de leur vie ordinairement fort restreinte. Très-peu d'entre eux dépassent la cinquantaine. Leur situation a cependant été fort améliorée par les missionnaires et par le gouvernement. Leur territoire est divisé en douze districts. Dans chaque district, il y a plusieurs fonctionnaires danois, l'église et l'école, et un magasin où on ne respire certes pas l'air parfumé des bazars de l'Orient, où l'on ne voit rien des beaux étalages de Paris. Mais, pour les Groënlandais, c'est un très-utile établissement. Ils apportent là leurs denrées, c'est-à-dire des peaux de divers animaux, de l'huile de poisson, des dents de morse, quelques sacs d'édredon, et peuvent acheter là, à de justes prix, les choses qu'ils désirent le plus : farine, tabacs, ustensiles en fer, quelques étoffes en laine, voire même des colliers de verre et des rubans pour les jeunes Groënlandaises qui ont aussi leur coquetterie.

En faisant ces diverses emplettes, ils rendent hommage à l'industrie danoise, mais gardent leur orgueil. Car il sont orgueilleux, ces Esquimaux qui nous semblent si misérables. Ils se croient bien supérieurs à l'étranger qui ne sait pas manœuvrer comme eux le kayak, ni harponner le phoque.

En se convertissant au christianisme, ils n'ont point entièrement abdiqué l'idolâtrie de leurs aïeux. Le sorcier, qu'ils appellent l'Angekok, est pour eux, comme pour les Lapons et les Tchoutckis, un personnage important qui doit être consulté en de graves circonstances. Ils lui attribuent la faculté d'évoquer et parfois

---

[1] Thaarup, *Statistik Udsigt af den danske Stat*, p. 56.

même de subjuguer les esprits infernaux. Dans quelques-unes de leurs idées traditionnelles, il y a de la poésie ; dans d'autres, une singulière naïveté. Comme les Peaux-Rouges, de l'Amérique, ils croient à une autre vie qui sera la continuation de la vie terrestre, mais dans un état merveilleux, dans de vaste plaines où l'on jouit pérpétuellement de la lumière du soleil, où l'on peut, sans difficulté, prendre chaque jour les plus beaux phoques. Pour arriver à ces régions fortunées, ils doivent passer par un long sentier ténébreux, et, quand ils enterrent un enfant, ils placent à côté de lui une tête de chien, le pauvre petit ne pouvant, disent-ils, trouver seul sa route, l'intelligence du chien le guidera. Le phénomène de l'aurore boréale n'a point encore été positivement expliqué par les savants, pas même par mes chers regrettés compagnons de voyage : Bravais et Lottin, qui ont passé tant de nuits d'hiver à étudier sur le rude plateau de Bossekop. Les Groënlandais ont trouvé, sans se donner tant de peine, la solution de ce problème. Quand ils voient flamboyer les rayons mobiles, les rayons magiques de l'aurore boréale, ils disent que ce sont les âmes des morts qui dansent à la surface du ciel.

Ils expliquent aussi les diverses phases de la lune, mais d'une façon un peu matérielle. Lorsque la lune, à son dernier quartier, n'apparaît plus que comme un mince filet d'argent, ils disent qu'elle est amaigrie par la faim. Alors elle monte sur son traîneau attelé de quatre chiens et va pêcher le phoque, puis revient rassasiée, fortifiée et brillante. Son éclipse est produite par le soleil qui cherche à la dévorer. Pour le détourner de son affreux dessein, pour l'épouvanter et le faire fuir, les Groënlandais frappent de toutes leurs forces sur leurs coffres en bois et leurs ustensiles en cuivre. L'éclipse du soleil les émeut bien plus. Il leur semble que tout va s'anéantir. Les femmes alors pincent leurs chiens pour les faire crier. S'ils crient, c'est un signe que le monde subsistera encore, car le chien, créé avant l'homme, a une plus prompte compréhension du péril et du désastre.

Les Groënlandais ne sont pas poëtes comme leurs voisins d'Islande, ni comme les Finlandais. Ils n'ont point fait un *Edda*, ni un *Kalevala*, ni un *Kanteletar*. Cependant une émotion de cœur leur a parfois inspiré quelques strophes touchantes. Un marchand danois, M. Dalager, à qui nous devons un livre intéressant sur leurs habitudes, cite un de leurs chants funèbres qui a été inséré par Cranz dans son *Histoire* et reproduit par Herder dans son *Recueil de chants populaires*. C'est l'élégie d'un père sur la mort de son fils :

« Malheur à moi, qui désormais dois voir ta place vide, et à ta mère, qui ferait en vain sécher tes vêtements. Ma joie est envolée dans la montagne, elle est perdue dans les ténèbres. Autrefois j'allais le soir à ta rencontre et je te voyais arriver avec les jeunes et les vieux ramant bravement. Jamais tu ne revenais de la mer sans un chargement d'oiseaux et de phoques. Ta mère attisait la lampe, et grâce à toi, nous avions tous une ample nourriture. De loin, tu reconnaissais à sa banderolle rouge la demeure du marchand. Tu allais à lui, et, pour le produit de ta chasse et de ta pêche, il te donnait de bonnes étoffes et des lances de fer. A présent, c'est fini. Quand je pense à toi, je me sens le cœur tout bouleversé. Ah ! si je pouvais pleurer, les pleurs adouciraient peut-être mon chagrin. Que faire ? Je voudrais mourir, mais qui prendrait soin de ma femme et de mes autres enfants ? Pour eux, il faut que je vive, et je vivrai constamment dans la tristesse ! »

C'est ce pays de Groënland que le capitaine anglais
Davis nommait, en 1555, à juste titre, la Terre de désolation. Davis le côtoyait en cherchant le fameux passage
nord-ouest. Des Américains viennent de la parcourir
pour leur agrément.

Les Anglais et les Américains ont une singulière façon de voyager. Il y a quelques années, lord Dufferin,
avec son léger yacht, son *Foam*, s'en allait en Islande,
à l'île Jean-Mayen, à Becren Eiland, jusqu'au Spitzberg,
et chacun sait quel charmant récit il a fait de son auda-
cieuse expédition[1]. Voici maintenant un artiste américain, M. Bradford, le peintre des régions polaires, qui,
pour accroître sa collection par de nouvelles études, organise comme un train de plaisir un voyage à la Terre
de désolation. Il équipe un petit steamer qu'il appelle
la Panthère, choisit un capitaine résolu, invite quelques
amis à s'adjoindre à lui, et l'ancre est levée, la vapeur
siffle, l'hélice se meut; *la Panthère* court sur les flots.
Cap au nord : *Go ahead.*

Sur ce bateau est M. le docteur J.-J. Hayes, l'infatigable explorateur des parages hyperboréens. Il avait été
l'un des principaux auxiliaires du docteur Kean sur le
Grinnell, qui, de 1853 à 1855, alla de nouveau si loin
et si bravement chercher les traces de Franklin[2]. Il
avait ensuite organisé et dirigé lui-même une autre
expédition à travers les contrées arctiques et il a inté-
ressé le monde entier à la relation de ses aventures[3].
M. Bradford va partir, M. Hayes ne peut manquer cette
belle occasion de revoir des neiges et des Esquimaux.
Il s'embarque comme passager sur *la Panthère*, et,

[1] *Letters from the high latitudes.*
[2] *Artic explorations,* 2 vol. in-8°, 1856.
[3] *La mer libre du pôle,* traduit par M. F. de Lanoye, 1 vol. in-8°.
Hachette, 1868.

en racontant les péripéties de cette navigation, à travers de formidables barrières, il a prouvé une fois de plus qu'à sa science de médecin, à son courage de voyageur, il unit les qualités de l'écrivain et de l'homme d'esprit.

Par une sombre nuit du mois de juillet, *la Panthère*, ayant fait une rapide traversée, se trouve tout à coup prise dans une ceinture de glaces. C'est le commencement de ses épreuves. Impossible de découvrir une issue, de tenter une manœuvre au milieu de la brume épaisse qui, de toutes parts, enveloppe l'horizon. Il faut se résoudre à l'immobilité et attendre, au risque d'être d'une minute à l'autre anéantis.

Le lendemain, au point du jour, apparaissent au-dessus des nuées les cimes des montagnes couvertes de neige ; à leur base, le sol rocailleux et la côte assiégée par les glaces qui, en se heurtant les unes contre les autres, produisent un bruit lamentable. « Nos yeux, dit M. Hayes, cherchaient en vain quelque indice de foyer. Ils n'apercevaient que roches arides et déserts glacés. Ils voyaient les falaises noires se dresser abruptes et menaçantes, et, plus loin, les plaines couvertes par la neige des siècles dans une solitude blanche, morne, immense. En se détournant de cette perspective sans fin, le regard retombait sur les eaux troublées. Nulle part un signe de vie, partout la désolation. Et cependant le spectacle était grandiose, et l'ouragan accourait pour en augmenter la sombre horreur. Le vent se changea en tempête. La pluie, la grêle, la neige firent rage sur le navire. »

Le bateau avait dérivé en dedans d'une ligne d'écueils. Les vagues tumultueuses moutonnaient de toutes parts ; les glaces et les récifs formaient une chaîne continue. Quand l'ouragan fut apaisé, le capitaine, M. Bartlett,

réussit cependant à entrevoir une ouverture au milieu
de cette terrible enceinte et se dirigea vers la côte où il
espérait trouver une station de pêche. Longtemps il
continue ses recherches, tirant à de réguliers intervalles des coups de canon qui n'ont d'autre résultat que
de faire fuir les mouettes. Enfin, l'œil exercé du marin
aperçoit un point noir et mobile. Il glisse à la surface
des flots, il se rapproche. Bientôt on distingue le mouvement d'une rame, la pointe d'un canot, puis une
forme humaine. C'est un habitant du pays, qui semble
incarné dans son kayak comme le centaure dans les
membres de son cheval. Il monte à bord de *la Panthère*,
et, par un flot tortueux, la conduit à Julianahaab, minime capitale d'un long district, bien plus petite que
Reykiavik, en Islande, et Cétinie, dans le Montenegro,
les deux plus petites capitales de l'Europe[1]. On n'y voit
point, comme à Reykiavik, un évêché, une bibliothèque
et une auberge, ni, comme à Cétinie, au-dessus d'une
cinquantaine de modestes habitations, un vaste édifice
en pierre qui est le palais du prince, mais des huttes
d'Esquimaux avec leur étroit couloir, leurs parois tapis-
sées de peaux de phoque, leurs toits chargés d'une couche de terre sur laquelle, parfois, au printemps, verdit
un peu de gazon, puis quelques maisons en bois faites
en Danemark, goudronnées comme des navires et occupées par les hauts dignitaires de la cité : le gouverneur,
le prêtre, le médecin.

Julianahaab est situé à peu près à la même latitude
que Pétersbourg et Helsingfors. Qui pourrait le croire !
Près de la cité finlandaise, les délicieux jardins de
Traeskhaenda ; sur les rives de la Néva, tant de gran-

---

[1] Au temps où je les ai visitées, à Reykiavik, 600 habitants; à Cétinie, 200.

deur et de magnificence, et, sur la plage groënlandaise,
tant de misères! Ici le missionnaire est tout fier de ses
succès d'horticulteur quand il a pu parvenir, à force de
soins assidus et de chaleur factice, à faire croître sous
ses fenêtres quelques radis.

Le nom de Julianahaäb signifie : esprit de Juliane.
Triste hommage de quelques courtisans danois du siècle
dernier à la mémoire de la vieille cruelle douairière
Juliane, qui persécuta si impitoyablement la belle
reine Mathilde et fit mourir Struensee.

. M. Hayes retrouve là un missionnaire qu'il avait
connu à Upernavik, la station la plus septentrionale du
Groënland. La faiblesse de sa santé ne lui avait pas permis de rester plus longtemps dans cette *Ultima Thule*,
et, pour continuer son œuvre évangélique, il était venu
s'établir à Julianahaab. C'était sa ville de Nice. Pour
résider dans cette Nice groënlandaise, on doit avoir de
solides vêtements et une maison bien calfeutrée. Avec
ce zélé missionnaire, M. Hayes s'embarque sur un oumiak pour faire de côtés et d'autres diverses excursions.
L'oumiak est une véritable curiosité nautique, un bateau de trente-six pieds de longueur, sans boulons, sans
clous, sans vis, sans chevilles, une légère charpente reliée
par des lanières en cuir et revêtues de peaux de phoque
séchées, tannées, huilées, parfaitement imperméables et
artistement rejointes l'une à l'autre. A voir cette embarcation renversée sur la plage, on la prendrait pour
un ballon, et, si l'on frappe sur ses flancs, elle résonne
comme un tambour. C'est le canot des femmes. Elles-
mêmes le construisent et le réparent, ayant toujours
dans leurs poches du fil et des aiguilles pour refaire une
couture et fermer ainsi une voie d'eau.

Ceux qui ont vu les blondes Dalécarliennes du lac
Mélar, les coquettes nautonnières de Brienz, avec leurs

longues nattes de cheveux, et les belles filles d'Orebi-
cino plongeant si fièrement leurs rames dans les flots
de l'Adriatique, éprouveraient un rude désenchante-
ment s'ils espéraient retrouver quelque image pareille
dans les fiords de Julianahaab. Les Groënlandaises ne
sont pas jolies, et il leur serait difficile d'être gracieuses
avec les lourdes peaux de renne et de phoque dont
elles sont vêtues de la tête aux pieds. Mais elles font
très-bien leur métier de batelières, et six d'entre elles
ont lestement conduit M. Hayes dans le golfe près duquel
on voit encore quelques ruines des anciens villages norvégiens. Ces ruines déjà visitées, dessinées et décrites
en 1823 par M. le capitaine Graah[1], ajoutent leurs témoignages à celui des traditions historiques. On voit
que, sur les rives de ce fiord auquel Éric donna son
nom (Eriksfiord), il y a eu des édifices spacieux, solidement bâtis, et une population considérable. A divers indices on peut reconnaître qu'il y a eu là aussi des champs
cultivés et des pâturages, probablement ces pâturages
dont on envoyait, dit Torfesen, de si belles pièces de
bœuf aux rois de Norvége. Dans l'espace de huit siècles,
ce sol a bien changé. Il a été envahi par le débordement
des glaciers, comme celui de l'Islande par l'éruption
des cratères.

Maintenant, on ne voit plus au Groënland d'autre population que celle de la côte occidentale. Pauvre petite
population, égrenée dans ces sombres solitudes, sur un
espace de trois cents lieues. Les traditions de ses ancêtres, si nous pouvions en discerner les traces dans les
nuages du passé, résoudraient cependant peut-être pour
nous cette énorme question : Comment l'Amérique
a-t-elle été primitivement peuplée?

[1] *Undersœgelses Reise,* p. 42.

Les Esquimaux du Groënland, du Labrador, de la baie d'Hudson, de la péninsule de Melville, du détroit de Behring, d'Alaska, dans l'Amérique russe, et une partie des Tschoutkis sont de la même famille, probablement de l'immense famille mongole.

On comprend très-bien que, de la pointe septentrionale de l'Asie, par le détroit de Behring, ils aient pu pénétrer en Amérique. Mais pourquoi cette migration? et à quelle époque? et, après, que leur est-il advenu?

Le savant professeur de Lund, M. Nilsson, a, par ses études ethnographiques, acquis la preuve que les Lapons, refoulés maintenant à l'extrémité de la zone scandinave, ont jadis occupé le midi de la Suède[1].

Les Esquimaux n'ont-ils pas eu à peu près un sort semblable? N'ont-ils pas été refoulés au nord de l'Amérique par les Peaux-Rouges qui sont de même refoulés aujourd'hui par la race anglo-saxonne. La plupart d'entre eux sont restés sur des plages désertes où ils pouvaient, par la chasse et la pêche, subvenir à leurs besoins. D'autres, plus hardis, ont lancé leurs canots à la mer, et, par la baie de Baffin ou le détroit de Smith, ont atteint, pour l'anéantir, la colonie norvégienne, qui, jadis, épouvantait leurs aïeux.

Tristes pages de l'histoire humaine! Dans les plus misérables comme dans les magnifiques contrées, partout l'ambition et la guerre, les cruautés et les représailles; mais aujourd'hui les Groënlandais sont très-pacifiques : personne ne songe à leur enlever leur pauvre refuge; ils n'ont nul rival à craindre, et nul ennemi à combattre : leur unique souci est de vivre, et, pour se procurer au jour le jour le moyen de vivre, n'ont-ils

----

[1] *Scandinaviens Urinvonare.* Lund, 1828-1843. — *Les habitants primitifs de la Scandinavie,* 1 vol. in-8°. Reinwald, Paris, 1868.

pas assez de luttes à soutenir contre les glaces et les tempêtes?

La Panthère, en quittant Julianahand pour continuer vers les parages du Nord ses explorations, dut lutter ainsi contre les *calf*, les *floe*, les *driftice*, les *hammocks*, les *iceberg*, les *icefield*, les *packs*, autant de glaces de diverses dimensions et de diverses formes auxquelles les navigateurs des régions arctiques ont donné différents noms.

M. Hayes a lu attentivement les livres de Forbes, Tyndall, Agassiz, et sans doute aussi ceux de notre excellent compatriote M. Ch. Grad. Il a étudié, selon les principes de ces habiles naturalistes, la formation, le mouvement et la progression des glaciers. Il les observe avec la rectitude de la science, il les décrit avec une verve poétique. On en jugera par ce chapitre intitulé : *La naissance d'un iceberg* (montagne de glace).

« Un jour, dit-il, du haut d'un pic élevé, seul avec le chasseur Philippe d'Upernavik, je regardais la grande mer de glace qui s'étend à l'intérieur du pays, ne faisant des montagnes et des vallées qu'une vaste plaine de neige. Le glacier, me dit tout à coup Philippe, va mettre bas. C'est ainsi que s'appelle, au Groënland, le phénomène qui allait s'accomplir devant nous.

« Une forte explosion retentit. Je ne savais d'abord à quoi l'attribuer ; d'autres suivirent de plus en plus fortes, semblables aux roulements souterrains précurseurs des trépidations du sol.

« Regardez, me dit Philippe, le voilà qui se lève. Je vis, en effet, une portion du glacier sortir lentement des eaux. Une vague énorme, formée et refoulée vers lui par ce mouvement de bas en haut, alla frapper les icebergs immobiles dans le fiord. Le bruit jusqu'alors profond et sourd éclata dans les airs comme une décharge de grosse artillerie : une crevasse s'était ouverte dans le fleuve glacé, un quartier énorme s'en dégageait. Il se souleva comme un léviathan surgissant des abîmes, et montrant sa croupe monstrueuse au-dessus des flots. La fissure atteignit le sommet ; le fragment, complétement détaché, tomba à la mer en faisant un demi-tour sur lui-même.

« L'iceberg était né.

« Aucune description ne saurait donner l'idée de l'agitation sauvage de ce fils des gelées polaires. Lancé à la mer avec une impétuosité terrible, le bloc immense, qui mesurait au moins 500 mètres de hauteur sur 800 de longueur, se balance pendant des heures entières d'arrière en avant et d'avant en arrière, faisant jaillir d'énormes gerbes d'écume. Le bouleversement de la mer était splendide. Des lames gigantesques venaient frapper le glacier d'où leur embrun retombait en épaisses ondées ; d'autres couraient au loin, sur le fiord ; la glace craquait, se fendait, s'émiettait sur leur passage ; les plus petits icebergs disparaissaient dans les eaux furieuses. La nouvelle montagne, cause de tout ce fracas, continuait à se bercer dans les flots ; à chacun de ses mouvements, des fragments se détachaient de sa masse. D'autres icebergs, arrachés par les lames aux bas-fonds sur lesquels ils étaient échoués, se désagrégeaient en crépitant. Enfin, comme pour marquer le grand final de la pièce, une énorme montagne vers le centre du fiord se fendit soudain par le milieu, et bien au-dessus des voix des brisants et du branle des glaces s'élevèrent dans les airs les retentissements des croulements sonores, tandis qu'à cette musique à grand orchestre de la nature, toutes les glaces du fiord exécutaient sur les eaux une danse sauvage. »

Comme tous ceux qui ont navigué dans les mers polaires, M. Hayes a été émerveillé en voyant la hauteur prodigieuse des glaces flottantes, la variété de leurs formes et l'éclat de leurs couleurs aux rayons de l'éphémère soleil d'été.

Un jour il gravit au sommet d'un plateau et il dit :

« Si le temps et les circonstances l'eussent permis, j'aurais aimé à planter là ma tente, afin de regarder longuement les panoramas de l'Océan et de ses rives, de suivre des yeux la zone d'or du soleil tournant dans le ciel sans nuage, et changeant d'heure en heure l'aspect de tous les objets visibles, argentant l'iceberg ou le faisant voguer enflammé dans une mer de saphirs ou d'émeraudes, embrasant les falaises escarpées du fiord ou les rejetant dans l'ombre comme les tristes murailles qui renferment les géants du Dante, dorant au loin les montagnes, tandis que là-bas la grande mer de Glace, presque confondue avec l'azur du firmament, se couvre de rubis ou resplendit dans sa blancheur immaculée.

« Après avoir retrouvé ma route, je descendis de mon observatoire et regagnai le canot. Nous passions devant des glaces semblables à des donjons démantelés, à des clochers en ruines, à de vastes cavernes. Nous passions devant un iceberg d'une profondeur de 480 mètres et d'un pourtour de 5,900 mètres. Selon mon calcul, cela représente une masse de 900 millions de mètres cubes. Tous les navires du globe ne suffiraient pas pour l'enlever. Mais quelle plume pourrait décrire la beauté de cette mobile montagne? La lumière s'y joue comme à travers l'opale. A la fois solide et diaphane, elle étincelle de feux de toutes couleurs. Aux rayons du soleil qui se brisent sur ses angles, et par l'effet des nuages qui se mirent sur ses parois, elle devient tour à tour calcédoine, émeraude, rubis, saphir, topaze. »

M. Hayes n'a pas vu un phénomène groënlandais auquel M. S. Scoresby consacre plusieurs pages dans sa curieuse narration. Je veux parler de la réfraction atmosphérique qui produit des effets si bizarres en certains moments, en d'autres si merveilleux : tantôt une apparence de grande ville avec des tours, des créneaux, des cloches, des remparts, tantôt l'image des rocs et des glaciers renversés et réfléchie dans la pureté de l'air, comme ailleurs les bois et les maisons dans le cristal des eaux. Parfois ces images surgissent dans des proportions démesurées et changent subitement. A la place d'une cathédrale apparaît un château, puis un obélisque gigantesque; parfois aussi elles sont très-nettes et restent assez longtemps élevées au-dessus de l'horizon. C'est ainsi que, par une belle nuit limpide du mois de juillet, M. G. Scoresby a pu attentivement observer l'image d'un navire, et s'écrier : C'est le navire de mon père !

En effet, c'était le navire de son père. A la distance de trente milles, son œil de marin le reconnaissait par l'effet magique de la réfraction[1].

M. Hayes n'a pu voir que par hasard en été l'illumination de l'aurore boréale, cette merveille de l'hiver. Mais combien d'autres choses il a vues !

Pour satisfaire sa curiosité dans sa longue exploration, que de mortels périls il a bravés! Et tout ce qu'il a vu, il le dit de la façon la plus intéressante, avec un sentiment de cœur, ou un bon naturel *humour*. Après les passages que j'ai cités, je note encore dans son livre le

---

[1] *Journal of a voyage to the northern whale-fishery*, p. 106, 118, 166, 190.

passage où il dépeint la beauté du soleil de minuit,
celui où il représente *la Panthère* s'élançant à l'assaut
d'un rempart de glace qu'elle finit par briser, puis une
chasse à l'ours très-spirituellement racontée, puis une
halte à Tessuisak.

En arrivant un soir dans la cabane d'un pêcheur, au
73ᵉ degrés de latitude, je croyais avoir découvert l'habitation la plus septentrionale du globe. La station groënlandaise de Tessuisak est encore plus près du pôle.

M. Hayes a retrouvé là un Danois nommé Jenssen,
qu'il avait employé dans son précédent voyage. Avec la
petite somme acquise en cette occasion par ses fidèles
services, Jenssen était allé à Copenhague et avait obtenu
le titre de régisseur de Tessuisak ; puis il s'était marié
avec une douce jeune femme, et il l'avait emmenée en
son gîte lointain, au delà de toute habitation humaine.
Jeune encore, intelligent et robuste, il espérait amasser
peu à peu, par le produit de ses chasses et par son traitement de fonctionnaire, une petite fortune. Mais il
s'était trompé dans ses calculs. Tout bien compté, il
gagnait seulement de quoi vivre, et de quelle vie !
« Dans le plus profond isolement, dans une région où
le soleil disparaît complétement pendant plus de cent
jours, où en hiver la maison doit être blindée avec de
la neige et garnie de doubles vitres, où poêles et lampes
brûlent sans cesse pour écarter le froid terrible. »

Les enfants souffraient du scorbut. La mère était patiente et calme. Autour d'elle, dans sa chambre sombre,
elle avait rangé des photographies qui lui rappelaient
les joies de son enfance, les riantes perspectives, les
trésors d'affection de son pays natal. Depuis sept ans,
elle n'avait plus revu ses parents ; elle ne devait peut-
être jamais en revoir aucun. Elle ne se plaignait pas.
Elle avait dit à son mari comme Ruth à Noémi : « Là

où vous irez, j'irai ; et là où vous vous arrêterez, je m'arrêterai. »

Dans ces misères matérielles, par la puissance de sa tendresse maternelle et de sa tendresse conjugale, peut-être était-elle heureuse !

Au milieu des pénibles circonstances de la vie humaine, on ne sait pas ce qu'il peut y avoir de bonheur dans ce petit arcane qu'on appelle le cœur !

J'ai cependant éprouvé une sorte de soulagement à la fin de ce mélancolique chapitre, quand M. Hayes raconte que le jour de son départ il fit tirer, des flancs de son navire, diverses sortes d'aliments, des médicaments et du charbon, qui furent portés à l'honnête famille danoise. Grâces à ces secours inattendus, un de ses hivers aura été moins dur.

Après cette bonne œuvre, *la Panthère* vire de bord, retourne vers le sud et s'arrête à Upernavik, puis à Godhavn, la capitale du Groënland septentrional, une vraie capitale par son animation et son luxe, si on la compare aux autres stations. De très-loin, les Esquimaux y apportent leurs denrées : édredon, peaux de phoque, dents de morse, cornes de narval, fanons de baleine. La plupart des navires qui ont été à la recherche de Franklin se sont arrêtés à Godhavn ; tous les pêcheurs étrangers y relâchent volontiers, et tous les capitaines danois doivent aller y prendre, à leur arrivée et à leur départ, les ordres de l'inspecteur.

Cet important fonctionnaire habite une maison en bois construite par les charpentiers du Danemark, couverte à l'extérieur d'une épaisse couche de goudron. Quel édifice superbe au milieu des terriers d'Esquimaux ! Et à l'intérieur, quelle organisation princière ! Une salle à manger, un salon, un piano ; avec ce piano, naturellement, des cahiers de musique, peut-être les

chants joyeux de nos opéras, peut-être les mélodies de
Mozart, les pastorales de Beethoven dans ce Sahara de
neige, dans ce fracas des avalanches et des ouragans.

On voit aussi à Godhavn des livres, non-seulement
dans l'idéale habitation de l'inspecteur, mais dans les
cabanes des Esquimaux. « Les missionnaires moraves,
a dit un des officiers distingués de *la Recherche*, M. le
baron Méquet, ont travaillé avec un zèle continu à l'éducation morale et religieuse de cette pauvre région. Ils
ont été dignement soutenus dans leur œuvre chrétienne
par le gouvernement danois, et des rives méridionales
du cap Farewell jusqu'à Upernavik, partout ils ont répandu de bons germes d'instruction [1]. »

Les excellentes institutions que M. Méquet se plaisait
à signaler il y a quarante ans n'ont point périclité.
Au contraire, elles se sont agrandies par le perpétuel
dévouement des missionnaires, par l'active coopération
du gouvernement danois.

En Danemark, l'instruction primaire est offerte très-
libéralement au pauvre, et nulle loi ne la déclare obli-
gatoire, et nul arrêté n'inflige à qui s'en éloigne l'amende
ou la prison ; mais une rigide ordonnance attend à sa
majorité l'oublieux, l'indolent, le réfractaire. En vertu
de cette ordonnance, aucun Danois ne peut jouir de ses
droits civils, ne peut même se marier s'il n'a été confirmé, et il ne peut à aucun prix être confirmé s'il ne
sait lire et écrire.

Grâce à cet accord de l'Église et de l'État, il n'est
dans tout le royaume pas un honnête père de famille
qui n'envoie ses enfants à l'école.

Le même principe a été admis au Groënland, et maintenant le rayon des salutaires enseignements est ré-

[1] *Voyage en Islande et au Groënland*, p. 141.

pandu dans toutes ces pauvres demeures, où la nuit
d'hiver est si longue et la solitude si triste. Chaque
village a son prêtre et son église, son instituteur et sa
petite bibliothèque. Goodhaab a même l'honneur de
posséder une imprimerie, une modeste et vertueuse
imprimerie, qui n'inquiète aucun censeur et ne redoute
aucun règlement de colportage. Ses humbles presses ne
produisent que des ouvrages élémentaires, des traités
de morale et de religion ; pas la moindre chronique
scandaleuse, ni le plus petit pamphlet politique. C'est
l'imprimerie dans son primitif essor, dans sa virginale
candeur, avant l'entraînement vers le fruit défendu. Il
faut espérer qu'elle ne se laissera point vicier dans son
innocence par de funestes tentations, par l'attrait du
mauvais journal ou du mauvais livre.

VI

VOYAGE DE M. GARNIER EN INDO-CHINE[1]

Le gouvernement de la France a eu, à diverses époques, l'honneur d'ordonner d'importantes explorations, et d'en répandre généreusement les résultats sur les bibliothèques étrangères.

Louis XVI, qui avait un goût particulier pour les études géographiques, se plut à tracer lui-même l'itinéraire de La Pérouse. Napoléon, s'en allant guerroyer en Égypte, emmenait dans cette aventureuse expédition des savants avec les soldats et révélait aux générations nouvelles les mystères et les merveilles de l'antique terre des Pharaons.

Nous devons au gouvernement de la Restauration les voyages de Duperrey dans l'Amérique du Sud et l'Océanie, de Freycinet et Dumont d'Urville autour du monde ; au gouvernement de Louis-Philippe les voyages de circumnavigation de *la Vénus*, de *la Thétis*, de *l'Ar-*

[1] 2 vol. in-4° et atlas. Hachette, 1873.

témise, l'expédition de *l'Astrolabe* au pôle Sud, celles de *la Recherche* en Islande, au Groënland, au Spitzberg et l'exploration scientifique de l'Algérie.

Le gouvernement du second Empire a voulu aussi faire explorer les vastes contrées où nous avons fondé une nouvelle colonie. Pour accomplir cette tâche, une commission fut instituée en 1866. Elle devait, selon les instructions du ministre de la marine, remonter aussi loin que possible le Mé-kong, l'un des plus grands fleuves du monde, observer ses affluents, étudier les différentes peuplades répandues sur ses rives, leur caractère, leurs idiomes, leurs ressources matérielles, leurs relations commerciales, pénétrer jusqu'en Chine, et, par la plus grande artère fluviale, essayer d'attirer les productions du Nord et du Centre de cet empire vers notre port de Saïgon. Deux des membres de la commission devaient, en outre, spécialement étudier la botanique, la géologie et les phénomènes d'histoire naturelle de ces régions totalement ignorées des Européens. Un autre devait employer son habile crayon à dessiner, dans ce lointain Orient, des physionomies singulières, des scènes étranges, des édifices prodigieux.

Très-vastes étaient, comme on le voit, les projets des six délégués de Saïgon ; très-restreints, leurs moyens d'action. Le gouvernement leur adjoignait deux interprètes, une escorte de quatre soldats français et de neuf soldats indigènes. Des colis disposés de façon à pouvoir être aisément transportés dans des embarcations, ou à dos d'homme ; quelques centaines de bouteilles de vin et d'eau-de-vie ; des boîtes de conserves, des biscuits et de la farine, un assortiment de fusils, revolvers, bijouterie, coutellerie et autres objets destinés à être offerts en présents ou en échange ; dans d'autres colis, les instruments de travail, les bagages et enfin le trésor : 10,000 francs en piastres mexicaines, 15,000 francs en monnaies siamoises et lingots d'or. Vingt-cinq mille francs pour une telle entreprise ! On n'accusera pas ces honnêtes voyageurs d'avoir dilapidé nos finances.

Avec leurs modestes approvisionnements, ils se mettent en route. Dans quelques parties de l'immense péninsule qu'ils se proposent de traverser, ils pourront suivre les traces de nos missionnaires catholiques et constater à tout instant l'intelligente action de ces doux et courageux apôtres. Plus loin, ils s'en iront comme les pionniers d'Amérique dans les profondeurs des forêts vierges, ou les *Descubradores* du seizième siècle dans des régions inconnues.

Nous avons déjà, dans ce recueil, analysé le livre de M. de Carné, le jeune et vaillant Breton, qui se réjouissait d'être associé à cette expédition, et qui est mort victime de son zèle [1]. Nous voulons aujourd'hui signaler l'œuvre de son compagnon, M. François Garnier. Le livre de M. de Carné est plus vif, plus animé. Il émeut et saisit le lecteur par les impressions personnelles qu'il retrace. Celui de M. Garnier, sans être souvent moins coloré, est plus positif. Il a le caractère grave d'une relation officielle. Depuis le jour du départ jusqu'à l'heure du retour, observations géographiques et ethnographiques, édifices et terrains, aventures de voyage, tout est soigneusement noté dans ces beaux in-quarto si bien imprimés.

Nous quittons le chef-lieu de notre jeune colonie, et, à notre première halte, nous voilà devant les œuvres d'une ancienne monarchie, les ruines d'Angcor, dans

----

[1] Page 56.

le Cambodge : pagodes et forteresses, palais et tombeaux, structures gigantesques, derniers monuments d'une souveraine puissance. Il a été autrefois, en effet, riche et puissant, ce pays de Cambodge, et ses voisins les Siamois, les Birmans, les Annamites lui ont fait la guerre et lui ont enlevé ses meilleures provinces. Les autres devaient être également subjugées. Nous leur avons gardé leur indépendance en les prenant sous notre protectorat. Mais leur antique diadème est perdu, leur royale ville est dépeuplée. L'herbe croît dans ses sanctuaires et les plantes vivaces brisent, en y enfonçant leurs racines, ses voûtes et ses colonnades. Un de nos compatriotes, M. Mouhot, le savant naturaliste de Montbéliard, a le premier appelé l'attention des archéologues et des historiens sur ces ruines d'Angcor, plus étonnantes que celles de Thèbes ou de Palmyre. La commission de Saïgon en a fait une étude approfondie. Par les notes de son chef, M. de Lagrée, par les descriptions de M. Garnier, par les dessins de M. Delaporte, nous pouvons nous représenter maintenant les constructions d'Angcor dans toute leur étendue et toute leur beauté.

Dans deux autres petites villes, à Stung-Treng et à Bassun, apparaissent encore quelques vestiges de l'ancien art et de l'ancienne gloire de Cambodge.

De là jusqu'en Chine, plus rien de pareil le long du Mé-kong. Le sol est riche. Le peuple est pauvre. Sur le sol, sans cesse s'élève une magnifique végétation ; sur le peuple s'appesantissent les méchantes mains d'une race de petits despotes.

Au milieu de ses graves occupations de chaque heure, de ses fatigues de la journée et des soucis du lendemain, souvent M. Garnier se sent saisi par l'aspect de cette terre tropicale, et sans songer à faire une œuvre d'art en disant simplement ce qu'il voit, nous retrace de curieuses images.

En voici une entre autres :

« Devant nous les eaux du fleuve se déroulent sur des plages au sable d'or, au milieu d'îles charmantes qu'il semble se complaire à dessiner dans son cours. Des troupes de singes s'ébattent en criant sur les arbres de la rive, et s'amusent à suivre la barque légère qu'emporte le courant. A son approche, les cerfs qui buvaient se retirent lentement ; le buffle sauvage, qui se frayait un chemin au milieu des hautes herbes, s'arrête pour la contempler d'un regard farouche. Des troupes de paons se promènent gravement à l'ombre, tandis que sur le sable brûlant ou sur les roches noirâtres qui apparaissent près des bords d'innombrables caïmans brillent au soleil ; des échassiers au bec gigantesque, des martins-pêcheurs fixent le flot d'un œil avide, plongent et s'envolent avec leur proie, tandis que le poisson, insoucieux du danger, joue à la surface de l'eau et vient tomber dans la barque même. »

Plus loin, je m'arrête à cette autre description :

« Des forêts magnifiques s'étendent presque sans interruption sur les deux rives du fleuve, entre Stung-Treng et les cataractes. Il est bien difficile de traduire l'impression que laissent dans l'esprit ces paysages de l'Asie tropicale. Elle semble tenir des lieux mêmes je ne sais quoi de caractéristique et d'intime qui ne saurait se reproduire dans une langue étrangère à ces régions lointaines. Les points de comparaison manquent pour essayer de les rendre. Ce n'est, du reste, qu'une question d'échelle pour le regard. L'œil s'accoutume vite à ces proportions grandioses qui se marient si bien à la richesse de la végétation, à ces profusions de verdure qui couvrent tout, s'accumulent et s'entassent à l'infini. Ces forêts sont désespérément belles et pleines d'harmonies étranges. Au moindre souffle de la bise, le bambou grince et se plaint comme un mât courbé par la tempête ; la haute cime des dzaos rend un murmure vague et sourd qui se prolonge et se répète comme un long gémissement à travers cet océan de feuillage. La brise cesse ; le silence se rétablit. Soudain un bruit lointain se fait entendre sous les arceaux de la forêt. Il se renouvelle toujours plus fort, grandit, approche. On lève la tête : ce n'est qu'une feuille détachée d'une haute branche, arrivée de chute en chute jusqu'à terre, après avoir fait tressaillir à chacun de ses légers mouvements. Quelquefois le cri sonore de l'éléphant retentit dans les profondeurs de la forêt, dont tous les échos répondent à ce puissant appel. Un mélange indéfinissable de chants d'oiseaux et de cris d'insectes lui succède, et la sauterelle cambodgienne domine ce vague accord par son éclatant refrain. On prête l'oreille : c'est le sourd murmure du fleuve qui croît et décroît ; c'est le bruit sourd et confus des berges de sable qui s'écroulent et que les eaux emportent dans leur cours. Le soleil est couché ; la nuit est venue. On ne suit plus qu'à grand'peine le sentier tortueux qui serpente sous les grands arbres. Les troncs de birn-langs se dressent à chaque détour comme de blancs fantômes. On songe, en frémissant, à l'ennemi toujours invisible, toujours présent, le tigre, dont l'heure est venue, et l'on va, en pressant le pas, auprès du feu de campement. »

Au sein de cette nature splendide, l'homme se construit avec quelques tiges de bambous une cabane à peu près aussi frêle et moins ingénieuse qu'un nid d'oiseau. Autour de lui, la terre, fertilisée par les débordements périodiques du Cambodge et de ses affluents, comme l'Égypte par le Nil, lui donnerait aisément plusieurs moissons; mais il n'en cultive qu'une parcelle pour récolter un peu de riz, son aliment essentiel. A quoi lui servirait de devenir plus riche? A tenter l'avarice de ses maîtres, qui lui imposeraient de plus lourds tributs, de plus nombreuses corvées, et pourraient en un instant lui ravir le fruit de son labeur? Un grand nombre de familles ne peuvent se résigner aux soucis de cet état agricole; elles se retirent dans les forêts et vivent d'une vie errante, pour échapper à la cupidité et aux rigueurs de leurs despotes.

Très-certainement ils se trompent, ceux qui mesurent le bonheur de l'homme à l'accroissement de son bien-être matériel. Le vrai bonheur est dans le contentement moral. Ceux-là souvent aussi se trompent qui, d'un ton résolu, proclament les triomphes de la liberté. Plus d'une fois la liberté nous a fait regretter l'absolutisme.

Cependant il est triste de penser qu'il y a dans cette immense contrée de l'Indo-Chine des millions d'êtres asservis, sans le moindre allégement, au joug le plus brutal.

Dieu a donné la terre à l'homme pour qu'il la fît fructifier par son labeur. Il lui a donné l'intelligence pour la développer et l'employer sagement. Ceux qui en usent contre les lois de Dieu commettent un crime dont ils seront tôt ou tard punis. Mais, sous le régime qui les oppresse, les débiles Cambodgiens n'ont nulle envie de travailler et nul moyen d'agrandir leur intelligence : ni écoles, ni livres, ni communications instructives.

Sans les Chinois, plusieurs vastes districts traversés par le Mé-kong n'auraient même point de relations commerciales. Les patients Chinois apportent là des noix d'arac, des cotonnades, du sel, divers articles de merceric et de quincaillerie. Ils prennent en échange de la cire, du laque, de l'ivoire, des cornes de cerfs et de rhinocéros, divers objets de vannerie et de boissellerie. Tout ce trafic se fait en nature, et le Chinois s'estime heureux, si en quelques mois il parvient à terminer une opération d'achat et de vente. Le numéraire est rare et incommode. Dans la province de Stung-Treng, les monnaies usuelles font songer à celles de Lycurgue : ce sont des barres de fer de 5 centimètres de largeur et de 15 centimètres de longueur, pesant 200 grammes ; plus loin, ce sont des morceaux de cuivre ; ailleurs, des globules de sel ; ailleurs, ces petits coquillages que l'on nomme des couries.

Les métaux précieux sont réservés pour l'ornementation des maisons riches. Il n'y a si petit mandarin qui ne veuille avoir sa boîte à bétel et son crachoir en argent. Les mieux rentés croiraient manquer à leur dignité, s'ils n'avaient ces deux ustensiles en bon or massif. Le peuple sait ce qu'il a d'exactions à subir pour payer le luxe de ses tyrans. De là ses craintes à l'apparition d'un fonctionnaire et à tout incident imprévu.

Pour nos courageux voyageurs de Saïgon, nos diplomates avaient obtenu, non sans peine, des passe-ports de Pékin, de Bankok. Avec ces beaux firmans, M. de Lagrée, décoré par de souveraines chancelleries du titre de grand mandarin, avait le droit de requérir chemin faisant les choses nécessaires à son expédition : vivres, logements, moyens de transport. Mais avant de voir ses demandes exaucées, quelles lenteurs et quelles difficultés ! D'abord, les négociations avec les représentants ou les vassaux du royaume de Siam et de l'empire des Birmans, gouverneurs ou petits rois, ignorants ou méticuleux, hautains et craintifs, se pavanant sur leur estrade de bambou, au milieu d'un cercle de subalternes agenouillés devant eux, et tremblant à l'idée de méconnaître ou d'outre-passer les instructions de leur souverain. Il en est dont M. de Lagrée adoucit promptement les rigueurs, en leur offrant un fusil ou un revolver, voire même tout simplement un chandelier de cuivre ou un flacon. Il en est d'autres qui, pour paraître plus dignes, restent plus opiniâtres.

Lorsqu'ils ont enfin donné l'ordre de préparer une habitation pour la caravane, de lui fournir des aliments et des embarcations, tout n'est pas terminé. Les pauvres gens à qui cet ordre est adressé le reçoivent avec peine et l'accomplissent avec douleur, ou tâchent de l'esquiver, sachant que le gouverneur ne paye point ses réquisitions. Grande surprise, quand M. de Lagrée les rémunère de leur travail ou de leurs fournitures ; ils sont si confus d'une telle générosité, qu'ils ne savent comment le remercier. Cependant, à la prochaine halte, nos voyageurs seront encore arrêtés par les mêmes appréhensions. Ils ont bien d'autres temps d'arrêt à subir dans cet immense pays, où l'on ne rencontre ni routes ni canaux ; et, en dehors des districts éclairés par nos missionnaires, pas une carte, pas un guide, pas une direction certaine. Ici, ils sont obligés de s'aventurer dans des forêts impénétrables, de cheminer sur un sol hérissé de troncs d'arbres ou de plantes épineuses. Plus loin, les voilà remontant péniblement le cours des rivières, franchissant, au péril de leur vie, les cascades. Dans cette courageuse navigation, ils n'ont que des barques primitives, faites grossièrement avec les tiges du dzao, un arbre qui d'un seul jet s'élance à 30 mètres de hauteur.

Dans leur pérégrination par terre, souvent ils sont obligés de porter une partie de leurs bagages. Quelquefois ils les placent sur de petits bœufs que l'on bâte comme des ânes.

Des divers moyens de locomotion employés dans l'Indo-Chine, la perfection, c'est l'éléphant.

« La plus noble conquête que l'homme ait jamais faite, a dit Buffon, est celle du fier et fougueux animal qui partage avec lui les fatigues de la guerre et la gloire des combats. »

Le cheval ! pourquoi pas aussi l'éléphant ?

Les traditions arabes et slaves, les romans et les poëmes du moyen âge, célèbrent le courage, l'intelligence, la fidélité du cheval. L'éléphant a aussi ses légendes historiques et poétiques, à commencer par celui de Porus, qui, voyant son maître étendu par terre, gravement blessé et cerné par d'ardents ennemis, lui fait un rempart de son corps ; puis, le prenant avec sa trompe, le replace sur son dos et l'emporte loin du champ de bataille.

Comme M. Mouhot, son devancier, et M. de Carné, son compagnon dans les contrées de l'Indo-Chine, M. Garnier se plaît à louer les qualités de l'éléphant. Je prends dans son livre une page qui représente une jolie scène d'histoire naturelle :

« Nous reçûmes, dit-il, une confortable hospitalité dans la maison de Muhony khany, ou troisième fonctionnaire de la province de Bassu. Ce mandarin était absent ; mais on devait mettre ses éléphants à notre disposition pour aller visiter les exploitations d'argent qui se trouvaient, disait-on, au pied des premiers contreforts montagneux de l'Est.

« Le lendemain, en effet, trois de ces nobles animaux, rappelés des pâturages, stationnaient devant la plate-forme de la maison, et à dix heures et demie nous nous mettions en route. La monture de M. Thorel et la mienne étaient des femelles, et chacune d'elles était suivie d'un petit en bas âge. Le plus jeune avait un an à peine, l'autre en avait trois. Le premier était de la taille d'un buffle, le second sensiblement plus haut. Ils n'avaient point encore la gravité qui est particulière à leur race, et leurs gambades folâtres nous égayèrent beaucoup pendant toute la route. Ils se poursuivaient jusque dans les jambes de leurs mères, qui les regardaient d'un œil complaisant et attentif. Quand ils s'éloignaient trop, et que, par une excursion trop hardie dans les champs de riz, ils risquaient de s'attirer la colère et les coups des cornacs, un cri de la mère les rappelait bien vite. Les enfants folâtres accouraient aussitôt, caressaient un instant les mamelles maternelles du bout de leur trompe ; puis, apercevant une mare voisine, couraient y puiser de l'eau, pour se la jeter malicieusement l'un à l'autre.

« En sortant de Ban-Song, on traverse une plaine dénudée, où la roche apparaît à chaque pas en larges plaques noirâtres. Peu après, le terrain se boise et s'ondule légèrement. Un fort torrent gronde à peu de distance. Il n'avait guère en ce moment qu'un mètre et demi de profondeur, mais un courant très-rapide. Le plus âgé des petits éléphants se jeta bravement à la nage, tandis que son compagnon, effrayé par le bruit, restait indécis sur la rive. Sa mère le fit placer contre elle du côté d'amont, de manière à le retenir et le protéger contre la violence des eaux. Il appuyait ses jambes contre celles de sa mère, et elle s'inclinait légèrement pour lui donner un point d'appui jusqu'à ce que le torrent fût traversé. Au delà, nous entrâmes en pleine forêt, et j'admirai de plus en plus l'intelligence et l'adresse de ces puissants quadrupèdes. Un mot du cornac, un simple geste, étaient à l'instant compris. Tan-

tôt c'était une branche trop basse, nous barrant le passage , qu'ils détournaient ou arrachaient avec leur
trompe ; tantôt un détour qu'ils calculaient habilement
pour ne pas heurter leur auge à quelque tronc noueux ;
puis, quand la route, moins obstruée , demandait une
attention moins grande , leur trompe cueillait à droite
et à gauche quelques jeunes pousses de bambou qu'elle
secouait longuement pour détacher la terre adhérente
aux racines. L'animal exécutait tous ces mouvements
sans ralentir son allure d'une seconde , et sans que le
cornac pût lui reprocher de sacrifier à sa gourmandise
les intérêts du voyageur. »

Ils sont heureux , nos fidèles délégués de Saïgon,
quand par hasard ils trouvent une demeure confortable
et peuvent faire commodément une de leurs aventureuses excursions. Mais ils savent aussi très-bien se résigner aux mauvais jours. Les difficultés de toute sorte,
les fatigues, les privations n'assombrissent point leur
esprit. Les dangers n'effrayent pas leur courage. Les
maladies mêmes n'ébranlent point leur résolution. Là
où ils voient une nouvelle observation à faire , ou une
étude à continuer , là ils vont , sans s'inquiéter de la
longueur du chemin, des montagnes ou des marais, des
pluies torrentielles ou des chaleurs suffocantes. Ils
vont : c'est leur tâche ! c'est leur devoir ! Glorieuse loi
du devoir ! Dans les diverses vocations de l'homme,
quelles nobles œuvres elle a produites !

Après avoir passé plus d'une année dans leur patiente
exploration, nos voyageurs sont obligés de quitter le
fleuve, dont le lit, hérissé de rocs, devient de plus en
plus impraticable. Pour continuer leur route par terre,
ils réduisent leurs bagages au plus strict nécessaire,
et s'avancent vers les frontières de la Chine , ayant
grand besoin de repos.

Ce repos si mérité leur sera longtemps encore interdit. Ils commencent leur nouveau trajet dans la saison des pluies, et ne trouvent pas de meilleurs refuges que des pagodes en ruines. Un gouverneur veut les forcer à faire un pénible détour ; un autre prétend les empêcher de passer. Un de leurs compagnons tombe malade, de telle sorte qu'il ne peut monter à cheval, ni marcher. Son aspect épouvante les porteurs de bagages ; impossible de les déterminer à le placer dans son hamac sur leurs épaules. Il fallut le remettre aux soldats annamites escortant la commission, et déjà très-affaiblis.

Les gouverneurs récalcitrants finissent par s'attendrir ; mais la pluie est impitoyable. En racontant une halte dans un village birman, M. Garnier dit : « L'état de santé de l'expédition était déplorable ; les dernières marches que nous venions de faire dans les forêts, dont le sol détrempé exhalait des miasmes dangereux et recélait des myriades de sangsues, avaient produit des accès de fièvre et des ulcères qui retenaient la moitié de notre personnel couché. Le mauvais état des chemins, les mares de boue qu'il fallait traverser pour sortir des environs immédiats des villages, nous privaient de la distraction habituelle des excursions ou des promenades, et réduisaient à l'oisiveté la plupart d'entre nous. »

A une autre station, autre mésaventure. Sur les frontières de la Chine et de la Birmanie, un mandarin du Céleste-Empire et un mandarin d'Ara s'effrayent à la vue de cette innocente caravane ; ils ne peuvent comprendre qu'elle vienne de si loin sans quelque méchant dessein, et veulent l'arrêter. M. de Lagrée parvient encore à surmonter cet obstacle et obtient même l'insigne honneur d'être reçu par le roi.

« Pour cette réception, dit M. Garnier, la maison en

bambou avait été à la hâte ornée de tapis chinois ramassés un peu partout. Pour donner une haute idée de la puissance du souverain, on avait réuni trois à quatre cents hommes pris au hasard, armés et costumés de la façon la plus irrégulière, et portant en gens inexpérimentés des fusils à pierre, des lances et des sabres la plupart peu en état de servir.

« Après une assez longue attente, le roi parut. L'assemblée s'inclina, les trompettes résonnèrent ; quatre petites espingoles firent feu. Nous vîmes un jeune homme de dix-neuf à vingt ans. Ce petit souverain, sans force et sans initiative, est entièrement sous la tutelle des grands mandarins. Son costume ressemblait fort à celui des paillasses de nos foires. Il était coiffé d'un grand chapeau orné de clochettes, et portait une tunique en soie rouge doublée de vert et un pantalon blanc. Il avait à la main un sabre à fourreau d'ivoire sculpté. Il s'assit sur un canapé, les jambes croisées, raide comme un mannequin, et prononça quelques monosyllabes que le Phya-Luong traduisit à M. de Lagrée en longues questions sur le but de notre voyage et le pays d'où nous venions. On lui fit ajouter que nous pourrions partir quand bon nous semblerait. Le cérémonial qui avait présidé à son arrivée l'accompagna à sa sortie. »

Enfin la vaillante commission a fait la plus grande partie de sa tâche. Elle espère faire le reste en Chine. Là, à la place de l'inerte race du Laos, elle va voir la nation la plus active et la plus industrieuse, un peuple de laboureurs qui ne laisse pas inculte la moindre parcelle de terrain ; un peuple d'ouvriers qui a le génie de l'imitation et de la patience, qui travaille avec le même soin le bronze et l'ivoire, qui en est venu à utiliser les fils d'une araignée habitant les broussailles et les taillis.

Ces fils se vendent 3 francs la livre. On en fait une étoffe solide, lustré, qu'on appelle la satin de la mer Orientale.

＊Dans toutes les régions de cet immense empire, quels prodiges d'industrie, et aussi quelle misère par l'entassement de la population, par la gurre civile, par l'universelle démoralisation, par l'opium! On sait la terrible action de ce poison sur l'homme. M. Garnier cite deux curieux exemples de l'effet qu'il produit sur les animaux.

« La culture du pavot, dit-il, a amené la disparition sur le marché d'Yun-nan d'une denrée très-importante : la cire. Au dire des indigènes, les abeilles, autrefois très-nombreuses dans cette partie de la Chine, ont éprouvé pour la fleur du pavot la même attraction que les Chinois pour le suc de son fruit. A l'époque où fleurissent les champs de pavots, ces insectes accouraient en foule y butiner ; mais ils ne pouvaient ensuite reprendre goût à une autre nourriture, et ils succombaient dans l'espace de deux semaines.

« Autre exemple de ce singulier attrait. Dans une bouillerie d'opium on avait remarqué que les rats venaient en grand nombre, le soir, humer les vapeurs qui s'échappaient des fourneaux. A la suite de l'occupation momentanée de Yun-nan par les mahométans, la bouillerie cessa de fonctionner et fut abandonnée pendant quelque temps. Quand un nouveau propriétaire vint s'y installer, il trouva sur le clayonnage resté en place plusieurs cadavres de rats ; ils étaient morts de faim en attendant la jouissance de respirer les vapeurs de l'opium. »

Le Yun-nan, que nos persévérants voyageurs ont eu tant de peine à atteindre, est l'une des plus intéressantes provinces de la Chine. Un vaste plateau, coupé par de profondes vallées. Sur ce plateau s'élèvent des pics de 4 à 5,000 mètres de hauteur ; dans ces vallées coulent les grands fleuves qui descendent du Thibet, le fleuve Bleu, le Mé-kong, le Saïcon. Dans ses cavités, le sol de cette province renferme des mines d'or et d'argent, des mines de plomb, de zinc et de cuivre, d'une richesse extraordinaire. A sa surface s'épanouissent à la fois la végétation des tropiques et celle des climats tempérés. Ici, le sucre, le coton, le riz, le sorgho ; plus loin le chanvre et le maïs. La neige tombe sur le sommet des montagnes et le palmier grandit sur leurs flancs.

M. Garnier se plaît à retracer la joie qu'il ressentit en arrivant dans cette contrée. « L'animation soudaine de la route, dit-il, les costumes les plus recherchés, les allures moins familières des gens que nous rencontrions nous préparaient petit à petit au spectacle qui nous attendait au prochain détour.

« A quatre heures du soir, une plaine immense s'ouvrit au-dessous de nous ; au centre s'élevait une ville fortifiée, dont les maisons rouges et blanches débordaient de toutes parts et s'allongeaient en faubourgs irréguliers sur les bords de deux ruisseaux qui serpentaient dans la plaine. Les cultures maraîchères, les jardins, les villas, rayonnaient à une grande distance ; les rubans argentés de routes de pierre sillonnaient les hauteurs déboisées et grisâtres qui entouraient la plaine.

« Ce ne fut pas sans une vive émotion que nous saluâmes cette première ville chinoise qui dressait devant nous ses toits hospitaliers. Après dix-huit mois de fatigues, après avoir traversé des régions vierges encore de toute civilisation, nous nous trouvions devant une cité, représentation vivante de la plus vieille civilisation de l'Orient. Pour la première fois, des voyageurs européens pénétraient en Chine par la frontière indienne. »

Ailleurs, M. Garnier nous représente le mouvement commercial résistant aux plus grands désastres : les longues files d'ânes et de mulets transportant le papier, la faïence, l'eau-de-vie de riz, l'huile, les noix d'arec ; et le mouvement agricole : les ingénieux procédés d'irrigation, les parcelles de terre les plus arides fertilisées par un habile travail, et les jardins étagés de la base au sommet des collines.

Les mandarins de la frontière voulaient arrêter M. de Lagrée ; les fonctionnaires de l'Yun-nan, grâce aux instructions de Pékin, se montrent au contraire envers lui fort courtois. A Yuen-kiang, deux cents soldats l'escortent dans les rues, tambours et timbales, canons et mousqueterie le saluant à son passage.

A Se-mao, des officiers chinois viennent lui faire leurs génuflexions dans les faubourgs, et le conduisent dans la ville au milieu d'une foule énorme.

En recevant ces témoignages de distinction, nos compatriotes éprouvent un singulier embarras. « A peine vêtus, dit M. Garnier, sans souliers, n'ayant d'autres insignes pour faire reconnaître les représentants de l'une des premières nations du monde que les galons ternis de M. de Lagrée, nous devions faire une piteuse mine aux yeux d'un peuple aussi formaliste que le peuple chinois. A coup sûr, nous n'aurions pu traverser dans le même équipage une ville de France sans rassembler les badauds et ameuter les gamins contre nous. Mais c'était moins notre costume que notre physionomie elle-même qui attirait la curiosité des habitants de Se-mao. On s'imagine difficilement quelles facultés on attribue aux Européens dans ces provinces reculées de l'empire chinois. On ne les connaît que par des récits défigurés et grossis · de bouche en bouche, qui des côtes se sont propagés dans l'intérieur. Les armes, les navires à vapeur, l'industrie de ces terribles barbares devant lesquels · a succombé le prestige d'une civilisation de cinquante siècles, ont défrayé les récits les plus merveilleux et accrédité les préjugés les plus bizarres. Un jour, un mandarin militaire s'efforça de passer derrière M. de Lagrée et de soulever son chapeau. Comme on lui demandait le motif de cette action singulière : « Je voulais m'assurer, dit-il, de l'existence de ce troisième œil que les Européens ont, dit-on, derrière la tête, et à l'aide duquel ils découvrent les trésors cachés sous terre. »

En arrivant dans l'Yun-nan, l'excellent chef de notre mission avait le projet de faire une excursion à l'ouest de cette province, vers la ville de Ta-ly, située entre le Mé-kong et le fleuve Bleu. Il voulait reconnaître là le cours de ces deux fleuves, près de leur source, et en même temps étudier le cours du Song-coï, un autre grand fleuve qui va se jeter dans le golfe de Tonquin. Par cette étude, il espérait découvrir une nouvelle voie commerciale pour notre colonie de Cochinchine.

Du centre de l'Yun-nan au district de Ta-ly, la route est longue, ardue. Il faut traverser un pays sauvage, franchir de sombres défilés et gravir des montagnes du haut desquelles on n'aperçoit plus que comme de légers filets d'eau, dans les profondeurs de la vallée, le large Lan-tsan-Kiang et le puissant Yangts-Kiang.

En tout temps ce voyage est très-difficile. A l'époque où M. de Lagrée désirait l'entreprendre, la révolte des musulmans le rendait très-dangereux, sinon impossible.

Pour comprendre l'intensité de cette révolte, il faut

remonter à sa première explosion. La peuplade mahométane établie depuis des siècles au sud de la Chine,
et agrandie par diverses migrations, manifesta, il y a
une vingtaine d'années, des prétentions que le gouvernement ne voulut point admettre. Elle provoqua alors
dans la capitale de l'Yun-nan une insurrection assez
grave. Les mandarins, irrités, résolurent, d'accord, dit-
on, avec la cour de Pékin, d'exterminer cette race d'o-
rigine étrangère, en lutte ouverte avec les lois accep-
tées par ses aïeux.

Toutes les mesures étant prises, à un jour déterminé,
des milliers de mahométans furent égorgés par les
bandes d'assassins. Parmi ceux qui échappèrent à ces
Vêpres siciliennes, se trouvait un orphelin chinois
adopté par une famille musulmane. Jeune et valeureux, il voulait venger la mort de ses bienfaiteurs ; il
rallia quelques centaines de fugitifs, et avec cette petite
troupe s'en alla intrépidement assiéger Ta-ly, la seconde ville de la province, défendue par de solides
murailles et par 4,000 hommes. La craintive garnison
n'essaya pas même de se défendre. La redoutable cité
fut prise, et les Chinois tentèrent vainement de la reprendre.

Ce succès accrut l'audace et les forces des insurgés.
Ils annoncèrent la résolution de fonder un nouvel empire, choisirent parmi leurs coreligionaires un ardent
pèlerin de La Mecque et le proclamèrent leur sultan.
Après s'être fortifiés dans l'enceinte de Ta-ly, ils continuèrent leur œuvre de conquête. Depuis plusieurs
années, ils avancent lentement, mais sûrement, con-
solidant leur autorité dans les districts subjugués avant
de se hasarder en de nouvelles entreprises, incorporant
de gré ou de force les hommes valides dans leur armée,
en ayant soin de dépayser le soldat ainsi enrôlé ; ils

l'emmènent loin de sa terre natale, dans des districts où il peut combattre sans être troublé par une affection ou par un souvenir.

En pénétrant dans l'Yun-nan, la commission française pouvait voir à chaque pas les résultats de cette insurrection : les champs ravagés, les villages et les villes incendiés, les habitants terrifiés. Elle pouvait voir aussi les préparatifs des gouverneurs pour armer une citadelle et prévenir une invasion. Pour ces faibles préparatifs, M. Garnier a assisté au départ d'une légion qui s'en allait guerroyer contre les insurgés, et il en a gardé une triste impression : « Chaque officier, dit-il, marchait précédé de grands et petits tam-tam que des domestiques battaient à intervalles inégaux, de guitaristes et de porteurs de guidons. Aucun ordre dans la marche. Le soldat ne se préoccupait que de choisir la route la plus commode ou le compagnon de voyage le plus agréable. A chaque détour, des groupes nombreux s'arrêtaient pour causer, boire ou fumer, et la colonne s'allongeait démesurément, sans aucune surveillance des chefs. Cent hommes déterminés auraient mis en déroute tout ce corps d'armée. »

Quand M. de Lagrée exprime aux fonctionnaires chinois son désir de se rendre à Ta-ly, les uns l'écoutent en souriant d'un air incrédule; d'autres, voyant bien qu'il parle sérieusement, s'efforcent de le détourner de son projet. Un vénérable missionnaire catholique, établi depuis longues années dans la contrée, lui représente aussi la difficulté de traverser un pays ravagé par des hordes nombreuses, dévasté par une récente épidémie, et pour aller où? Dans la capitale des révoltés, dans la citadelle de leur féroce sultan.

A toutes ces observations, M. de Lagrée répond qu'il a un devoir à remplir, et il part, le vaillant marin, pour remplir ce devoir. Cependant ses forces ne sont plus à la hauteur de son courage. Depuis plusieurs mois il lutte contre une maladie produite par les divers accidents et les fatigues de son voyage, par les soucis de sa mission. Il voudrait lutter encore. Il est obligé de céder; il s'arrète dans la petite ville de Tong-Tchouen. Mais l'exploration à laquelle il attache tant de prix sera faite par ses compagnons : MM. Garnier, de Carné, Thorel et Delaporte, accompagnés de cinq soldats annamites.

M. Garnier, à qui M. de Lagrée confie le commandement de cette expédition, emporte une lettre de recommandation du Lao-papa, le chef religieux des mahométans dans le Yun-nan : voilà son passe-port. Il peut rencontrer, chemin faisant, deux missionnaires français : voilà son espérance, dans une entreprise dont on ne lui a dissimulé ni les obstacles, ni les périls.

A sa première halte commencent les difficultés qui lui ont été prédites. Les autorités locales restent invisibles. Ne pouvant obtenir par leur intervention les porteurs dont il a besoin, il est forcé de faire à un prix exorbitant un nouveau marché avec ceux de Tong-Tchouen. Plus loin, la route est infestée par des bandes de pillards; plus loin, dans une plaine fertile où s'élevaient naguère de beaux villages, on ne voit plus que des maisons en ruines et des champs déserts. Tout a été dévasté par la guerre et par le brigandage.

M. Garnier continue sa marche. Il a eu la joie de rencontrer un des missionnaires dont on lui avait signalé la présence dans cette région sauvage. Un autre, le révérend père Leguilcher, va venir le rejoindre et l'accompagner dans la cité mahométane; car il y entre, dans cette forteresse dont on raconte les choses les plus étranges, il y entre et d'abord il a tout lieu de s'applaudir de sa résolution. Des soldats mahométans l'escortent dans les rues. Un fonctionnaire de haut grade est venu le voir très-poliment. Il espère être, le lendemain, présenté au sultan, et obtenir la faculté de parcourir, selon ses vœux, la cité de Ta-ly.

Le lendemain, cruelle déception ! le sultan refuse de le voir et lui ordonne de quitter la ville immédiatement. A cet ordre absolu, dans cette citadelle remplie de farouches sectaires, impossible de résister. Nos compatriotes restent là un jour encore pour faire voir qu'ils n'ont pas peur, puis ils se mettent tranquillement en route, et par leur ferme attitude répriment les mauvais desseins des fonctionnaires musulmans.

Mais à leur retour à Toung-Tchouen, quel deuil ! M. de Lagrée, leur chef, leur guide, leur ami, était mort. Il était mort, le noble officier, en conservant, jusqué dans ses plus cruelles souffrances, jusqu'à sa dernière heure, le sentiment de son devoir, le souci de sa responsabilité. Ceux qu'il avait conduits si loin avec tant de résolution et d'intelligence lui ont élevé un monument dans la ville où il rendit le dernier soupir, et un autre sur notre terre de Cochinchine où son corps fut transporté. M. Garnier et M. de Carné lui ont consacré dans leur relation de voyage un touchant souvenir.

Partie de Saïgon le 5 juin 1866, la commission revenait avec sa moisson le 29 juin 1868, à ce chef-lieu de notre colonie si jeune et déjà si importante. Elle a été sagement administrée dès son origine ; elle s'est enrichie par un intelligent labeur, et illustrée par de nobles faits d'armes. A ses conquêtes militaires les explorateurs du Mé-kong adjoignent la conquête scientifique.

La nation anglaise est la nation voyageuse par excellence. Ses marins, ses grands seigneurs, ses savants, ses touristes, ont été dans toutes les régions du globe. Ils ont navigué dans les glaces polaires, parcouru les steppes et les savanes, les pustas et les pampas, gravi les sommités des Andes et de l'Himalaya, traversé les sables de l'Afrique et les neiges de la Laponie. Dans la multiplicité de ces entreprises, ils se sont signalés entre tous leurs rivaux par leur hardiesse et leur persévérance.

Les Allemands, très-studieux géographes, se sont fréquemment aussi fait remarquer par leur esprit d'investigation et leur ténacité.

En rendant justice aux qualités des autres peuples, nous pouvons bien, sans forfanterie, dire celles des voyageurs de France : la bonne humeur, l'entrain, la spontanéité d'impression et de compréhension, l'attrait sympathique, la faculté de s'accommoder aux mœurs étrangères, aux circonstances difficiles, et très-souvent le travail le plus assidu, la patience la plus inébranlable.

De ces diverses qualités, l'œuvre des membres de notre commission de Saïgon est un notable exemple. En les suivant pas à pas dans leur long voyage, on sera frappé de tout ce qu'ils ont gaiement ou placidement souffert, de tout ce qu'ils ont osé entreprendre avec leurs modiques ressources dans des régions inconnues, de tout ce qu'ils ont découvert, observé, étudié dans un espace de deux ans.

Leur publication, ordonnée en 1869 par M. l'amiral Rigault de Genouilly, interrompue par les désastres de l'année suivante, a été reprise et achevée sous le ministère de M. l'amiral Pothuau, avec une rare élégance typographique et une rare richesse de cartes et de gravures. C'est assurément un des plus beaux livres que l'on puisse voir et l'un des plus intéressants. C'est un nouveau titre d'honneur pour nos ministres et nos marins, pour nos artistes et pour la grande librairie à laquelle nous devons déjà tant de publications scientifiques et littéraires de premier ordre.

VII

LIVINGSTONE [1]

Lundi 23 juin la Société royale de géographie a tenu
à Londres sa grande séance annuelle. Le président a
exposé les progrès de la science pendant l'année cou-
rante. La majeure partie de son discours a été consacrée
à la mémoire du docteur Livingstone, disant que l'Histoire décidera si la plus grande gloire de l'illustre missionnaire aura été comme explorateur ou comme l'an-
tagoniste déterminé de l'esclavage. Comme explorateur,
le docteur Livingstone a parcouru 29,000 milles sur le
sol de l'Afrique et ouvert l'accès à près de 1 million de
milles carrés de contrées nouvelles, équivalant au quart
de la surface de l'Europe.

Un des membres étrangers, M. Leverrier, qui a prononcé aussi un long discours, n'a pas oublié les servi-

---

[1] *Comment je retrouvai Livingstone*, voyage, aventures et découvertes dans le centre de l'Afrique, par M. H. Stanley, traduit par madame Loreau, 1 vol. in-8°, librairie Hachette. Le texte anglais se trouve
à Paris, librairie Galette, rue Bonaparte.

ces rendus à la géographie par le docteur Livingstone.

Par les pages suivantes nous nous associons aujourd'hui à tous les hommages décernés à l'explorateur et au missionnaire.

———

Des médailles anciennes représentent l'Afrique sous la figure d'une femme au teint noir, aux cheveux crépus, tenant de la main droite une corne d'abondance et de la gauche un scorpion. C'est la vraie image de cette terre sans pareille. Nulle autre ne réunit de tels contrastes de vie et de mort, tant de force productive et de fléaux.

Là sont les géants du règne animal : la baleine, l'éléphant, le lion, le rhinocéros, le gorille, ce formidable quadrumane ; le tinni, qui, dans ses anneaux de fer, broie le buffle le plus robuste, et le monstrueux hippopotame, qu'on ne voit en nulle autre contrée.

Là sont aussi les géants du règne végétal : le palétuvier, dont les branches descendent dans le sol, s'y enracinent, se relèvent, puis de nouveau s'inclinent et forment ainsi successivement une galerie d'arcades ; le palmier, à la tige lisse et droite comme un monolithe de marbre, couronné à sa cime aérienne d'une guirlande de feuilles et de fruits ; la baobab, qui grandit pendant des milliers d'années dans des proportions incroyables. M. Golbéry en a vu un au Sénégal qui ne comptait encore que trente siècles d'existence, et qui n'avait pas moins de 180 pieds de circonférence[1]. Sans rien

———

[1] *Fragments d'un voyage en Afrique,* t. II, p. 73.

perdre de sa vitalité, son tronc s'était ouvert comme un vieux saule. On y voyait une grotte de 22 pieds de hauteur et de 20 pieds de diamètre. C'était le prétoire, la loggia, l'hôtel de ville de la peuplade voisine.

De la pointe du golfe de Tunis, son extrémité septentrionale, jusqu'à l'est du cap de Bonne-Espérance, l'Afrique s'étend au centre du globe sur un espace de 1,900 lieues. Dans ces 170 degrés de latitude, quelle variété et quelle richesse de productions ! A la surface du sol, le blé et la datte, le raisin et la gomme, le coton et la canne à sucre ; au bord de l'Océan, l'ambre jaune et, ce qui vaut bien mieux, l'ambre gris ; dans plusieurs royaumes, à diverses profondeurs, les mines d'or. Sur la rive septentrionale du Zambèse, quand un nègre trouve une pépite du précieux métal, il l'enterre soigneusement et l'arrose, persuadé qu'elle va, comme toute bonne semence, se développer et fructifier. Dans le Bambouk, le peuple croit que l'or est fabriqué en de vastes souterrains par le diable, et lorsque des animaux périssent par un éboulement ou par quelque autre accident, on pense que c'est ce même diable qui les enlève pour remplacer à ses fournaises ses esclaves morts ou malades.

Mais, au milieu de ces riches produits, quelle misère et quelles calamités ! Il doit avoir, selon l'expression d'Horace, l'armure de triple chêne et de triple airain, celui qui entreprend de pénétrer dans ces régions redoutables. Au delà d'une certaine zone, nul chemin, nul véhicule, nulle ressource, nul gîte assuré, et à chaque pas une nouvelle souffrance ou un nouveau péril.

En rase campagne, la vipère ou le scorpion ; dans les bois et les jungles, les bêtes fauves, cherchant avec fureur leur proie ; dans les eaux, le crocodile à la dent d'acier ; dans les airs, des nuées d'insectes venimeux. Ailleurs, c'est le silence funèbre, ou l'ouragan impétueux ; le souffle du simoun, la désolation des immenses déserts. Là, entre les oasis semées comme des îles dans cet océan de sable, pas une goutte d'eau, pas une ombre rafraîchissante, et de toutes parts à l'horizon infini, pendant de longues semaines à l'horizon de chaque jour de marche, les couches incommensurables, les ravins, les monticules de sable. La moindre brise suffit pour soulever ce sable léger et en faire un tourbillon ; un coup de vent en fait des trombes pareilles aux cyclones des parages de l'Inde. Le simoun y forme des vagues ondulantes, gigantesques comme celles de la mer.

En cheminant sur ce terrain mobile, où nul sentier ne subsiste, où le pas de l'homme, comme le sillage d'une barque à la surface d'un lac, ne laisse aucune trace, le voyageur ne reconnaît les vestiges de ceux qui l'ont précédé qu'à des ossements épars, à des squelettes desséchés. Ceux qui sont tombés là n'étaient-ils pas vaillants comme lui ? Ne doit-il pas périr comme eux ? Que sa marche soit par un accident quelque peu retardée ; qu'une partie de ses provisions soit volée ou détériorée, le voilà réduit à la dernière extrémité. Dans une fatale disette ; dans la cruelle déception du mirage ; dans le tourment de la soif, il peut en venir à tuer ses chameaux pour extraire de l'estomac des pauvres quadrupèdes quelques gouttes d'eau. Il peut aussi perdre tout à coup ses moyens de transport, ses dernières chances de salut par une nuée de stetzes, une petite mouche dont la piqûre tue en quelques instants bêtes de somme et bestiaux.

Que si, malgré tant d'obstacles et de dangers, il parvient à traverser sain et sauf le désert ; s'il arrive à un village ou à l'un de ces amas de cabanes décorés du nom de ville, là où sa patience et son courage seront mis à une nouvelle épreuve, là il va se trouver aux prises avec un affreux petit souverain qui voudra le garder captif ou ne le laissera point passer sans lui faire subir toutes sortes d'exactions et d'avanies. Ces horribles petits rois! En aucun pays on ne peut, grâce au ciel, rien noter de pareil. Ils représentent dans l'empire de l'humanité une race exceptionnelle, comme les bêtes fauves dans le règne animal. Seront-ils un jour adoucis par l'influence de la civilisation, pénétrant peu à peu dans leurs boueuses cités, par l'action des voyageurs, par le zèle des missionnaires? C'est possible ; mais jusqu'à présent rien encore n'annonce cette amélioration. Jusqu'à présent, dans leur contact avec les étrangers, ils n'ont gagné qu'un surcroît de bizarres fantaisies et de vices. Ils étaient cupides. L'éclat des verroteries et des quincailleries européennes, le désir de posséder ces merveilles, les ont rendus rapaces. Ils se sont passionnés pour le rhum, et cette horrible boisson frelatée qu'on leur vend sous le nom de « rhum » leur coûte cher. Enfin, ils ne se contentent plus de la plume d'autruche qui décorait leur chevelure, du tissu indigène qui ceignait leurs reins, ils veulent étaler sur leur auguste personne le chrysocale et la passementerie de l'industrie lointaine. Féroces comme autrefois, ils sont devenus grotesques, arlequins sanguinaires, polichinelles ivrognes.

Dans la relation de leur voyage sur le Niger, les frères Lander ont décrit le costume pompeux d'un de ces rois en une audience solennelle. Il portait un surtout espagnol de drap rouge, façonné pour un homme d'une tout autre taille ; un pantalon aussi trop court et trop étroit ; à son col et sur sa poitrine une quantité de colliers de corail descendant jusqu'à ses genoux ; à ses poignets, quatorze bracelets fermés par de vieux boutons en cuivre ; à ses jambes plusieurs rangées de corail et de grelots en cuivre ; sur sa tête, un bonnet pyramidal chargé de morceaux de miroir brisé. Dans ce bel appareil, le roi souriait à sa magnificence, fier de l'admiration de ses courtisans, convaincu qu'il éblouissait les voyageurs admis en sa présence, et secouant d'un air de béatitude ses jambes pour faire sonner ses grelots.

Dans la capitale du royaume de Dahomey, à 40 lieues du golfe de Guinée, un mur de 20 pieds de hauteur entoure un vaste espace, où s'élève une quantité de huttes construites en terre et en bambou, couvertes en chaume. La plus grande est habitée par le roi, les autres par ses femmes. L'entrée de sa demeure est pavée de crânes humains ; aux murs sont appendues symétriquement des mâchoires, et çà et là des têtes encore sanglantes ; sur le toit d'autres têtes desséchées. Ce sont là les insignes de la suprême puissance, les ornements que le souverain se plaît à voir étalés autour de lui ; et il les renouvelle quand bon lui semble, sans exciter un murmure, sans susciter la moindre opposition ; car il est le maître unique, le maître absolu, le maître devant lequel tout fléchit et tout tremble. Par sa seule autorité, pour son propre agrément, il a réalisé une des douces conceptions du socialisme : il a confisqué la famille. Garçons et filles, tous les enfants de son royaume lui appartiennent. Les garçons travaillent ou font la guerre, selon ses ordres ; les filles, il les vend, quand elles sont nubiles. Grâce à ces belles dispositions, le jeune homme ne perdra point son temps à soupirer, comme en Espagne, avec la guitare ; ni à rimer, comme en Italie, de galants sonnets ; ni à chanter, comme en Orient, le chant de Gul et Bubul ; l'homme grave n'aura point à négocier à l'aide d'un intermédiaire les conditions d'un contrat. On veut se marier ; voilà le fait ; c'est la chose du monde la plus simple. On s'adresse directement au roi, et moyennant un prix déterminé, il vous donne immédiatement une femme. Une jeune et jolie? Si c'est son bon plaisir, que sa magnanimité soit bénie. Une vieille, laide, écloppée? Il faut encore le remercier ; car tout ce qu'il fait est fait justement ; car il n'est pas seulement le souverain temporel de son peuple, il en est le dieu. Personne à cet égard n'oserait manifester le moindre doute. Croire qu'il boit, mange et dort comme un simple mortel, crime capital. Ne pas se prosterner devant lui le front dans la poussière, autre crime capital, et nulle sotte fastidieuse procédure, ni enquête, ni requête, la mort immédiate.

Dans ce gouvernement d'Afrique, le bourreau est le premier des fonctionnaires. A tout instant, il doit se tenir prêt à lever le glaive et à verser le sang. En diverses occasions, il ne pourrait, malgré son zèle et sa célérité, faire à lui seul toute la besogne ; il est obligé de prendre plusieurs auxiliaires. Ce superbe despote, qui veut être considéré comme un dieu, qui peut-être se croit réellement dieu, a une peur extrême de toute espèce de sortilége. Parfois, le bruit se répand que plusieurs de ses sujets composent des philtres, prononcent de mystérieuses paroles, enfin se livrent à des pratiques de sorcellerie. Aussitôt ils sont arrêtés et sans examen promptement exécutés. Parfois aussi, l'idée lui vient d'envoyer un message à ses parents défunts. Il fait venir quelques hommes d'élite, leur murmure à l'oreille ses instructions. Puis on leur tranche la tête, et les voilà partis pour l'autre monde.

Tout cela n'est rien comparativement à ce qui est ordonné quand ce souverain maître, ce dieu, vient à mourir. On creuse alors une vaste fosse, dans laquelle vingt-quatre de ses femmes sont ensevelies vivantes, avec un amas de meubles et de vêtements, de sacs de tabac, de barils d'eau-de-vie, de colliers de corail, tout ce qu'il faut pour parer et récréer le bon roi dans l'empire des morts. Puis, pour lui faire dans ce même empire un noble cortége, on égorge sur sa tombe des milliers d'esclaves et d'animaux.

Dans le pays des Ashantis, les royales obsèques étaient, au commencement de ce siècle, encore plus sanglantes. Un envoyé de la Grande-Bretagne, M. Bowdich, qui, en 1817, visita Coomassie, cette horrible capitale, anéantie récemment par les Anglais, raconte que les sacrifices offerts à la royauté se renouvelaient là de semaine en semaine pendant trois mois, et à chaque holocauste on ne comptait pas moins de deux cents victimes [1].

Certes, la traite a souvent été cruelle; mais en examinant le régime des États africains, on peut dire en toute vérité qu'elle a été souvent aussi un moyen de salut pour les noirs qu'elle enlevait au pouvoir le plus brutal, le plus fantasque et le plus sanguinaire. En les transportant sur un sol étranger, elle les soumettait à l'esclavage. Mais, dans leur pays natal, ils étaient encore plus esclaves; dès leur naissance, esclaves sans réserve, sans appui, sans rémission, exposés à tout instant à une brève sentence qui détruisait leur foyer et rompait leurs liens de famille, ou à quelque autre sentence qui les livrait sans miséricorde au glaive du bourreau.

---

[1] *Mission from the cape coast castle to Ashantee*, by L. Bowdich, in-4°. London, 1819.

Un médecin de New-York a publié récemment une très-longue et très-explicite dissertation pour démontrer par une série d'études ethnographiques la complète infériorité de la race nègre et l'absolue suprématie de la race blanche. Il déclare qu'en raison de cette infériorité l'état normal des noirs est l'esclavage[1]. Notre sentiment d'humanité et de christianisme ne nous permet point d'adopter une conclusion si rigoureuse. Mais en examinant jusqu'à l'époque actuelle les diverses situations des noirs, nous sommes bien persuadé que, comparativement à leur effroyable ilotisme en Afrique, à leur soudaine émancipation dans quelques colonies, à l'outrageante liberté qui leur est octroyée dans l'Amérique du Nord, la servitude à la Louisiane et aux Antilles était pour eux la meilleure des conditions.

Pendant des siècles, la terre d'Afrique, trois fois plus vaste que l'Europe, a été à peu près totalement inconnue. Dans l'antiquité, la science géographique s'arrêtait au détroit de Gibraltar. Là étaient les colonnes d'Hercule, le « nec plus ultra » des voyageurs. Dans la géographie du moyen âge, là était la main noire, la main de Satan étendue sur l'Atlantique.

Les Portugais prétendent avoir les premiers reconnu le Cap-Vert et atteint le Sénégal. Cette expédition, selon leurs propres récits, ne date pourtant que de 1446, et il est bien démontré que, dès l'année 1364, des négociants de Dieppe et de Rouen avaient fondé des établissements de commerce plus loin que l'embouchure du Sénégal et de la Gambie par delà Sierra-Leone. L'un de ces établissements s'appelait le

---

[1] *White supremacy and negro subordination,* by J.-H. van Evrie.

« Petit-Dieppe » ; un autre, le « Petit-Paris » [1]. Les désastres du règne de Charles VI anéantirent ces courageuses entreprises, et les Portugais, en s'avançant le long de la côte de Nigritie et de Guinée, construisirent des forteresses sur divers points, afin de prévenir ou de repousser toute concurrence. Pour plus de sûreté, ils sollicitèrent et obtinrent une bulle du pape qui leur donnait toutes les terres découvertes ou à découvrir en Afrique. En proclamant cette sentence pontificale, ils disaient : « Le premier chrétien qui mit le pied sur ces plages infidèles était un Portugais : donc la terre infidèle doit appartenir au Portugal. »

Le premier chrétien qui aborda sur la côte occidentale d'Afrique était un brave marin de Dieppe qui donnait à une des baies où il fit flotter son pavillon le nom de « Baie de France ».

Le premier chrétien qui entra dans la redoutable cité de Tombouctou était un Français, un simple enfant du peuple, René Caillé.

Le premier chrétien qui a recueilli et publié les plus exactes notions sur le royaume de Choa était un Français, Rochet d'Héricourt.

Les autres peuples notent si bien le mérite de leurs voyageurs. Nous ne devons pas oublier les nôtres.

Mais rendons aussi justice aux Anglais. Ils ont été les plus ardents, les plus habiles explorateurs d'Afrique. « Caput Nili quærere » : c'était jadis une expression employée proverbialement pour indiquer une tâche difficile. Les Anglais ont de nouveau cherché les sources du Nil et ont fini par les trouver. De plus, ils ont reconnu dans toute son étendue le cours du Niger, qu'on

---

[1] *Recherches sur les voyages et découvertes des navigateurs normands,* par M. Estancelin, p. 136 et 139.

a longtemps confondu avec deux autres fleuves, le Sénégal et la Gambie.

De leur point de départ au nord de l'Afrique, les Portugais s'en vont prudemment, lentement, vers le sud de cet immense continent, qu'il faut maintenant appeler une « île », car, depuis l'ouverture de l'isthme de Suez, qui la rejoignait à l'Asie, c'est bien réellement une île. La navigation est dure dans ces parages, où aux impétueux ouragans succèdent de longs calmes qui enchaînent les navires sous un ciel de feu. La plage est malsaine, d'un accès difficile, sans aucune de ces heureuses découpures, comme les fiords de Norvége, par où l'on pénètre au sein des terres. Les peuplades répandues sur ces plages sont à la fois abruties et féroces. Du cap Bojador, découvert en 1415 par Gil Nunez, les Portugais ont mis près de cent ans à atteindre le cap de Bonne-Espérance.

Après ce grand événement, pendant plus de deux siècles et demi, l'intérieur de l'Afrique est encore inexploré. On ne connaît que ses contours.

Enfin, en 1778, un comité s'organise en Angleterre dans le but d'aider par ses incitations, par son appui, par son argent, à la solution de ce problème géographique, à la découverte de ces contrées dont on racontait depuis Hérodote tant de choses étranges. De là les trouées qui du côté du nord, de l'est, de l'ouest, ont été successivement faites vers l'Afrique centrale et l'Afrique australe; de là le long martyrologe de ces hardis pionniers de la science qui ont entrepris de pénétrer dans des régions où ils n'avaient ni soutien ni guide, où souvent ils étaient privés d'eau et de nourriture et à tout instant exposés aux plus mortels dangers.

C'est d'abord Ledyard, le premier délégué de l'Asso-

ciation britannique, un infatigable voyageur. Il avait
fait le tour du monde avec Cook, vécu plusieurs années dans une tribu indienne, traversé la Russie d'Asie,
et il est mort dans les sables d'Afrique ; ensuite le major
Houghton, puis Mungo-Park, dont les récits ont tant
ému notre jeunesse ; Hornemann et Roentgen, les deux
disciples du célèbre ethnographe Blumenbach, et Claper-
ton, Oudney, Laing, le docteur Cowen et le lieutenant De-
novan, puis le noble fils de Mungo-Park et le jeune et
vaillant Vogel (de Leipzig), et le docteur Overweg et Ri-
chardson, compagnons de Barth : tous ces malheureux
hommes victimes de leur zèle, les uns épuisés par les
fatigues et les privations ; d'autres emportés par la
fièvre ; d'autres égorgés par les indigènes. Un sort
cruel semble même, jusqu'après leur tâche accomplie, poursuivre les audacieux explorateurs de l'Afrique. Bruce, de retour en Angleterre, fait une chute sur
un escalier et meurt. Speke sautant à la chasse une
haie, la détente de son fusil s'accroche à un arbuste,
le coup part, et le jeune découvreur du lac Nyanza
tombe mort.

Dernièrement, il est mort aussi, celui qui a fait tant
de mémorables expéditions dans l'Afrique australe et
l'Afrique équatoriale, le patient, le courageux, l'intelligent, le religieux Livingstone.

C'était le descendant d'une respectable famille d'É-
cosse appauvrie par divers événements. Un de ses aïeux
fut tué à Culloden en combattant sous l'étendard de
Charles-Edouard. Un autre, à l'heure de sa mort, disait à ses enfants rassemblés autour de son lit : « J'ai
bien étudié l'histoire de nos ancêtres, en remontant
aussi loin que possible jusqu'à la sixième génération,
et je n'y ai pas trouvé un seul malhonnête homme.
Donc, si l'un de vous déviait du droit chemin,

qu'il n'attribue sa faute qu'à lui-même, et non au sang qui coule dans ses veines. O mes enfants, pensez aux bons exemples qui vous ont été donnés, et soyez honnêtes ! »

Cette grave leçon resta gravée dans l'âme de Livingstone. Non-seulement il fut honnête, dans la plus stricte expression de ce mot, mais il eut à un haut degré l'amour de l'étude et le sentiment du devoir. De là son active existence, sa fermeté et sa distinction.

A dix ans commence sa vie de labeur matériel et d'aspirations intellectuelles. A dix ans, comme G. Stephenson, qui est devenu le grand ingénieur, il était ouvrier dans une fabrique près de Glasgow. Comme G. Stephenson, il voulait s'instruire. Il fit des économies sur son modique salaire et parvint à acheter une grammaire latine qu'il étudia avec ardeur. Le matin, à six heures, il devait être à son atelier et y rester jusqu'à huit heures du soir. Il courait à une école gratuite, dont il s'est plu à louer l'organisation, et y passait deux heures. Il apprit ainsi très-bien le latin et lut assidûment les auteurs classiques. A dix-neuf ans, il était encore ouvrier, mais ce qu'il gagnait alors pendant six mois lui suffisait pour toute l'année. Il ne travaillait plus à sa filature que pendant l'été, et il employait l'hiver à suivre des cours de grec et de médecine à Glasgow.

Ah ! les admirables enseignements que nous donne le pauvre, quand le pauvre lutte ainsi contre les rigueurs de la fortune !

Un jour vint où le jeune artisan se présenta devant la Faculté de médecine de Glasgow, subit un examen et obtint le diplôme de licencié. Son intention n'était pourtant pas de se servir de ce diplôme en Angleterre. Déjà il se consacrait à la théologie ; il voulait accomplir une mission chrétienne en de lointaines contrées, et désirait offrir à des populations barbares le remède du corps par sa science médicale, avec la lumière de l'âme par les leçons de l'Évangile.

En 1840, il partit pour l'Afrique et y resta douze ans. Il y retourna une seconde et une troisième fois après quelques mois de séjour en Angleterre. Quoiqu'il ne fût plus jeune et qu'il eût cruellement souffert, il ne pouvait se résigner au repos. Il avait fait de si importantes découvertes! Il voulait les continuer, et en 1869 une rumeur sinistre se répandit en Europe. On n'avait plus aucune nouvelle du vaillant voyageur. On disait qu'il était mort, ou gravement malade, ou captif. Vingt ans auparavant l'amirauté anglaise envoyait plusieurs bâtiments à la recherche de Franklin perdu dans les glaces du Nord.

Pour retrouver Livingstone dans les sables brûlants, deux Américains se sont mis à l'œuvre sans attendre la coopération d'un gouvernement, et ils ont réussi. M. G. Bennett, le propriétaire du *New-York Herald*, a royalement fait les frais de l'entreprise ; M. Henri Stanley, un de ses reporters, est entré avec une intrépide résolution dans les sauvages régions de l'Afrique centrale, et a raconté son voyage de la façon la plus intéressante.

Dès le début de son livre, il saisit le lecteur par l'originalité de sa situation et la vivacité de son récit.

« Le 16 octobre 1869, j'étais, dit-il, à Madrid ; à dix heures du matin, mon domestique me remet une dépêche ainsi conçue : « Venez à Paris. Affaires importantes. »

« La dépêche est de M. Bennett junior du *New-York Herald*. Aussitôt je décroche mes tableaux ; je ras-

semble mes livres, je prépare ma valise. A deux heures,
adieu à mes amis, à trois heures en route, et le surlen-
demain dans la nuit, je vais au *Grand-Hôtel* frapper à
la porte de M. Bennett.

« Il se lève, jette une robe de chambre sur ses épaules, et me dit vivement :

« Où est Livingstone?

« — Je ne sais.

« — Croyez-vous qu'il soit mort?

« — Peut-être oui, peut-être non?

« — Moi, j'espère qu'il vit encore, qu'on peut le
« trouver, et je vous envoie à sa recherche.

« — A la recherche de Livingstone? Au centre de
« l'Afrique? Est-ce là votre idée?

« — Mon idée est qu'il faut partir, le retrouver, et me
« rapporter de ses nouvelles. Qui sait? Peut-être le vieux
« voyageur est-il dans le besoin! Je vous confie cette
« affaire. Agissez comme bon vous semblera, et retrou-
« vez Livingstone.

« — Mais, monsieur, songez-vous aux frais d'un tel
« voyage? Je sais ce que Speke et Burton y ont dé-
« pensé, et je suppose qu'il ne peut pas vous coûter
« moins de 2,500 livres sterling (72,500 francs).

« — Soit! Prenez d'abord 1,000 livres. Quand cette
« somme sera épuisée, vous tirerez sur moi pour 1,000
« autres, et 1,000 autres encore, tant qu'il vous en
« faudra. Mais retrouvez Livingstone. »

« Ainsi pressé par un homme dont je connaissais le
caractère résolu, je crus devoir cependant hasarder encore une observation :

« On prétend, lui dis-je, que si M. votre père venait
« à mourir, votre intention serait de vendre le *Herald?*

« — C'est une erreur, me répliqua-t-il. Mon père a
« fait du *Herald* un grand journal. Je veux l'agrandir

« encore. Je veux qu'il publie avant tout autre tout ce
« qui peut intéresser le lecteur, n'importe quoi, et
« n'importe à quel prix.

« — Eh bien, je partirai. Dois-je aller directement à
« la recherche de Livingstone?

« — Non. Il faut allonger un peu votre itinéraire.
« D'abord vous assisterez à l'inauguration de l'isthme
« de Suez, puis vous irez dans la haute Égypte. On dit
« que Baker prépare là une nouvelle expédition. Vous
« vous en informerez. Chemin faisant, vous recueillerez
« toutes les notes nécessaires pour composer un guide
« pratique, un guide du touriste dans les régions du
« Nil. Ensuite vous ferez bien d'aller à Jérusalem exa-
« miner les découvertes du capitaine Warren, puis à
« Constantinople, voir où en est le dissentiment du sul-
« tan et du khédive. Ensuite... Attendez un peu... Ah !
« vous irez en Crimée, visiter les champs de bataille, et
« vous suivrez le Caucase jusqu'à la mer Caspienne, où
« une armée russe se prépare, dit-on, à partir pour
« Khiva. De là vous vous rendrez dans l'Inde en traver-
« sant la Perse. De Persépolis, vous pourrez écrire une
« lettre intéressante. Bagdad est sur votre route. Don-
« nez-nous quelques renseignements sur le projet de
« chemin de fer dans la vallée de l'Euphrate. Enfin,
« d'une des villes de l'Inde, vous vous dirigerez vers
« l'Afrique. Peut-être apprendrez-vous que Livingstone
« est en marche pour Zanzibar. En ce cas, votre voyage
« serait fort abrégé. Sinon, allez dans les régions qu'il
« a récemment explorées. En quelque lieu qu'il soit,
« par tous les moyens possibles, tâchez de le rejoindre.
« Informez-vous de ses découvertes, et, s'il n'est plus de
« ce monde, rapportez-nous les preuves authentiques
« de sa mort. Maintenant, bonsoir. Que Dieu soit avec
« vous ! »

Ainsi, au milieu d'une nuit d'automne, sous le toit d'un hôtel de Paris, en moins de temps qu'il n'en faudrait à beaucoup de bonnes gens pour organiser une partie de campagne, un journaliste américain prescrivait à un de ses reporters une odyssée à travers la moitié du globe. Dans cet immense espace, quelle quantité de Charybdes et de Scyllas, de sirènes et de harpies, de monstres mythologiques et de monstres réels, de flots amers et d'âpres rivages inconnus d'Homère et d'Ulysse! Pour en venir au but final de cette odyssée, à la recherche de Livingstone, les détours étaient cependant un peu longs. Avec toute son activité et sa célérité, le jeune délégué de New-York employa près de quinze mois à faire son circuit par l'Égypte et l'Asie.

Au commencement de l'année 1871, il arrive à Zanzibar, la capitale d'une île de corail peu étendue, mais importante par sa situation dans l'océan Indien, à 8 lieues de la plage orientale d'Afrique. La France, l'Angleterre et surtout les États-Unis y expédient fréquemment des navires de commerce. Ils apportent au marché de cette ville des cotonnades, de l'eau-de-vie, des armes à feu, de la poudre, des verroteries, du fil de laiton, des porcelaines et divers autres articles. Ils en emportent des cargaisons d'ivoire, de copal, de clous de girofle, de cuirs bruts, de sésame, d'huile de coco, de poivre et d'orseille, cette espèce de lichen qui croît sur les rochers et donne une très-belle teinture écarlate.

En dépit des lois sur la traite, de l'ardente propagande des abolitionnistes et des histoires de l'oncle Tom, il se fait encore dans cette grande cité un grand commerce d'esclaves, alimenté surtout par la terre d'Afrique. Des spéculateurs s'en vont dans l'Oujiji, et pour 20 mètres de cotonnade par tête (environ 37 francs) achètent de beaux nègres qu'ils revendent sans difficulté à Zanzibar 300 francs. Les Arabes, les Banians, les Hindous, sont fort attachés à ces fructueuses opérations, et leur souverain, l'iman de Mascate, qui, de ce même trafic, retire aussi de beaux bénéfices, n'a nulle envie de le supprimer.

« A Zanzibar, le Bagdad, dit M. Stanley, l'Ispahan, le Stamboul de la côte orientale d'Afrique, pas la moindre nouvelle de Livingstone, pas même dans les comptoirs des négociants les plus avisés, pas même au consulat d'Angleterre, qui doit être si occupé du noble missionnaire anglais. »

Est-il encore vivant? Personne ne sait. Le jeune Américain doit donc aller le chercher dans le vague espace, à tout hasard, et il y est bien décidé. Le voilà qui travaille avec ardeur à organiser sa caravane. Très-compliquée et très-pénible organisation Pour pénétrer dans les régions où Livingstone a été découvrir la plus lointaine source du Nil, il faut s'armer de façon à pouvoir se défendre à la fois contre les bêtes fauves et contre les hommes, souvent plus cruels que les bêtes fauves. Il faut se procurer des ustensiles de cuisine, des provisions comme pour une longue traversée, des médicaments pour diverses maladies à peu près inévitables, enfin pour de nombreux impôts, pour les dépenses journalières et les incidents imprévus, il faut avoir une masse de numéraire. Et quel numéraire! Ni or ni argent, pas même les énormes dalers en cuivre de l'ancienne Suède; ni les lourdes pièces en fer de Lycurgue. Non. Les cotonnades, les verroteries, les rouleaux de fil de laiton : voilà le numéraire de l'Afrique centrale. On n'en connaît pas d'autre et on n'en désire pas d'autre. Avec ces trois produits industriels, le voyageur doit subvenir à tous ses besoins et satisfaire à toutes les exigences. Avec 40 mètres d'étoffe par jour, il paye la nourriture de cent hommes. Avec un collier de perles en verre, il attendrit un sultan noir. Mais les peuplades dont il traversera les domaines n'ont pas toutes le même goût, et les femmes des rois nègres ont différents caprices. Il en est qui préfèrent la cotonnade bleue à la cotonnade rayée de diverses couleurs. Il en est qui repousseront avec un souverain mépris une collection de perles blanches, et s'épanouiront à l'aspect d'un collier de perles vertes. Pour épargner ses ressources et prévenir de fâcheuses difficultés, le voyageur doit donc, avant de faire ses emplettes, prendre tous les renseignements possibles sur ces diverses prédilections, et quand il s'est soigneusement enquis de l'utilité de chaque chose, quand il a cherché, trouvé, rassemblé ses trésors, il n'a encore accompli qu'une partie de sa tâche. Tous ces trésors doivent être divisés par égales portions, rangés dans des sacs ou des boîtes de même grandeur, après quoi il faut s'occuper des moyens de transport. Ni wagon, ni charrette, ni chameaux, ni mulets. Les ballots, arrangés de façon à ne pas dépasser un certain poids, seront mis sur les épaules des commissionnaires du pays, des pagazis sans vêtement et sans crochet, qui, en cheminant avec la meilleure volonté, ne feront pas plus de 5 à 4 lieues* par jour. Cette locomotion en petite vitesse coûte cher. Pour le transport d'une de ses cargaisons, évaluée à 750 francs, à une distance comme celle de Paris à Marseille, M. Stanley est obligé de payer un millier de francs.

Les déceptions, les rapines, les embarras qu'il a subis à Zanzibar, il les subit encore à Bayamoyo, de l'autre côté du détroit qui sépare l'île du continent. Mais au milieu de ces tristes réminiscences surgit une douce et grave image. Des missionnaires français de l'ordre des Jésuites ont fondé sur ce sol d'Afrique deux institutions qui se sont rapidement développées et font le plus grand bien. M. Stanley les a visitées, sans dissimuler son protestantisme, et en parle avec admiration. Dans leurs écoles de Zanzibar, les intelligents missionnaires ne se contentent point d'expliquer à leurs néophytes les dogmes religieux, ils leur enseignent les métiers utiles ; ils forment des charpentiers, des menuisiers, des forgerons, des constructeurs de bateaux, des agronomes. Pour répandre cette instruction pratique, ils ont des hommes spéciaux, des instruments de toute sorte et des ateliers.

A Bayamoyo, leur établissement ressemble à un village. Il y a là, dans seize corps de logis séparés l'un de l'autre, dix religieux et dix religieuses et deux cents élèves, garçons et filles. A l'école est joint un domaine que les élèves les plus alertes cultivent sous la direction de leurs maîtres. « C'est, dit M. Stanley, un modèle d'industrie agricole. »

Enfin, en deux mois et demi d'un travail perpétuel, les préparatifs de l'expédition sont achevés : tentes et bagages, étoffes et comestibles emballés dans des toiles imperméables, dans des nattes ou des caisses, et la caravane entièrement constituée. Vingt-trois soldats indigènes, quatre surnuméraires, quatre chefs de couleur, cent cinquante porteurs ; en tout, cent quatre-vingt-douze hommes, y compris le jeune chef, qu'on appelle le « mousoungou », le chef blanc, et deux Anglais, qu'il a malheureusement choisis pour en faire ses lieutenants !

Un matin, la bannière des États-Unis est déployée au milieu d'une foule de curieux, et la caravane se met en marche.

« En ce moment, dit M. Stanley, je crois que mon cœur battait trop vite pour que mes traits eussent l'impassibilité qui convient à un chef, mais c'était plus fort que moi. Mon sang courait dans mes veines avec l'ardeur d'une santé parfaite. Les soucis qui m'accablaient depuis deux mois étaient passés ; devant nous s'ouvraient l'espace et l'horizon ensoleillé plein de promesses. Autour de nous un pays charmant ; des arbres étrangers, des champs fertiles, une végétation riante. J'écoutais la voix du grillon, celle du tringa, le sibilement des insectes ; tous semblaient me dire : « Enfin, vous êtes parti. » Que pouvais-je faire ? sinon lever les yeux vers le ciel et m'écrier du fond de l'âme : « Dieu soit loué ! »

M. Stanley n'est point de ces voyageurs moroses qui, tristement, regardent le pays où ils passent, insensibles à ses beautés, irrités de ses inconvénients. Au contraire, il a l'heureux privilége de chercher constamment le bon côté des choses, et il note avec joie tout ce qui séduit son regard, émeut son âme, excite sa curiosité.

Au delà d'une eau profonde et bourbeuse, difficile à traverser, il s'arrête et oublie le rude trajet qu'il vient de faire à l'aspect d'un nouveau paysage : une immense pelouse, parsemée d'arbres ; un sentier qui s'enfonce dans une forêt de jeunes ébéniers, puis capricieusement serpente sous les sombres rameaux du manguier ou le feuillage plus clair du baobab. Sur cette pelouse, dans ces bois, la légère antilope, le singe fantasque et une foule d'oiseaux, des légions d'ibis, des bandes de pigeons verts.

Chaque fois que le jeune Américain retrouve une zone fertile, il se délecte à contempler la puissance de sa végétation. Ici les hautes herbes touffues comme on n'en peut voir dans les meilleurs pâturages d'Angleterre ou de Normandie ; là les plantes rafraîchissantes ou nutritives que l'homme multiplie par un léger travail ; les pastèques, le sorgho, le millet et le maïs, et les arbres qui toute l'année donnent à qui en prend soin leurs fruits savoureux ; le manguier, l'oranger, le citronnier, le goyavier, le bananier, qui, sur sa tige frêle, porte une si riche moisson ; l'élaïs, dont on extrait une huile qui remplace le beurre et dont la séve produit, par sa fermentation, la liqueur aimée des nègres ; le tembo et les grands arbres qui ombragent les caravanes ou qui sont employés en diverses œuvres industrielles ; l'imbète, veiné comme l'acajou, odorant comme le sandal ; le mkoro et mkouroungo, dont on fait les mortiers et les pilons pour broyer le sorgho et le maïs ; le mbouyou, dont l'écorce sert à fabriquer une molle étoffe comme le feutre, des cordages et des couvertures ; le mvoulé gigantesque, dans lequel on taille des canots de 60 pieds de longueur.

Dans son aventureuse expédition, M. Stanley est resté bien loin des mines de Bambouk, des pépites de la Guinée, qui a donné son nom à de belles pièces d'or anglaises[1] ; mais il a vu les districts où le sol est parsemé d'ivoire. Des Arabes ont découvert ces trésors ignorés, et les nègres naïfs se sont réjouis d'échanger pour quelques mètres de cotonnade ou quelques fils de laiton les magnifiques dents d'éléphant, qu'ils ne pensaient à ramasser que comme des branches d'arbres pour étançonner leurs cases. Naguère encore, ils en comprenaient si peu le prix, qu'ils abandonnaient gaie-

[1] Les pièces frappées en 1673 avec le premier or provenant de la côte de Guinée. Elles valaient alors 30 shillings. Sur une de leurs faces était l'image d'un éléphant. En 1816, elles ont été remplacées par le souverain.

ment pour une valeur de 6 à 7 centimes la livre d'ivoire, cotée sur le marché de Zanzibar à 8 francs.

« Ah! quel beau pays! » s'écrie à diverses reprises M. Stanley.

Et dans son enthousiasme, il l'entrevoit comme un refuge providentiel en un lointain avenir. Selon sa pensée, on en viendra à traverser l'Afrique dans toute son étendue ; on la délivrera de ses affreux tyrans ; un intelligent travail la fécondera partout où elle peut être fécondée, et l'Europe et l'Amérique répandront là l'excédant de leur population.

Rêve d'un vaillant fils de l'Amérique, de cette Amérique qui, dans sa juvénile ardeur, ne reconnaît nulle part un obstacle insurmontable et se croit en état de conquérir le monde entier, non point par les fureurs de Tamerlan ou le glaive religieux de Mahomet, mais par la propagation d'une religion nouvelle, la religion des intérêts matériels, par les œuvres de l'industrie, par la puissance des télégraphes, des chemins de fer et des bateaux à vapeur.

M. Stanley lui-même ne nous donne guère lieu de croire à la réalisation de son rêve philanthropique. Des jours de marche paisibles, des haltes salutaires, des relations agréables avec quelques peuplades, sont les points lumineux de son voyage. Mais ils y tiennent peu de place. A côté des pages où le jeune reporter nous initie à ses heureuses émotions, combien d'autres où il ne peut raconter que des souffrances et des anxiétés !

Pour faire un trajet de quelques centaines de lieues, il a cheminé pendant plus de huit mois, et dans cet espace de temps, il a connu toutes les désolations de l'Afrique centrale, les longues pluies annuelles qui noient les champs et les villages, les chaleurs suffocantes, sur les terrains sablonneux qu'on appelle les

« plaines embrasées » ; l'obligation de traverser des fondrières où l'on enfonce jusqu'au cou, l'obligation de pénétrer dans les forêts d'« acacia horrida », où à chaque pas on est déchiré par des épines dures et pointues comme des aiguilles, l'obligation de camper parfois sur un sol pestilentiel.

La nuit, les voyageurs sont réveillés dans leurs tentes par les hurlements du chacal ou les rugissements du lion ; la nuit et le jour, ils sont harcelés par des myriades d'insectes dont ils ne peuvent se délivrer. Les guêpes à tête jaune les menacent d'une morsure non moins venimeuse que celle du scorpion. Les tsetzes tuent les chevaux et les moutons, les fourmis blanches dévorent les vêtements et les provisions. Le fer seul résiste à leur voracité. En un instant, elles ont démoli un fusil ; il n'en reste que le canon.

À ces fléaux de la nature se joignent les embarras et les dangers produits par les passions ou les faiblesses de l'homme. Dans chaque district est un sauvage souverain dont il faut, coûte que coûte, subir les exactions.

Dans sa propre légion, M. Stanley fait chaque jour quelque douloureuse découverte. Des soldats qu'il croyait résolus refusent de marcher ; des porteurs le pillent et l'abandonnent ; d'autres le volent en restant avec lui ; et les deux Anglais en qui il avait mis sa confiance le trahissent et l'outragent. Si, en ces graves occasions, il hésite ; s'il paraît fléchir, il est perdu. Ces gens qui, tont en essayant de le braver, le regardent encore avec crainte, deviendraient pour lui féroces, s'il était intimidé. Il ne l'est pas. Avec son fouet de chasse, il administre lui-même une sévère correction aux lâches et aux filous, et, le revolver à la main, il subjugue les rebelles par sa fière attitude.

Mais, s'il prévient ainsi les dangers de l'indiscipline,

il ne peut, avec toutes les meilleures précautions, prévenir de même les effets d'un climat terrible. La plupart de ses soldats et de ses pagazis tombent malades et
une vingtaine d'entre eux meurent successivement.
Puis il est lui-même saisi par la fièvre, abattu, terrassé.

Dans cette crise fatale, il n'a nul secours à attendre du
pays qu'il essaye si péniblement de traverser, nul
médecin, nulle pharmacie, pas même un bon gîte. Si
exposé qu'il soit sous sa tente aux pluies torrentielles,
aux chaleurs étouffantes, aux invasions des serpents et
des scorpions, des hyènes et des chacals, il ne voudrait
pas la quitter pour s'établir dans une de ces habitations
africaines qu'il a visitées ; affreuses habitations, dit-il,
pleines de saletés et d'immondices, infestées de rats
bruns à la tête longue, à la dent acérée, de grosses
araignées noires et d'autres insectes monstrueux. Là
siége, dans son orgueil de guerrier et de chasseur, le
maître de la maison, le chef de la famille ; sa noblesse
ne lui permet pas de travailler. C'est l'obligation de la
femme. Il emploie une partie de son temps à se parer.
Il se met au cou un amas de verroteries, des colliers de
perles grosses comme des œufs de pigeon, des morceaux
de cornes de chèvre ou de bois sculpté qui sont ses talismans. Il se colore le visage avec de l'ocre rouge, se
plaque sur le front une rangée de piécettes de cuivre,
divise sa chevelure en une quantité de petites nattes
qu'il enduit d'une graisse épaisse. Pour lui, le comble
de l'élégance, c'est d'avoir dans le lobe de chaque
oreille un trou si bien élargi, qu'il puisse y faire entrer
une gourde dans laquelle il met sa provision de tabac.

Sa femme est son esclave. Il l'a achetée comme une
esclave, plus ou moins cher, non point selon les agré-
ments dont elle est douée, mais selon la fortune qu'il
possède. Le pauvre peut avoir une femme pour une

couple de chèvres ; le riche donne pour celle qu'il choisit cent moutons, voire même cent vaches.

Telle est, dans cette région d'Afrique, la simple loi du mariage. Très-simple aussi est la loi de justice. J'en citerai un exemple. Un homme est accusé d'avoir commis un crime. Point de preuves positives de sa culpabilité, et il persiste à se déclarer innocent. Comment faire pour découvrir la vérité? En France, en pareil cas, une quantité de longues et minutieuses opérations : interrogatoire, citations de témoins, confrontation, plaidoyer, répliques et tout un amas de papier timbré. Les magistrats de l'Afrique centrale ne se donnent pas tant de peine. L'égorgement d'un poulet leur suffit pour résoudre la question. Si les entrailles de ce poulet sont blanches, l'innocence de l'inculpé est incontestable ; si elles sont noires, il doit être condamné.

Les opérations médicales exigent la même crédulité que ces ordonnances judiciaires. Les grands médecins ne traitent les maladies que par des incantations mystérieuses et par des talismans dont ils gardent le monopole. Certaines mutilations leur sont fort utiles. Quand ils peuvent se procurer le cadavre d'un guerrier mort sur le champ de bataille, ils lui enlèvent la peau du front, le bout du nez, les deux talons. De ces morceaux de choix, de quelques autres encore, ils font des infusions que les riches prient très-cher, car elles doivent avoir une puissante efficacité.

Le jeune Américain, couché sous sa tente, torturé par la fièvre, n'a nulle envie d'invoquer l'assistance de ces magiciens. Par bonheur, il a eu soin d'emporter sur cette terre d'Afrique une ample provision de quinine, et, de plus, il est soutenu dans sa prostration par une énergie morale que le mal physique ne peut vaincre.

« Non, s'écrie-t-il, non ! avant d'avoir achevé mon

œuvre, je ne veux pas, je ne peux pas mourir. Il faut que je retrouve Livingstone. Je le retrouverai. »

Juste confiance ! Grâce à son vigoureux tempérament et à son inflexible résolution, en dépit de tant d'obstacles, sa tâche sera accomplie, son espoir réalisé.

D'après de vagues indications, il allait à la recherche du noble missionnaire du côté de l'Oujiji. Un soir, il rencontre une caravane revenant de ce district :

« Quelles nouvelles ? demande-t-il.

— Un mousoungou est là-bas depuis trois semaines.

— Un homme blanc ?

— Oui, un homme blanc.

— Comment est-il habillé ?

— Comme vous.

— Jeune ?

— Non : il a la barbe blanche et il est malade. »

Quelques détails encore, et Stanley ne peut plus avoir de doute. Ce vieillard souffrant, c'est celui qu'on a cru mort et qu'il est venu de si loin chercher. C'est Livingstone.

Il se remet en marche avec une nouvelle ardeur, et ses soldats et ses pagazis, tant de fois découragés, se raniment aussi en songeant que bientôt ils arriveront au but de leur voyage. En quelques jours, il atteint le lac Tinganika et contemple avec enthousiasme cette immense nappe d'eau récemment découverte. Quelques jours encore, et sa tâche est accomplie. Livingstone est retrouvé.

Les deux vaillants voyageurs, naguère encore si étrangers l'un à l'autre ; le vieillard et le jeune homme, l'Anglais et l'Américain, le missionnaire des sociétés bibliques de Londres et le reporter d'un journal de New-York, se rejoignent dans un misérable village à 6 degrés au delà de l'équateur et se tendent la main. Puis tous deux, assis sur une peau de chèvre, à l'entrée d'une cabane, se mettent à causer ensemble à cœur ouvert.

Livingstone, pâle, fatigué, raconte comment, par la trahison des gens qu'il avait pris à son service, il n'a pu continuer ses investigations :

« Ils m'ont pillé, dit-il, et déserté quand je n'avais plus qu'une exploration à faire pour compléter une de mes découvertes. Mes ressources étant épuisées, je me suis décidé à me rendre dans l'Oujiji, comptant y trouver les approvisionnements qui devaient m'être envoyés de Zanzibar et me proposant de reconstituer alors une nouvelle caravane. Je n'ai rien reçu et je suis resté là sans secours, malade d'esprit et de corps, bien malade, à la porte du tombeau. »

Les diverses choses dont il avait si grand besoin étaient pourtant parties de Zanzibar. Mais le consul d'Angleterre les avait confiées à un coquin qui, le long de sa route, les gaspilla et les vendit, disant que l'homme blanc à qui il devait les remettre était mort.

Une autre cargaison, expédiée aussi de Zanzibar depuis plus d'un an, était restée à moitié chemin par la lâcheté et la paresse d'une bande d'esclaves qui devaient la transporter dans l'Oujiji.

Stanley regarde avec une vive émotion le vénérable missionnaire et lui raconte quel voyage il a fait pour le rejoindre, puis lui exprime le désir de le ramener en Europe.

« Ah ! répond Livingstone, je serais, certes, bien heureux de revoir ma famille ; oui, bien heureux. Les lettres de mes enfants m'émeuvent plus que je ne saurais le dire ; mais je ne puis m'en aller. Il faut que je finisse ma tâche. »

C'est sa ferme décision. Si affaibli qu'il soit par l'âge et par les maladies, il n'acceptera point encore le repos qui lui est offert dans son pays. Il accompagnera son ami sur la route de Zanzibar. Il ira avec lui dans le district où les indolents pagazis l'ont laissé à Kouihara, dans l'Ounyanyembé. Deux mois d'une marche pénible pour aller jusque-là, plus encore pour en revenir. Mais, avec ses ballots de vivres, de munitions, d'étoffes, de verroteries, il pourra retourner vers le réseau des fleuves dont il cherche le dernier affluent, et finir l'œuvre d'exploration dont il s'est fait un souverain devoir. M. Stanley s'incline devant cette volonté et, pour épargner autant que possible tout souci à Livingstone, organise lui-même le voyage. Il ne peut plus avoir une pompeuse escorte comme à Bayamoyo. Des cent quatre-vingt-onze hommes qu'il avait pris à sa solde, les uns étaient morts, d'autres malades, d'autres l'avaient déserté. La plus grande partie de ses munitions était épuisée. Cependant il lui restait encore assez de pagazis pour porter ses bagages, assez de cotonnade, assez de verroterie, de fil de laiton, pour payer les tributs obligés et acheter, chemin faisant, du millet et quelques autres aliments. Très-hardi et très-adroit chasseur, il pouvait d'ailleurs accroître ses vivres par d'heureux coups de fusil, et il part très-souffrant encore, et il dit :

« Nous n'étions pas à plaindre. Nous avions de la girafe salée, des langues de zèbre, des patates, du thé, du café ; mais mon estomac, irrité par la quinine, l'émétique et autres abominations, se révolte contre notre régime journalier. Oh ! du pain ! criaient mes entrailles ; cinq cents dollars pour un morceau de pain.

« En dépit de la rosée, de la pluie, du brouillard, de la fatigue et de ses pieds déchirés, Livingstone mangeait à merveille. J'admirais la façon dont il entretenait ses facultés digestives et m'efforçais en vain de l'imiter. »

14

Dans le long trajet de l'Oujiji à l'Ounyanyembé, nul accident. Mais à Kouihara, dans la case où étaient déposées les différentes denrées expédiées depuis si longtemps à Livingstone, quelle déception ! Toutes les caisses pillées ou avariées, les boîtes de conserves, les jambons, les biscuits entièrement perdus, et les bouteilles d'eau-de-vie totalement vidées.

« Fourmis blanches ! dit le perfide gardien, tout mangé, tout bu.

— Oui, réplique Stanley; ce sont sans doute aussi les fourmis blanches qui ont remplacé les bouchons des bouteilles par des tronçons de maïs. »

Que faire ? On ne peut saisir et punir les coquins qui ont ainsi dilapidé ce qui leur était confié et on ne peut exiger d'eux une indemnité. Heureusement, dans ce même village de Kouihara, Stanley avait une autre bonne cargaison, dont il pouvait céder à Livingstone la meilleure part, et il s'engageait à lui envoyer de Zanzibar d'autres choses essentielles.

Dans ce même village de Kouihara, M. Stanley a reçu des lettres, des journaux, des nouvelles d'Europe. Ah Dieu ! quelles nouvelles ! L'insurrection de la Commune, les pillages, les massacres, les incendies, les épouvantements, les désolations de Paris.

Quelques semaines auparavant, les deux voyageurs chrétiens, le missionnaire et le journaliste, célébraient, selon une religieuse coutume, la fête de Noël sous le toit de chaume d'une cabane africaine. Sous un pareil toit de chaume, en apprenant ces drames effroyables de la grande cité, ne devaient-ils pas se dire : Mieux valent les fléaux du sol et du ciel, les miasmes pestilentiels et les ouragans, les bêtes fauves et le simoun dans les déserts d'Afrique ?

Livingstone retourne à ces déserts, d'où il ne devait

plus sortir vivant. Stanley rentre à Zanzibar, heureux d’avoir accompli sa mission, mais si vieilli, si changé, que ceux qui l’avaient vu treize mois auparavant pouvaient à peine le reconnaître.

Avec le *New-York Herald*, qui publiait ses premières dépêches, il reçoit à Zanzibar d’autres journaux américains et des journaux anglais qui, pour le récompenser de son courage, l’injurient. Les uns représentent ironiquement son voyage comme un mythe ; d’autres condamnent sa présomption, et l’une de ces bonnes feuilles charitables annonce, avec un certain air de satisfaction, qu’on pourrait bien ne jamais revoir l’audacieux correspondant du *Herald*.

« Ainsi, dit M. Stanley, tandis que je traversais l’Afrique pour obéir à un message par lequel je croyais mériter les éloges de tout chrétien, il se trouvait des gens qui désiraient ma perte. C’est étonnant comme la civilisation diffère peu de la barbarie ! »

M. Stanley, en faisant cette réflexion, me semble bien modéré. La barbarie est souvent moins cruelle que la civilisation ; la barbarie frappe brutalement le corps, la civilisation atteint le fond du cœur ; la barbarie assomme sa victime d’un coup de tomahawk, la civilisation lui verse à longs traits le poison de la calomnie.

Cette fois la calomnie a échoué : M. Stanley a, par son voyage, conquis de toutes parts une vive sympathie. Très-difficile et très-périlleuse était son entreprise, il y a mis une intelligence, une énergie, une bonté de cœur qu’on ne saurait trop louer.

La tâche qu’il avait si promptement acceptée et si bravement accomplie, il la continuait avec une affectueuse sollicitude à une longue distance de l’Oujiji. Dès son arrivée à Zanzibar, il s’en allait cherchant d’ici, de là, dans les divers bazars de la ville arabe, tout ce qui pouvait être utile à Livingstone. Il lui expédiait, avec une cohorte d'honnêtes serviteurs, une nouvelle, une complète cargaison, et Livingstone lui écrivait :

« Mon cher Stanley, au moment où j'allais quitter l'Ounyanyembé, je vous ai adressé une lettre faite à la hâte, dans les embarras et les soucis du départ. Je sentais, et je sens que je ne vous ai pas exprimé la moitié de la reconnaissance que je vous dois pour tous vos bons offices. Je rends grâce du fond de l'âme à notre bon Père céleste qui vous a protégé dans votre voyage au temps de la marika, le mauvais temps des pluies, et vous a ramené sain et sauf à Zanzibar. Maintenant je dois vous remercier de tout ce que vous m'avez si bien envoyé. Je vais d'ici continuer l'œuvre à laquelle je me suis voué, et j'espère bien achever le réseau de mes découvertes. »

Il disait ainsi, et quelques années après il succombait à ses fatigues.

On sait quels solennels hommages les Anglais lui ont rendus. A ces hommages ils ont associé le nom du jeune Américain qui avait été si loin lui porter secours, le nom de Stanley.

Nous invoquons si souvent les exemples de l'Angleterre dans nos rêves constitutionnels. Nous devrions l'imiter dans le fidèle sentiment qu'elle garde à ceux qui l'ont honorée et servie.

VIII

LES VOYAGES DU COMMERCE [1]

« Littérature commerciale, dit M. Train en tête de son livre; c'est un nouveau terme que je veux propager. Le commerce n'est plus confiné dans ses anciens comptoirs. Il parcourt le monde entier. Le marchand met la main sur les récoltes de la terre et les œuvres de l'industrie. L'agriculture lui dit : « Vois le résultat de mon « labeur sous les divers climats; c'est à toi à l'utiliser. » Le manufacturier l'invite à répandre de côté et d'autre les produits de ses usines et de ses filatures. Les chercheurs d'or de la Californie et de l'Australie appellent ses navires. Tout ce qui a quelque valeur occupe son attention. Le commerce n'aura-t-il donc point sa place parmi les entreprises que l'on glorifie? N'aura-t-il pas sa littérature [2]? »

[1] *Max Havelaar*, par M. Multatuli, 1 vol. in-8°. — *The young America abroad*, par G.-F. Train. — *Seize mois autour du monde*, par M. Jacques Siegfried.

[2] Introduction, p. 5.

La gloire que M. Train réclame pour les enseignements du commerce leur appartient depuis longtemps.

La fortune ne m'a point donné, comme au jeune Américain, l'intelligence du négoce, et je ne pourrais juger comme lui le mouvement des importations et des exportations de diverses contrées. Mais je me plais à noter l'instruction que l'humanité a reçue par l'action du commerce avant et après les aventureux pèlerinages en de lointaines contrées, les campagnes militaires, les explorations pacifiques, les rapports des sociétés savantes, les leçons des professeurs et les études des missionnaires, ces religieux pionniers des pays sauvages, ces patients, ces sagaces, ces merveilleux observateurs.

Nous devons à la Bible nos plus anciennes notions géographiques, et ces notions primitives sont liées aux primitives traditions du commerce.

Abraham, en un temps de disette, quitte sa terre de Chanaan et va en Égypte avec son or et son argent[1]. Premier trafic de nécessité.

Joseph est vendu par ses frères à une caravane d'Ismaélites, qui transportait dans le royaume de Pharaon des aromates, de la gomme, de l'ambre[2]. Premier trafic de luxe. Première caravane.

Il y a un chapitre d'Ézéchiel qui, en peignant le commerce de Tyr, nous représente tout un tableau de géographie :

« Tes vaisseaux sont construits avec les sapins de Sanir ; les cèdres du Liban ont formé tes mâts.

« Les chênes de Basan, tes rames ; tes matelots se reposent sur le buis de Chypre orné d'ivoire, et tes

---

[1] *Genèse*, chap. xii.
[2] *Ibid.*, chap. xxxvii.

demeures sont construites avec le bois des îles de l'Italie.

« Avec le lin d'Égypte on tissa tes pavillons et tes voiles ; tes vêtements sont teints de l'hyacinthe et de la pourpre de l'Hellespont.

« Tes guerriers sont le Perse, le Lydien et l'Égyptien. Ils ont suspendu à tes murailles leurs cuirasses et leurs boucliers pour te servir d'ornements[1]. »

Les Phéniciens, à qui l'on attribue l'invention de l'écriture,

> Cet art ingénieux
> De peindre la pensée et de parler aux yeux,

étaient des marchands.

Les Argonautes, idéalisés par la poésie grecque, étaient aussi des marchands séduits par l'espoir de recueillir les pépites d'or du Phase dans la Colchide.

De la tribu des Phéniciens étaient ces audacieux marins qui, sous le règne de Nécho, entreprirent de faire, par la mer Rouge, l'Océan, la Méditerranée, le tour de l'Afrique, et le firent, dit Hérodote, en trois années.

De la peuplade phocéenne de Marseille était Pythéas, qui s'avança intrépidement vers les régions du Nord jusqu'à l'« Ultima Thule. »

Au moyen âge, la science géographique a été de tous les côtés éclairée et agrandie par les hardis navires des armateurs de Dieppe, de Rouen, de Saint-Malo, par les navires marchands d'Espagne et de Portugal, par les riches comptoirs de Flandre et d'Allemagne, par le

---

[1] *Ézéchiel*, chap. xxvii.

royal commerce des républiques italiennes : Venise, Gênes, Florence[1].

Nicolo et Maffio Polo, qui, au milieu du treizième siècle, pénétrèrent dans les régions les plus inexplorées de l'Asie, étaient deux marchands de Venise. Le fameux Polo, qui par ses récits émerveilla l'Europe, était le fils de Nicolo et le neveu de Maffio.

Partis en 1250, les deux patients Vénitiens ne revinrent dans leur pays qu'en 1269.

Bientôt ils s'embarquèrent encore ; ils emmenaient avec eux le jeune Marco et, cette fois, ils restèrent vingt-quatre années loin de Venise. A leur retour, personne ne voulait les reconnaître. On les croyait morts, et leurs biens étaient pris, leur palais occupé par des cousins et des cousines très-décidés à défendre contre toute espèce de revendication ces agréables domaines.

Heureusement les trois voyageurs avaient des moyens de conviction : ils invitèrent à un grand festin leurs parents cupides, leurs amis oublieux, et, dans cette réunion, étalèrent les richesses qu'ils avaient rapportées des États du Grand-Kan, du royaume de Cathay et de Cipangu : armes de luxe, fines fourrures, étoffes somptueuses, ornements d'or et d'ivoire, colliers de perles et des coffrets remplis de rubis et d'émeraudes. Cette exhibition mettait fin à toutes les résistances. Des hommes qui possédaient de tels trésors ne pouvaient être des imposteurs. Ils furent salués et honorés comme les plus nobles des Polo. L'un d'eux fut appelé à un haut emploi dans le gouvernement de la souveraine cité, et la jeunesse aristocratique de Venise se passionna pour Marco, qui lui racontait ses voyages.

---

[1] Tal fatto è fiorentino, e cambia, e merca.

(DANTE, *le Paradis*, XVI.)

Un siècle plus tard, Christophe Colomb lisait avec avidité la relation de Marco et celle de Mandeville. Il y songeait en allant à la recherche d'un monde inconnu.

Après la découverte de l'Amérique et du cap de Bonne-Espérance, tout le commerce se précipita vers ces nouveaux espaces. Puis voici venir la Compagnie commerciale de France [1], d'Angleterre [2], de Hollande [3].

On sait quelles explorations elles ont faites et quels empires deux d'entre elles ont conquis. Maintenant encore, après toutes les investigations de la science, sans cesse on acquiert quelque curieuse notion par un trafic rudimentaire comme celui des temps primitifs, trafic d'échange entre le chasseur et le laboureur, entre l'industriel et le colporteur, trafic des pionniers, des trappeurs de l'Amérique, des squatters de l'Australie, des caravanes de l'ancien et du nouveau monde. M. Proudhon n'a point eu l'honneur de l'inventer. « Cette sorte de commerce qui se faisait d'homme à homme, dit le savant Huet, est aussi ancienne que le monde, et lorsque nous lisons dans les livres sacrés que Caïn était laboureur et Abel berger, nous concevons que Caïn fournissait à Abel des blés et des fruits pour sa nourriture, et qu'Abel, en échange, fournissait à Caïn des peaux et des laines pour s'en

---

[1] Compagnie d'Afrique, 1597; — Compagnie des îles d'Amérique, 1626; — Compagnie de la France équinoxiale pour l'exploitation des pays entre l'Orénoque et l'Amazone, 1651; — Compagnie de l'Acadie, 1683; — Compagnie de la Chine, 1687; — Compagnie du Canada, 1706; — Compagnie des Indes, 1709.

[2] East india Company, 1600; — une seconde en 1683; — toutes deux réunies en 1702; — Hudson's bay Company, 1670.

[3] Compagnie van Verre, 1595; — Oosten indiaansch Kompagnie, 1602; Handels Maatschappy, 1824.

revêtir, du laitage et peut-être des viandes pour sa table [1]. »

Si le commerce s'est souvent signalé par son intelligence, nous devons dire que, sur plusieurs points du globe, chaque année régulièrement, il se signale par son courage.

Entre l'Euphrate, la Méditerranée et la mer Rouge, s'étend un vaste désert, un désert terrible. Pas un refuge, pas un arbre, pas une source d'eau ; de tout côté, un océan de sable parfois brûlant comme une fournaise. Chaque année cependant, pour transporter des marchandises de Damas à Bagdad, une caravane traverse cette plaine mouvante où l'homme le plus robuste peut à tout instant être en proie à une fièvre sans remède, anéanti par la soif, asphyxié par la chaleur, étouffé par le simoun, noyé dans les flots de sable que le vent de la tempête soulève et creuse comme les flots de la mer [2].

« Au nord de la Sibérie, dit un noble écrivain russe, les pionniers du commerce franchissent chaque année, entre Yakousk et Koy-Asek, un espace de 5,000 werstes (environ 600 lieues) par des gelées de 40 degrés, à travers d'épaisses forêts et des marécages glacés, cheminant ainsi pendant des mois entiers sans rencontrer une créature humaine, sans abriter leurs têtes sous un toit, menacés d'être enterrés sous les neiges, de devenir la proie des bêtes fauves ou, après avoir vu leurs chevaux périr, faute de nourriture, de mourir eux-mêmes de faim dans ces affreux déserts [3]. »

Elles s'exposaient aussi à de terribles périls, les pre-

---

[1] *Histoire de la navigation et du commerce des anciens*, p. 5.
[2] Rousseau, *le Pachalik de Bagdad*, p. 54.
[3] *Mélanges et souvenirs d'histoire et de voyage*, p. 172.

mières caravanes américaines qui, par l'impulsion d'un créole français, M. Lalande, se hasardèrent à traverser les vastes prairies de l'Ouest pour se rendre à Santa-Fé, la capitale du Nouveau-Mexique.

En 1822, le capitaine Becknell, qui avait déjà exploré une partie de cette sauvage région, partait au mois de juin du Missouri avec une trentaine d'hommes, des bagages, des marchandises, et se lançait intrépidement à travers les plaines arides, n'ayant pour se guider dans l'espace désert que des boussoles et des étoiles.

Bientôt il se trouva dans une effroyable disette d'eau. Point de source nulle part et point de pluie. De tout côté, le terrain sec, et le ciel sans nuages. Les malheureux voyageurs en furent réduits à tuer leurs chiens et à fendre les oreilles de leurs mulets pour humecter leurs lèvres avec le sang qui en découlait. Mais ce remède funeste irritait leur soif, enflammait leur palais, et les pauvres altérés couraient à l'aventure, avec une sorte de frénésie, cherchant çà et là, et cherchant vainement une goutte de rosée, une plante rafraîchissante. A tout instant une image trompeuse les fascinait et leur faisait éprouver le supplice de Tantale. Le mirage, ce désolant prestige du désert, offrait à leurs yeux éblouis des rivières ondulantes, des lacs étincelants. Ils se précipitaient avec des transports de joie vers cette apparence chimérique et ne voyaient autour d'eux que la même terre desséchée, le même sable aride. Désespérant d'arriver au bord du Cimaron, ils résolurent de retourner vers l'Arkansas, dont ils s'étaient imprudemment éloignés. Mais ils avaient à faire une longue marche. Au moment où ils étaient sur le point de succomber, ils rencontrèrent, par un hasard providentiel, un buffle qui venait de la rivière, l'estomac plein d'eau. Ils lui fendirent la poitrine et burent avec avidité le liquide contenu dans ses entrailles. Ce secours inespéré donna aux plus vigoureux de la troupe la force d'atteindre l'eau vitale et de revenir en aide à leurs compagnons. La caravane, après cet affreux trajet, atteignit enfin Santa-Fé, but de son expédition.

M. Gregg, qui a raconté en un style émouvant plusieurs de ces expéditions, était un commerçant de Santa-Fé[1].

Ce que M. Train appelle « la littérature commerciale » date de loin. Il y a joint, et il peut y joindre encore plusieurs belles pages. Son *America abroad* mérite une place notable parmi les nouvelles relations de voyages où se manifeste principalement la pensée de l'homme pratique, du négociant. Je note aussi avec un intérêt particulier l'ouvrage de M. Jacques Siegfried : *Seize mois autour du monde*, et *Max Havelaar ou les Adjudications de café*. C'est, sous la forme d'un roman, un violent plaidoyer contre l'administration néerlandaise dans l'archipel indien. En lisant ce volume, on conçoit le bruit qu'il a dû faire dès son apparition à Amsterdam et à La Haye. En tout ce qui tient à son empire de Java, la grande Hollande est très-impressionnable pour de très-bonnes raisons.

A quoi tiennent les grands événements des peuples !

En 1595, au temps où la petite république néerlandaise luttait encore contre la puissance de Philippe II, agrandie par l'annexion du Portugal à l'Espagne, un négociant hollandais, Cornelius Houtmann, fut arrêté à

---

[1] *Commerce of the prairies or the Journal of a Santa-Fe trader during eight expeditions through tre great western prairies.*

Lisbonne comme agent d'un pays ennemi, et condamné à rester en prison jusqu'à ce qu'il eût payé une amende considérable. C'était un homme habile. Il employa ses jours de captivité à recueillir d'exacts renseignements sur les régions dont les Portugais prétendaient écarter toute concurrence européenne, sur les parages du cap de Bonne-Espérance franchi par Vasco de Gama, sur les îles découvertes par Alonzo Talesco, conquises par Albuquerque.

Quand il se crut assez instruit, il trouva le moyen de faire prévenir sécrètement quelques armateurs d'Amsterdam que, si on lui donnait le moyen de payer son amende, il retournerait dans son pays avec de précieux documents. Si vague que fût cette promesse, les hommes auxquels il s'adressa n'hésitèrent pas à lui envoyer l'argent dont il avait besoin. De retour en Hollande, il raconta ce qu'il avait appris et inspira tant de confiance à ses libérateurs qu'ils équipèrent pour les Indes quatre navires et lui en remirent la direction.

Il partit en 1595 et, deux années après, il ramenait dans le Zuyderzée sa flottille triomphante.

Enhardi par ce succès, il organisa promptement une seconde expédition et la conduisit à Sumatra. Les bâtiments qu'il commandait revinrent encore à Amsterdam avec une riche cargaison ; et lui, le vaillant marin, il était de nouveau prisonnier. Son nom doit être inscrit dans ce triste et glorieux martyrologe des hommes qui se dévouent à une entreprise difficile, à un sentiment élevé, et qui meurent oubliés ou méconnus, outragés, persécutés peut-être, victimes de leur généreuse idée, de leur noble ardeur.

Par son intelligence et son courage, Houtmann avait ouvert à son pays le chemin de la fortune, la route des Indes ; et il mourut loin de son pays, au milieu d'une population sauvage, dans la douleur de la captivité.

La patiente, la valeureuse Hollande a peu à peu conquis ce sol embaumé, dont elle allait d'abord très-courtoisement acheter les produits. L'île de Java lui appartient tout entière et les quatre cinquièmes de Sumatra, les trois quarts de Bornéo, la plus grande partie des Célèbes, les Moluques, Sumbava, Lombock, Bali et Timor. Elle a soumis à son pouvoir une population de 25 millions d'âmes. Elle est devenue la reine du plus magnifique archipel de l'univers, comme l'Angleterre la reine des Indes, mais non point par les mêmes procédés.

A l'époque à peu près où les Hollandais s'établissaient à Java, les Anglais entraient en Asie. Comme les Hollandais, ils organisèrent d'abord une société de commerce, qui fréta des navires pour l'Inde ; comme les Hollandais, ils s'enrichirent par l'échange et la vente de diverses denrées ; comme les Hollandais enfin, ils devinrent les souverains du pays où ils étaient entrés comme marchands. Mais là s'arrête la similitude des deux entreprises. La Compagnie anglaise brisa le pouvoir des princes dans les États qu'elle conquérait et asservit leurs sujets à son autorité directe.

L'état social de Java et de la plupart des îles de l'archipel imposait à la Compagnie hollandaise un tout autre système. La nature du Javanais est douce, passive, résignée. Il a pour ses princes et pour leur famille un dévouement profond, une sorte d'affection idolâtre. Il leur livre sans murmurer le fruit de son travail ; il se courbe sans regret sous leur joug. Si la tâche qui lui est imposée devient trop rude, si les sacrifices qu'on lui demande le réduisent à la misère, il ne se révolte pas, il dit adieu à un sol qui ne peut plus le nourrir, au foyer où une loi cruelle le poursuit. Il émigre. C'est là le seul acte de protestation qu'il ose faire contre la tyrannie de ceux que ses pères lui ont appris à vénérer.

Je trouve dans l'histoire de Max Havelaar une légende populaire qui me semble une image de ce bon peuple javanais dont la pensée naïve, après toutes sortes de brillants rêves, en vient à n'imaginer rien de mieux que le travail quotidien et son humble salaire.

« Il y avait une fois, dit la légende, un homme qui taillait des pierres dans un roc. Long et dur était son labeur, très-petit son salaire, et il souffrait de sa rude tâche, et il gémissait ; et un jour, il s'écria :

« Oh ! que ne suis-je riche pour pouvoir reposer sur « un baleh-baleh[1] avec des klamboo[2].

« Alors un ange descendit du ciel, et lui dit :

« Que ton vœu soit accompli ! »

« Et il fut riche, et il reposa sur un baleh-baleh, et ses klamboo étaient en soie rouge.

« Et voilà que le roi arrive avec des cavaliers devant son chariot, des cavaliers derrière et le pajong[3] d'or sur sa tête.

« Et l'homme riche se sentit attristé à ce spectacle, et il soupira, et il s'écria :

« Ah ! si je pouvais être roi ! »

« Et l'ange, descendant du ciel, lui dit :

« Que ton vœu soit accompli ! »

« Il devint riche et il se promenait avec des cavaliers devant son chariot, des cavaliers derrière et un pajong en or sur sa tête.

---

[1] Un lit.
[2] Des rideaux.
[3] Ombrelle. Le pajong en or est le signe du plus haut rang.

« Et le soleil se leva et éclata de telle sorte que, par ses rayons, l'herbe était desséchée.

« Et le roi gémit de cette chaleur, et dit qu'il voudrait être le soleil.

« Et l'ange, descendant du ciel, lui dit :

« Que ton vœu soit accompli ! »

« Il fut transformé en soleil, et il dardait de tout côté ses rayons sur la terre, flamboyait sur le gazon et sur le visage des princes.

« Mais un nuage s'élève dans les airs et voile la lumière.

« Et il s'irrite de voir ainsi son pouvoir comprimé, il s'écrie qu'il voudrait être changé en nuage.

« Et l'ange, descendant du ciel, lui dit :

« Que ton vœu soit accompli ! »

« Il devient nuage. Il se place entre le soleil et la terre, car le gazon reverdit.

« Et le nuage s'ouvre et de ses flancs coulent des torrents d'eau qui inondent les vallées, dévastent les moissons, emportent les bestiaux.

« Et ils tombent à grands flots sur un roc sans pouvoir l'ébranler.

« Et le nuage s'écrie :

« Ce roc est plus puissant que moi. Je voudrais être
« ce roc. »

« Et l'ange, descendant du ciel, lui dit :

« Que ton vœu soit accompli ! »

« Il fut changé en roc, et l'ardeur du soleil, et la violence de la pluie, ne pouvaient l'émouvoir.

« Et voici un ouvrier qui se met à frapper sur ce roc avec un marteau, et en détache de gros morceaux.

« Et le roc s'écrie :

« Cet ouvrier est plus puissant que moi. Je voudrais
« être cet ouvrier. »

« Et l'ange, descendant du ciel, lui dit :

« Que ton vœu soit accompli ! »

« Et le pauvre homme, transformé tant de fois, redevient le tailleur de pierres et travaille rudement pour un mince salaire et vit au jour le jour, content de son sort. »

Tout en guerroyant à diverses reprises et vigoureusement pour agrandir ses domaines ou pour consolider son pouvoir, la Hollande a ménagé tant qu'elle a pu les princes indigènes. Les uns conservent leur souveraineté en s'engageant seulement à lui payer un tribut ; les autres sont les auxiliaires, les agents de son administration.

Toutes les possessions néerlandaises sont régies par un gouverneur général qui, en cas de guerre, joint à ses fonctions civiles celles de commandant en chef. Il réside dans l'île de Java ; là aussi réside la haute cour de justice, la cour des comptes, la direction des finances et des domaines. Le domaine hollandais est divisé en vingt-quatre provinces, subdivisées en districts. A la tête de chaque province est un chef indigène décoré du titre de « régent ». C'est lui qui, moyennant une trèslibérale rémunération, fait exécuter dans son ressort les ordres du gouvernement. Il est surveillé par un fonctionnaire hollandais qui a le titre de « résident ». Dans quelques districts, il y a aussi des régents et partout des assistants-résidents, des inspecteurs, des contrôleurs, des percepteurs.

C'est dans ce régime administratif que l'auteur de *Max Havelaar* découvre des abus qui l'irritent, des misères dont il gémit, des cruautés qui le révoltent. Il reconnaît bien pourtant qu'en principe le gouvernement a raison de confier la gestion des terres, le règlement des cultures à des chefs indigènes. Mais la plupart de ces chefs rapaces font un terrible usage du mandat dont ils sont investis et de leur ascendant sur le paysan javanais. Ils exploitent sans pitié sa soumission et sa patience. Ils lui imposent, pour satisfaire à leurs fantaisies de luxe ou à leur avarice, les plus rudes corvées! Ils ne se font nul scrupule d'accroître le fardeau de ses dîmes, de lui enlever le produit de son labeur, quelquefois même son bien le plus précieux, le buffle, l'unique buffle, sans lequel le pauvre homme ne peut cultiver son terrain.

De tels méfaits devraient être immédiatement notés par les fonctionnaires hollandais, révélés au gouverneur, réprimés et châtiés. Mais le sous-préfet du district, l'assistant, n'ose dénoncer cet important personnage qu'on appelle le « régent ». Le préfet redoute tout ce qui peut lui créer une difficulté, et se complaît à dire que dans sa province tout est tranquille et prospère. Le gouverneur se réjouit de transmettre à la Haye le résumé de ces agréables rapports, et tandis que, dans les régions officielles et les hautes régions commerciales, on se félicite d'un si doux état de choses, tout un peuple languit et dépérit dans la misère et l'oppression.

Telle est la situation que M. Multatuli signale à la vindicte publique.

Est-ce vrai? Si riche est cette terre de l'archipel indien, si riche et si belle. Les dons de cette magnifique nature, de ces jardins de l'équateur, ne peuvent-ils apaiser la convoitise et la cruauté de l'homme?

Non, je ne puis croire que, sciemment et volontairement, la Hollande soit si coupable. C'est une brave nation.

Et voici l'intelligent délégué d'une grande maison commerciale de Boston, M. Train, qui débarque à Batavia, regarde, observe, étudie, et n'a qu'un cri d'enthousiasme pour la colonie néerlandaise. Il a déjà parcouru de vastes et superbes contrées, et rien n'a pu lui donner l'idée de cette merveilleuse terre de Java, « cette gloire » du tropique d'Asie, dit un de nos attrayants géographes[1], ce paradis de verdure, dit M. Ludovic de Beauvoir dans une de ses poétiques descriptions[2].

M. Train est jeune encore, et sa jeunesse s'exalte à la vue de ces forêts gigantesques, de ces plaines remplies de plantes nutritives et d'arbustes odoriférants, de ces jardins où, au milieu des splendeurs végétales de l'Asie, s'épanouit en plein air la rafflésiane, une fleur éclatante, qui semble faite pour couvrir d'un dôme de pourpre le pavillon d'un sultan, le char d'une fée, ou la tête divine d'un Bouddha. Elle a 9 pieds de circonférence.

Il est négociant, homme pratique, homme d'affaires ; il a vu les plus riches établissements de San-Francisco, de Melbourne, de New-York, et il admire les vastes entrepôts, les élégants comptoirs, les riantes habitations des marchands de Batavia, et les routes que l'on parcourt avec de petits poneys qui traversent les routes comme des lièvres, et les hôtels, semblables à des palais, où, pour la minime somme de 5 francs par jour, on a la jouissance d'une large chambre ouverte sur une vérandah, d'un bain rafraîchissant dans une piscine de marbre, une cuisine excellente et les fruits à discrétion[3].

---

[1] Onésime Reclus, *Géographie*, p. 270.

[2] *Voyage autour du monde*, t. II, p. 4.

[3] En 1793, M. Jurien de la Gravière se plaisait déjà à vanter l'hôtel de *Batavia*. « Tout y est, dit-il, grandiose ; de vastes salons, des chambres à coucher d'une propreté recherchée, deux salles de billard, et une table somptueusement servie. » (*Souvenirs d'un amiral*, t. I, p. 248.) En 1840, un second amiral Jurien de la Gravière, le digne fils du noble

Il est Américain, et par cette raison naturellement très-dévoué à toutes les nouvelles idées d'industrie et de politique qu'on appelle les « idées progressives ». Mais il ne s'étonne point de ne trouver, à Java, ni chemins de fer ni télégraphes électriques, et il dit : « Quand on examine dans cet empire asiatique la situation du vainqueur envers le vaincu, quand on calcule qu'il n'y a là que deux ou trois cents fonctionnaires et marchands européens avec huit mille soldats en face d'une population de vingt-cinq millions d'indigènes ; quand on songe que ces vingt-cinq millions d'hommes se soulèveraient aisément au signal d'un de leurs chefs, à la voix d'un de leurs prêtres, on ne doit pas être surpris si la Hollande n'est nullement tentée de libéraliser ce pays, en ouvrant sans réserve ses portes à toutes les nations, si elle ne se soucie point d'avoir dans ses domaines des consuls étrangers, si un strict système de police et de surveillance est établi dans toute la contrée, si elle tient courbé, sous le joug de la loi militaire, le pauvre indigène tremblant. Le jour où le libéralisme européen se répandrait dans cette colonie, la Hollande la perdrait. Quand je noterai quelque amélioration morale parmi les races indigènes des îles Sandwich et les peuplades sauvages de l'océan Pacifique ; quand on s'occupera sérieusement de remédier aux souffrances des tribus aborigènes de l'Amérique ; quand je verrai l'intelligente Angleterre s'efforcer d'instruire les populations indiennes ; alors, mais seulement alors je me permettrai peut-

compagnon de d'Entrecasteaux, visite à son tour Batavia et en fait une magnifique description. A ceux qui veulent avoir une idée véritable de l'archipel indien et des autres régions du lointain Orient, nous recommandons l'ouvrage récemment publié par le savant marin : *Voyage de la corvette* la Bayonnaise *dans les mers de Chine*. Les études les plus attentives, les observations les plus judicieuses y sont jointes aux plus attrayants récits.

être de critiquer, comme d'autres, l'industrieuse, la commerciale Hollande. A présent, je dois le dire, tous les Hollandais que j'ai eu le bonheur de rencontrer m'ont séduit par leurs qualités naturelles, par la variété de leurs études et l'étendue de leur savoir. »

En observant dans l'intérêt de sa maison le mouvement du commerce et les chances de bénéfices de diverses spéculations, M. Train condamne sans réserve toute entreprise de mauvais aloi. On remarquera dans son livre ses énergiques protestations contre le trafic de l'opium et contre la nouvelle traite.

Grâce à la volonté et à la ténacité de l'Angleterre, l'ancienne traite, la traite des nègres, a été interdite. A cette affaire, l'Angleterre a gagné l'exercice du droit de visite qu'elle désirait ardemment, et la satisfaction d'appauvrir, sinon de ruiner les colonies rivales des siennes. Et les nègres ? Hélas ! les pauvres nègres ! je crains bien qu'à toutes ces belles décisions ils n'aient gagné qu'un surcroît de douleurs et de dangers.

Quoi qu'il en soit enfin, la traite des noirs est à peu près entièrement abolie. Mais il faut des travailleurs à diverses contrées, notamment à l'Amérique du Sud, et l'on a imaginé la nouvelle traite, la traite des coolies.

Au milieu des populations indiennes et chinoises, l'agent qu'on pourrait appeler, selon l'expression d'André Chénier, le « noir recruteur des ombres », s'en va, cherchant ce qui n'est pas trop aisé à trouver : le portefaix, l'artisan, le laboureur dans la misère. Il les séduit en leur parlant d'une terre fortunée où le travail est facile et le salaire assuré. Il les acquiert en leur donnant à chacun 1 dollar (5 fr. 15). L'enrôlé, en recevant ce dollar, s'engage, pour une rétribution de 40 francs par mois, au service d'un maître inconnu pen-

dant un espace de cinq années ; après quoi, il pourra
ou s'en aller, ou contracter un nouvel engagement.

Cela semble un très-innocent et très-simple contrat.
Pas le moindre signe de compression ni d'esclavage. Le
racoleur reçoit 10 dollars pour chaque enrôlé. Pour une
telle somme, il peut bien se montrer affable et doux
dans son œuvre.

Cette œuvre achevée, il réunit son troupeau et l'ache-
mine vers la rade qui lui est désignée. Là commencent
les désillusions des pauvres candides émigrants. Là, ils
sont des pieds à la tête examinés, palpés. Ceux qui,
aux yeux d'un rigide inspecteur, paraissent trop vieux,
ou trop faibles, sont aussitôt rayés de la liste générale,
éloignés du bercail, abandonnés à la grâce de Dieu, sur
la plage étrangère, bien loin de leur foyer. Ceux qui
sont acceptés apprennent que, de leur salaire de cinq
années, ils doivent d'abord déduire 50 dollars pour
prix de leur voyage. Puis ils sont embarqués sur le navire qui doit les transporter à 12,000 lieues de distance, embarqués c'est-à-dire entassés les uns sur les
autres à fond de cale, flagellés, mis aux fers, à la moindre apparence de révolte.

« On a vu, dit M. Train, des bâtiments où ces malheureux étaient si serrés l'un contre l'autre, qu'ils
mouraient dans un air méphitique, comme les soldats de Napoléon dans les glaces du Niémen. Et, sans
cesse, cette horrible exportation s'accroît. Un clipper
vient de quitter le port de Swatow avec sept cents coolies pour la Havane ; un autre, avec un pareil nombre
pour Callao. Deux autres vont partir avec le même
chargement. »

« Un jour, dit-il encore, en examinant avec un de
mes amis du haut d'une terrasse les rues et le port
de Macao, cette ville jadis si puissante et maintenant

si dégradée, nous nous arrêtâmes à regarder une île sur laquelle s'élève un ancien bâtiment d'un aspect étrange. Ses murs sont crénelés, et, dans sa vaste cour, une quantité d'hommes, vêtus de casaques blanches, errent, comme des ombres fatiguées. Quel est cet établissement? Un hôpital? Non. Une maison d'aliénés? Non. Une prison? Une école? Non. Aucune des personnes auxquelles nous nous adressions n'ayant pu nous donner une réponse satisfaisante, mon ami et moi, nous prenons une barque et nous nous dirigeons vers les mystérieux remparts. Mais la porte est close, la herse baissée. Impossible d'entrer. Seulement, nous apprenons que cette forteresse appartient à un spéculateur qui y tient enfermés ses coolies jusqu'au jour où il peut les embarquer. Voilà comment se fait le nouveau trafic de chair humaine. »

Avec un autre sentiment de révolte, le délégué de l'austère maison de Boston raconte ce qu'il a vu par lui-même, ce qu'il a par divers renseignements appris de l'opium, ce fléau de l'Orient, cette peste noire, cet empoisonnement sans trêve ni limites.

Les gin-palaces des grandes villes d'Angleterre empoisonnent journellement des milliers d'artisans; les Américains, avec une horrible eau-de-vie qu'on appelle « l'eau de feu », empoisonnent graduellement chaque année, dans les forêts du Nord, les derniers descendants des Peaux-Rouges. Partout l'homme a cherché et découvert quelque moyen funeste de surexcitation. Partout, on peut le dire, à certains moments, il s'empoisonne pour s'exalter dans sa passion ou s'assoupir dans sa misère. Mais rien n'est comparable à l'effet du suc des capsules de pavots, recueilli dans l'Inde, et mêlé à l'huile extraite des semences de la même plante. C'est l'opium par excellence, l'opium plus enivrant que celui de Smyrne, de Constantinople, de Trébizonde.

C'est un fonctionnaire anglais du Bengale qui, le premier, introduisit à Canton deux caisses d'opium au commencement du dix-huitième siècle.

Depuis cette époque, quelle innombrable quantité d'autres caisses ! Qui pourrait dire ce que coûte à la Chine la propagation et la proscription de cette drogue mortelle ? On sait qu'après avoir été importée dans le Céleste-Empire en si grande quantité, que toute la récolte de thé ne suffisait pas pour la payer, elle fut à diverses reprises rigoureusement prohibée. L'opium saisi chez les marchands était confisqué, les délinquants condamnés à la bastonnade et à la prison, quelques-uns même à la peine de mort.

Ces diverses sentences n'étaient que les préliminaires d'un événement qui devait avoir pour la Chine des conséquences terribles.

En 1839, arrive à Canton le commissaire Lin, avec un pouvoir dictatorial. Le gouvernement de l'empereur ne pouvait se résoudre à laisser plus longtemps des millions de Chinois se ruiner, s'abrutir et périr pour augmenter les revenus d'une nation étrangère. Il voulait mettre fin à ce fléau, supprimer le commerce, écraser la contrebande de la désastreuse denrée, et, pour exécuter cet arrêt, Lin avait été choisi parmi les mandarins les plus résolus.

Après diverses tentatives de négociation pacifiques, Lin, bien convaincu qu'il ne doit pas se fier aux promesses qu'on lui fait, se décide à frapper un grand coup.

Tout ce qu'il y a d'opium dans les magasins de Canton, un amas de caisses représentant une valeur de plus de 50 millions de francs, tout, par son ordre, est à l'improviste saisi et complétement anéanti.

Alors éclatent les plaintes des marchands, les réclamations de la Compagnie des Indes, les colères de la presse anglaise. Et la guerre est déclarée, une guerre acharnée, non point pour un agrandissement de terrain, ni pour une rivalité de pouvoir, ni pour la satisfaction d'une haine hériditaire, ni pour la défense d'un dogme religieux, mais pour une question sans exemple, dont le dialogue suivant peut, selon les sentiments de M. Train, donner une juste idée :

L'Angleterre. — Vous savez que, dans vos régions d'Asie, je possède de vastes domaines où l'on cultive un très-succulent pavot ?

La Chine. — Je le sais.

— Vous savez aussi que ce pavot produit le meilleur opium de la terre ?

— Vous voulez dire le plus vénéneux.

L'Angleterre (sans s'arrêter à cette remarque). — Comme vous êtes une de mes plus proches voisines, une bonne et riche voisine, c'est à vous que je réserve mon opium si justement renommé.

— Bien des remercîments ; je refuse.

— Vous l'avez naguère encore accepté ?

— Pour mon malheur. La plaie qu'il m'a faite, de longtemps ne sera guérie.

— Je continuerai pourtant à vous l'expédier.

— Je n'en veux pas.

— Mais, entêtée que vous êtes, la vente de cette denrée c'est pour moi un revenu annuel de 100 millions.

— C'est pour moi la dégradation physique et morale, la ruine et la consomption.

— Allons, ma chère Chine, je ne cesse d'acheter votre thé ; vous devez également acheter mon opium.

— Mon thé vous fait une boisson salutaire. Votre opium est un poison mortel.

— Ah ! par saint Georges, bon gré, mal gré, vous le prendrez et vous le payerez.

— Par les dieux de mes ancêtres, je n'en recevrai et n'en payerai pas une parcelle.

— Eh bien ! vous entendrez la voix de mes canons.

— Les miens sont prêts à leur répondre.

Et l'Angleterre arme ses « men of war », et la lutte s'engage et, après trois mois de batailles sanglantes, la pauvre Tchang-Hoo, la fleur du Milieu s'incline sous le glaive britannique. La Chine, vaincue, demande la paix. Par le traité de Nankin (1842), elle s'oblige à ouvrir aux Anglais, pour leur rendre le commerce plus facile, les ports de Canton, Amoy, Foo-choo-foo, Ning-po, Shanghaï ; à leur céder à perpétuité l'île de Hong-Kong ; de plus, à leur payer, pour avoir eu l'audace de lui résister, la somme de 125 millions de francs.

Plus rien n'entrave dans le pays du sage Confucius la contagion de l'opium. Au siècle dernier, la Chine recevait chaque année quelques centaines de caisses de cette matière infernale. Chaque année, à présent, elle en consomme plus de cent mille.

Dans le cours de son voyage, M. Jacques Siegfried constate aussi avec douleur cette déplorable extension. Mais il admire la transformation du coin de terre abandonné aux Anglais par le traité de Nankin.

Hong-Kong, dit-il, est avant tout une place d'affaires, et c'est à ce titre seul qu'elle intéresse la majorité des gens qui y passent. Quant à moi, je serais tenté de la célébrer en même temps comme une des plus belles victoires de l'énergie et de la persévérance humaines.

« C'était, en 1841, une île de granit, aride, escarpée, offrant pour seul avantage extérieur quelques sources de bonne eau, où les navires venaient parfois se ravitailler. Mais cette montagne, déserte et brûlée, abritait un beau port; elle se trouvait vis-à-vis de l'embouchure de la rivière de Canton ; elle était en quelque sorte la première terre que les navires européens rencontrassent en entrant dans les mers de Chine, et les Anglais surent comprendre tout le parti qu'on pourrait en tirer. Ils ne se laissèrent rebuter ni par son insalubrité terrible, ni par les ravages de la piraterie chinoise, et, appelant à leur aide l'influence toute-puissante de la liberté du commerce, ils déclarèrent Hong-Kong port franc, et réussirent à en faire en peu de temps le grand entrepôt où viennent s'approvisionner les province du sud de l'empire. Aujourd'hui, sur les pentes abruptes du pic Victoria, les maisons s'étagent chaque année plus nombreuses. Elle sont habitées par 3,000 Européens (un gros chiffre pour l'extrême Orient) et par plus de 120,000 Chinois [1].

Le livre de M. Jacques Siegfried est plus récent que celui de M. Train, plus explicite sur divers points, et, par une raison de nationalité, il doit plus vivement nous intéresser. M. Siegfried est l'un des fils de notre Alsace, de notre chère Alsace, dont nous ne pouvons maintenant, dans nos tendres souvenirs, prononcer le nom sans une douloureuse émotion. Il est né, il a vécu,

---

[1] Une des pages de M. A. Lucy, dans le récit de son voyage en Chine, nous donne une singulière idée de la puissance et de l'action commerciales de quelques comptoirs de Hong-Kong. « La maison Jardine Matheson et Cᵉ a, dit-il, plusieurs bateaux à vapeur dont les capitaines, qui passent pour les meilleurs marins de ces parages, ont 45,000 (??) piastres d'appointements. Ces bâtiments vont à Shanghaï; mais, d'autres fois, nul ne sait où ils vont. Point de passagers, le capitaine seul fait le point et va opérer dans des endroits où nul ne songe à mettre le nez. Ces messieurs occupent une gigantesque maison au fond de la rade et sont gardés par cinquante cipayes à leur solde, portant leur livrée, une douzaine de canons, deux goëlettes armées en guerre. » (*Lettres intimes*, Marseille, 1861, p. 25.)

il a grandi dans cette province aimée jusqu'au jour lamentable où elle nous fut enlevée.

En la quittant, il y laissait, ainsi que son frère, plus d'une noble trace de son intelligence et de son activité. Il avait, avec ce digne frère, organisé ou soutenu de généreuses institutions. Il avait avec lui fondé à Mulhouse l'École du commerce qui a servi de modèle à ces écoles dont le Havre, Rouen, Toulouse, Marseille et d'autres villes se glorifient maintenant à juste titre.

M. J. Siegfried appartient à ces hautes régions du commerce où l'on n'a, je pense, que de larges idées et de vastes horizons. Bien loin de là est mon humble cellule, et je les regarde avec étonnement ces hommes qu'on appelle « les grands négociants ». Ils font de si grosses entreprises ; ils doivent avoir de si grosses émotions. J'imagine que parfois, en quelques minutes, ils additionnent plus de chiffres qu'une honnête famille de rentiers n'en comptera pendant de longues années pour régler son budget. Ils équipent des navires pour nos antipodes, comme nous attelons un cheval pour une promenade au village voisin, et ils envoient des télégrammes à Melbourne ou à Calcuta, comme nous expédions une lettre timbrée de quinze centimes à Passy.

M. J. Siegfried a voulu faire le tour du monde, probablement pour voir les mers où voguent ses navires et les lointains comptoirs avec lesquels il correspond.

Mais d'abord il va, comme un scholar, visiter le sol de la Grèce, et comme un pèlerin chrétien, la Syrie et la Palestine. Il a parcouru les jardins fleuris, les forêts d'abricotiers qui s'étendent autour de Damas sur un espace de plus de 10 lieues de circonférence. Il a campé au milieu des ruines de Baalbek, où sa tente, dit-il, apparaît comme une coquille de noix au sein d'un

océan. Puis il a vu l'Égypte, ses prodigieux monuments, ses richesses au milieu de la zone la plus aride,
son Delta, terrestre Protée transformé plusieurs fois
chaque année par les débordements, la stagnation et le
reflux du Nil.

« O prince des fidèles, écrivait en 646 le valeureux
Amrou ou calife Omar, l'Égypte offre tour à tour l'image
d'un désert poudreux, d'une plaine liquide et argentée,
d'un marécage noir et lumineux, d'une ondoyante et
verte prairie, d'un parterre orné de fleurs et d'un champ
couvert de moissons dorées. Béni soit le créateur de
tant de merveilles ! »

Après avoir remonté le Nil pour contempler, comme
un artiste, les ruines de Thèbes, M. Siegfried revient
s'embarquer à Suez, et huit jours après salue avec
joie le sol de l'Inde, le port de Bombay, la demeure
d'un ami.

« Nulle part, dit-il, je n'ai vu d'habitations plus
idéales que les maisons de campagne des environs de
Bombay. Imaginez sur le penchant d'une colline un
grand jardin où des fleurs brillantes croissent à l'abri
des bananiers et des orangers. Au centre s'élève un pavillon où toutes les pièces sont de plain-pied et commu-
niquent librement et facilement entre elles. On y pénètre par une large vérandah, où des fauteuils orientaux et des chaises longues invitent à un doux « far-
niente » pendant les heures trop chaudes de la journée.
Le corps principal du bâtiment renferme le salon et la
salle à manger. A droite est la chambre à coucher du
maître et les bains qui en dépendent ; à gauche, la
chambre des amis, tout cela très-vaste, bien aéré, ouvert
nuit et jour à la brise qui passe librement à travers les
persiennes légères, car à Malabar-Hill on ne sait pas
ce que c'est qu'une fenêtre vitrée. Peu de meubles au

salon, qui paraît d'autant plus frais à l'œil, et ces meubles sont en bois noir sculpté à jour, selon la mode du pays. Quant à la salle à manger, Mahomet n'en eût pas imaginé une meilleure pour son paradis. Ce n'est pas une chambre, ce n'est qu'une vérandah ouverte de trois côtés, dominant les jardins et les pavillons qui couvrent le versant de la colline et descendent jusqu'à la mer, dout la nappe tranquille s'étend jusqu'à perte de vue. »

Voilà le voyageur qui se plaît à voir un beau paysage et à se reposer dans un bon gîte.

Voici le négociant qui, en quelques grandes lignes, nous fait le tableau curieux des prospérités du commerce de Bombay et de ses catastrophes :

« Je me suis occupé d'affaires ces derniers jours. J'ai vu le « cotton green » où se reçoivent et se vendent en plein air les millions de balles de coton que Bombay exporte chaque année. J'ai visité les presses où on l'emballe. J'ai été présenté aux principaux négociants et banquiers, aux indigènes, comme aux Européens. J'ai eu même l'honneur d'être reçu par la Chambre de commerce. Partout j'ai pu me convaincre des magnifiques ressources que Bombay offre au génie commercial de toutes les nations. Mais ce qu'il faut ici, ce ne sont pas des gens dont on n'aurait su que faire autre part, ou des aventuriers sans position et sans argent ; ce qu'il faut, ce sont des négociants capables et intelligents, disposant de bons capitaux ou d'un grand crédit, décidés à fonder des maisons sérieuses, honorables, durables. Ceux-là sont sûrs de trouver une place pour eux à Bombay.

« Le passé de cette grande ville n'est pas moins intéressant à étudier que son présent et son avenir. Il y a quelques années, on y a vu une fièvre de spéculation, comme celle du temps de Law. Jusqu'en 1861, Bombay n'exportait annuellement que trois à quatre cents balles de coton, représentant environ 60 millions de francs, lorsque la guerre d'Amérique vint priver l'Europe des 4 millions de balles que les États du Sud avaient l'habitude de nous fournir et qui formaient la presque totalité de notre approvisionnement. Une hausse colossale se déclara aussitôt. Le coton, que l'on payait 80 ou 100 roupies, s'éleva jusqu'à 700 roupies, et comme ces prix inespérés stimulaient la culture, bientôt Bombay en vint à exporter annuellement 1 million de balles d'une valeur de 800 millions de francs. Une fortune si subite ne pouvait manquer de tourner la tête à beaucoup de gens. Les entreprises les plus folles trouvèrent bientôt les actionnaires les plus enthousiastes. Cinquante nouvelles banques et sociétés financières virent leurs actions monter à des primes fabuleuses avant même qu'elles eussent ouvert leurs bureaux. Pour n'en citer qu'un exemple, on vit la Compagnie de Back-bay, fondée dans le but de combler un bras de mer, vendre ses actions à douze fois leur prix nominal. On citait des indigènes, comme M. Roychund, qui devinrent cent fois millionnaires, et un médecin anglais qui, en donnant des consultations à quelques gros financiers, avait amassé 12 millions...

« Mais ces fortunes étaient bâties sur le sable. L'exagération de la hausse devait amener plus tard la baisse et la crise. La paix en Amérique donna le signal. Tout croula ; les actions non-seulement perdirent leur prime, mais, comme on avait gaspillé les fonds, elles perdirent encore leur valeur. Les Back-bay, vendues un instant à 60,000 roupies, ne trouvent pas aujourd'hui d'acheteurs à 150. M. Roychund fit faillite pour 150 millions, et il n'a donné encore aucun dividende à ses créanciers.

Le médecin anglais, plus magnanime, abandonna tout son actif: une boîte de médecine et un parapluie. »

M. Siegfried n'est point un de ces touristes qui cherchent à imiter le récit de Sterne, qui, écrivent indolemment le *Diary of an Invalid*, ou le *Diary of an idler*, qui s'imaginent avoir accompli une belle tâche en inscrivant sur leurs carnets les noms des lieux par lesquels ils passent, avec une note prise dans le *Handbook* de Murray, ou dans l'un des Itinéraires de notre ami Joanne.

M. Jacques Siegfried, en quittant sa chère maison d'Alsace, voulait voyager sérieusement, utilement, et il a très-bien accompli son projet. Il a traversé la Grèce, la Syrie, l'Égypte, puis l'Inde, la Chine, le Japon, l'archipel indien, la Californie, non point toujours par la voie la plus commode ou la plus rapide, mais en faisant quelquefois de longs détours et de pénibles trajets pour voir une ancienne bourgade, un monument historique, un phénomène naturel. A Nagpor, il s'arrête à observer les rues poudreuses, encombrées de chars à bœufs, de chameaux et d'éléphants. A Allahabad, il contemple avec une sorte de vénération indienne le confluent des saintes rivières au centre de la vallée du Gange, qui ne compte pas moins de 100 millions d'habitants. A Canton, il va visiter l'enceinte où, à l'époque des examens littéraires, se réunissent les candidats des diverses provinces. Sur un espace de deux hectares, pour huit mille étudiants, huit mille étroites geôles en briques. C'est par là qu'on arrive aux dignités de mandarin. A Kandy, il ne manquera pas d'entrer dans le temple où l'on garde sous une cloche d'or couverte de rubis une dent de Bouddha, et il ne peut quitter la magnifique île de Java sans gravir au sommet d'un de ses volcans. Parfois il s'amuse à retracer quelque scène de mœurs populaires. Parfois aussi il raconte ses émotions avec un poétique enthousiasme. Ainsi dans la vieille cité d'Agra, devant le fameux monument de Taj, il dit :

« Lorsque du sein d'un parc d'arbres séculaires et de fleurs brillantes comme le sont seulement les fleurs de l'Inde on voit jaillir cette tombe féerique, dont le marbre étincelant de blancheur se détache sur le plus beau des ciels bleus, l'esprit ne raisonne pas; le cœur seul parle.

« C'est un poëme et un poëme d'amour écrit en marbre et dont chaque pierre rend un témoignage de l'affection que Shahjehan portait à sa femme, la belle Nour-Mahal. L'amour seul pouvait inspirer une œuvre pareille. L'histoire raconte que la princesse mourut en couches après avoir fait promettre à l'empereur de ne pas se remarier et de lui construire un tombeau. Shahjehan tint parole. Il employa dix-sept années à rassembler les matériaux nécessaires ; puis, sur une plate-forme dont l'élévation fait ressortir les proportions de l'édifice, il projeta à une hauteur de 200 pieds le marbre et les pierres précieuses. C'est la merveille des merveilles[1]. »

Tout en se plaisant à contempler les œuvres d'art et

---

[1] « Ce mausolée indien, dont on ne peut, par la plus exacte description se représenter l'admirable harmonie et la grâce idéale, s'élève au milieu d'un jardin rempli de fleurs, au bord de la Jumna, une des saintes rivières de l'Inde. C'est un édifice quadrangulaire surmonté d'un vaste dôme, d'où s'élançaient autrefois une flèche et un croissant d'or, qui a été pris par les Mahrattes. A chacun de ses angles est un minaret de 160 pieds de hauteur. Ses murailles, son dôme, ses minarets et la terrasse de 40 pieds de hauteur qui lui sert de base, tout a été construit avec un marbre blanc extrait d'une carrière qui est à 200 lieues de distance. L'intérieur du monument est orné de pierreries et de mosaïques d'une beauté sans pareille. On évalue les frais de cette construction à 100 millions de francs. La Compagnie des Indes a dépensé, en 1814, 250.000 francs pour y faire quelques réparations. » (*Oriental annual*, 1834, p. 193.)

les paysages, M. Siegfried n'oublie point le motif principal de son voyage. Dans chaque pays, dans chaque cité, il étudie attentivement tout ce qui tient au commerce. Il veut savoir la valeur des produits industriels et des produits agricoles, le chiffre des importations et des exportations, les chances de réussite des nouvelles spéculations; les qualités distinctives des diverses races de négociants, et partout il se souvient de la France, partout il songe aux noms dont elle s'honore, auxœuvres qu'elle entreprend, aux succès qu'elle doit obtenir.

A Bombay, un de ses premiers soins est de chercher, au milieu d'un amas de sépultures, la tombe de Jacquemont et de la faire pieusement restaurer.

En pleine mer, il s'occupe des intérêts de notre pays et il dit :

« J'ai fait la traversée de Singapoor à Saïgon par un bateau des Messageries impériales, et je l'ai observé de très-près, désireux que j'étais d'établir une comparaison entre notre ligne française et la compagnie péninsulaire et orientale des Anglais. J'ai eu l'immense plaisir de constater que sous tous les rapports nos navires étaient préférables, et j'en fais mon sincère compliment aux administrateurs des Messageries, d'autant que cela n'a pas dû être une petite tâche d'organiser ce service dans des régions aussi lointaines, au milieu de la prépondérance anglaise, et alors qu'il fallait compter sur un petit nombre de voyageurs. »

En Cochinchine, il constate avec bonheur les progrès de notre colonie. Mais ailleurs, il s'afflige de voir la minime part de la France dans le commerce de l'Europe avec l'Inde, la Chine, le Japon. Cet immense commerce ! Il s'élève annuellement à la somme de 5 milliards et demi de francs. L'Inde, pour son propre compte, achète,

chaque année, 800 millions de mètres d'étoffes de coton,
et l'on évalue, dit M. Siegfried, à 5 milliards de francs la
quantité d'argent monnayé qui, par suite des idées ar-
riérées des natifs, reste encore enterrée par eux.

Les Prussiens, que nos 5 milliards n'ont pas suffi-
samment enrichis, ne pourraient-ils aller déterrer
ceux-là ?

A son récit de voyage, M. Siegfried a joint un rapport
officiel, dans lequel il a réuni ses observations spéciales
sur le mouvement commercial de l'Orient, ses idées sur
les progrès de la France en Cochinchine, et les moyens
d'accroître son action dans d'autres contrées. Ce rapport
est le grave et digne complément d'un livre très-agréable
à lire et très-instructif.

IX

L'ILE MAURICE [1]

Une petite île. Quarante-cinq lieues de circonférence. Bien petite étendue comparée à celle de tant d'autres îles de l'ancien et du nouveau monde. Mais c'est la zone charmante de laquelle on peut dire véridiquement, comme Thomas Moore de l'Irlande :

First flower of the earth, first gem of the sea.

Par sa situation et sa beauté, c'est pour les Anglais la reine des îles de l'Océan indien.

C'est pour nous une région consacrée par de nobles réminiscences. C'est le sol colonisé, fécondé par nos pères, c'est l'écrin oriental dépeint par Bernardin de Saint-Pierre, c'est la plage illustrée par le courage de nos marins, glorifiée par leurs victoires. C'est l'île qui

---

[1] *Sub-tropical Rambles,* by Nicholas Pike. — *The Mauritius and its dependencies,* by Ch. Pridham. — *Six months in Reunion,* by P. Beaton. — *Les Pays lointains,* par M. L. Simonin.

fut l'île de France, et c'est, hélas ! un de nos deuils, comme Saint-Domingue en un autre hémisphère, le Canada, la Louisiane, comme notre chère Alsace et notre chère Lorraine, nos deuils les plus cruels en nos derniers désastres.

Les naturalistes disent que l'île de France était jadis accolée à l'île Bourbon. Un cataclysme a brisé leur jointure et creusé entre elles une brèche plus large que celle de Roncevaux. Ces deux sœurs, séparées l'une de l'autre par les flots de la mer sur un espace de quarante lieues, ont été réunies sous une même loi gouvernementale, depuis le règne de Louis XIV jusqu'à celui de Napoléon. Après la révolution géologique qui rompait le lien matériel, une révolution politique a rompu le lien national. Bourbon nous a été conservée par les traités de 1814. Maurice a été livrée aux Anglais.

Nous ne pouvons cependant cesser de l'aimer, cette île britannique où l'on continue aussi à nous aimer. Nous nous plaisons à interroger ceux qui la connaissent, et chaque récit de voyage, chaque livre où son nom est inscrit, a pour nous un intérêt particulier.

Après plusieurs écrivains de France et d'Angleterre, en tête desquels nous devons citer Bernardin de Saint-Pierre, Bory de Saint-Vincent, Billard, L. Simonin, Prydham, Martin, voici venir un consul américain, M. Pike, qui entreprend de composer une monographie de Maurice comme celle de Ceylan, si admirablement faite par M. Tennant-Emerson.

Très-zélé naturaliste, M. Pike allie à ses études favorites le goût et la recherche de plusieurs autres sciences, et, en le suivant dans ses explorations, on voit qu'il appartient à la catégorie des voyageurs bienveillants, la plus agréable et, à mon avis, la plus judicieuse, car je suis convaincu qu'on arrive à la vérité plus vite et plus sûrement par l'esprit de bienveillance que par le dénigrement.

M. Pike se réjouit de proclamer les richesses de Maurice. Mais il en signale aussi les plaies; les nuées de sauterelles qui, en quelques instants, anéantissent une récolte, les armées de fourmis blanches qui rongent jusqu'aux poutres des habitations, les hideux scolopendres, les cancrelats qui répandent une odeur infecte, les scorpions dont la piqûre est mortelle. Point de serpents. Il semble qu'un saint les ait bannis de cette terre africaine, comme saint Patrice de la verte Érin. Point de serpents, mais des poissons dont la chair est empoisonnée et d'autres qui, par leurs nageoires, distillent un venin mortel, et les fièvres contagieuses enfantées par les émanations des terres marécageuses, et les désastres des cyclones.

M. Pike a été témoin d'un de ces terribles ouragans et en a gardé une profonde impression. A divers signes on reconnaît ordinairement leur approche. Le baromètre descend rapidement au plus bas degré. Le vent tourne affolé à tous les points du compas. De petits nuages gris, qu'on appelle des barbes de chat, courent à la surface du ciel, suivis bientôt de nuages noirs. Au milieu d'une chaleur suffocante, tombe une pluie saumâtre, et, jusqu'à une longue distance de leur embouchure, soudain l'eau des rivières est salée comme celle de la mer. Puis la trombe est faite. Elle tourbillonne dans les airs, et s'étend sur un vaste espace.

Dans les villes maritimes, dès que le danger est pressenti, on l'annonce aux navires par des coups de canon. Tous alors se hâtent de déraper et tâchent de fuir devant le vent. Heureux ceux qui dans cette fuite ne perdent que leurs mâts et une partie de leurs bastingages.

Il en est qui sont jetés à la côte et broyés; il en est que
la trombe enlève comme des coquilles de noix, fait
tournoyer comme des toupies, puis plonge au fond de
l'abîme. Rien ne résiste à la violence de la tempête.
Les plus solides constructions, en pierre ou en fer, sont
renversées comme des châteaux de cartes; les toitures
les plus lourdes emportées comme des brins de paille à
une longue distance, et les villages et les villes démo-
lis, les champs dévastés.

C'est là l'effroyable fléau des régions tropicales. Mais
quelles ravissantes régions! quel éclat dans leur ciel!
quelle richesse dans leur sol! quel charme indicible
dans leurs horizons lumineux, leur verdure perpétuelle,
leur atmosphère embaumée!

Maurice est une de ces merveilles. Son aspect seul
suffit pour enchanter le voyageur. Port-Louis, sa métropole, n'occupe, par le nombre de ses habitants,
qu'un rang très secondaire dans la liste des capitales.
Mais on ne peut, dit M. Pike, se figurer l'attrait magique de sa situation dans des champs de cannes à
sucre, sous les panaches des cocotiers, entre les flots
de la mer et une enceinte de collines, au dessus desquelles s'élèvent les deux rocs perpendiculaires que les
marins aperçoivent à quinze lieues de distance, comme
les pyramides de l'Océan.

De là, jusqu'aux extrémités de l'île, jusqu'à la côte
méridionale où s'élève le mont Oreb, jusqu'à Mahébourg, la résidence primitive de nos gouverneurs, une
variété continue de grandioses et de gracieux tableaux:
montagnes escarpées, collines ondulantes, grottes té-
nébreuses, plateaux resplendissant aux rayons du soleil, et les cascades qui bondissent sur les rocs sauvages, et les rivières limpides qui en descendant vers
la mer arrosent paisiblement les vallons fleuris, et de

tous côtés l'active, la perpétuelle, la prodigieuse végétation des tropiques. Là s'élèvent ces profondes forêts enlacées dans des réseaux de lianes et de plantes grimpantes où l'homme peut à peine pénétrer, où sautillent les singes, où voltige l'élégant calfat, la perruche aux ailes vertes, le cardinal semblable à une fleur écarlate.

Là s'élève, à trente pieds de hauteur, la fougère, cette frêle petite plante de nos pays; le bois de fer, dur et lourd comme le métal dont il porte le nom; le baobab, dont la tige croît pendant des milliers d'années; le bois noir, sans lequel, au temps de la première République, on ne pouvait avoir un certificat de citoyen actif[1]; le vacoa, dont les feuilles servent à fabriquer des corbeilles, des sacs et des nattes; l'arbre à cire, l'arbre à vernis; le tek, si apprécié pour sa solidité dans la construction des navires; le bambou, dont chaque parcelle est si utilement employée; le filao, dont les fines ramilles, balancées par la brise, vibrent dans les airs et rendent un son mélancolique et doux : « Le filao, a dit M. Victor Charlier, est plus beau, plus triste que le cyprès. Il célèbre entre ciel et terre un hymen perpétuel, et il n'y a pas, on le sent bien, en vieillissant, d'arbre meilleur pour couvrir un tombeau. »

De tout côté aussi s'élèvent les arbres qui donnent des fruits rafraîchissants ou nutritifs : l'arbre à pain, le cocotier, le manguier, le bananier, le palmiste que l'on abat pour prendre le chou savoureux épanoui à sa sommité; le palmier, qui produit à la fois le sagou et le toddy; le jacquier, qui porte un fruit énorme et suc-

---

[1] Nous en sommes venus à admettre le suffrage universel sans restriction. L'assemblée qui fut instituée à l'île de France n'était pas confiante. En vertu de ses décrets, pour pouvoir user de ses droits électoraux, il fallait posséder au moins un cochon, une poule et deux bois noirs devant sa porte ou dans sa cour.

culent, mais d'où s'exhale une odeur fétide; le jam-
rose, dont les fruits, au contraire, répandent un par-
fum semblable à celui de la rose; l'oranger d'une
espèce particulière qu'on appelle le pamplemousse. Le
poëte de *Paul et Virginie* a propagé ce nom dans le
monde entier.

De tout côté aussi sont les plantes dont la culture
fait la fortune de l'île : la canne à sucre, le coton, le
café, l'indigo.

A deux lieues environ de Port-Louis est le jardin botanique fondé en 1768 par Poivre, le savant naturaliste, le sage administrateur. On y voit la plus admirable collection d'arbres et d'arbustes des régions les
plus différentes : le sapin et le bambou, le chêne et le
cotonnier, le cerisier et le muscadier.

Comme la plupart des îles de l'Océan indien, l'île de
France est une terre volcanique. On n'en peut douter,
en observant ses pics anguleux, leurs déchirements,
leurs fissures, et çà et là les monticules qui furent des
cratères. Pour le géologue, comme pour le botaniste, il
il y a dans cette étroite circonférence les plus intéressants sujets d'étude.

« Cependant sur une surface moins variée que celle
des continents, a dit M. A. de Humboldt, la mer renferme dans son sein une exubérance de vie dont aucune autre région du globe ne pourrait donner l'idée.»

Les eaux qui entourent Maurice justifient encore
cette remarque du célèbre voyageur. Là, comme dans
les mers du Nord, flotte la baleine; là le pêcheur
recueille des poissons, des coquillages inconnus pour
la plupart en Europe; là aussi les polypes ont fait une
vaste construction.

Les polypes, ces prodigieux ouvriers! On a pendant
des siècles admiré leurs œuvres sans comprendre leur

existence. Avec les filaments mobiles rangés autour de leur orifice comme les rayons d'une fleur, ils pouvaient bien tromper les regards des plus fins observateurs, et depuis le temps d'Aristote jusqu'à celui de Réaumur on n'a cessé de les considérer comme les bourgeons et les fleurs d'une plante marine qui se durcissait au contact de l'air.

Ovide était d'accord avec les naturalistes quand il disait :

> Sic est corallium qui primum contigit auras
> Tempore durescit mollis fuit herba sub undis.

C'est un médecin de Marseille, Antoine Peyssonnel, qui, au commencement du dix-huitième siècle, annonça le premier que les polypes n'étaient pas des plantes, mais des animaux.

A l'aide du microscope, cette longue-vue de l'infiniment petit, on en est venu peu à peu à reconnaître très-exactement l'étrange conformation de ces animaux.

Un petit sac étroit, diaphane, verdâtre, ouvert à une seule extrémité, façonné comme un cornet de trictrac ou comme un tube sinueux et portant autour de son ouverture six ou huit appendices, frêles, flexibles, disposés en couronne : c'est le polype. Le sac est son corps, l'ouverture sa bouche, la cavité son estomac, les appendices sont ses bras[1].

Ces chétives et informes créatures ont une faculté de reproduction incroyable. Elles se reproduisent par des bourgeons, bien plus, par des coupures. Si on les divise en sept ou huit fragments, au bout de deux jours chaque fragment deviendra un nouveau polype. Isolés quelquefois, mais ordinairement agrégés et en partie soudés,

---

[1] Moquin-Tandon : *le Monde de la mer*.

ils vivent en commun et continuent ensemble leur travail.

Nous nous glorifions de la grâce et de la grandeur de nos monuments, nous vaniteux ! Avec les forces motrices, et les matériaux dont nous disposons, le beau mérite !

Ces imperceptibles polypes, qui dans leur cellule ne se nourrissent qu'en attirant à eux, par leurs tentacules, les débris d'animaux éparpillés sur les flots, fabriquent silencieusement au sein des mers les rameaux de corail rouge, de corail rose dont les Napolitains font des talismans pour se préserver du mauvais œil, dont nos élégantes se plaisent à faire des colliers, des bracelets et des pendants d'oreilles.

Dans nos districts algériens de Bone et de la Calle, la pêche du corail produit chaque année une somme de plus de deux millions.

Ces mêmes animalcules, qui façonnent de si charmants rameaux, construisent par leur patient labeur des édifices plus solides que les pyramides des Pharaons, plus étendus que les fameuses murailles de la Chine, plus impénétrables que les forteresses de nos Vauban et de nos ingénieurs modernes. Autour de la Nouvelle-Calédonie, ils ont élevé une barrière de cent quarante lieues de longueur, une autre de trois cents lieues sur la côte nord-est de l'Australie.

Dans certains parages, leurs constructions entravent la marche des navires et rendent la navigation très-pénible, souvent très-périlleuse. Dans d'autres, elles constituent graduellement de nouveaux archipels.

Sur ces assises de corail ou de madrépores, les vagues roulent des fucus, des arbres flottants, qui peu à peu forment un détritus, un limon, une première couche de terre végétale. Sur cette terre les oiseaux dé-

posent les grains de quelque arbre fruitier, de quelque
plante nutritive, et l'île est faite. Par sa situation, elle
attire l'attention des marins. Un jour vient où l'Angleterre y envoie un bâtiment pour en étudier les ressources, puis un missionnaire, puis un consul, et se
fait un devoir d'adjoindre ce nouveau domaine à ses
colonies.

Autour de l'île de France, les polypes ont édifié un
rempart qui, sur plusieurs points, est devenu une fâ-
cheuse entrave. Mais comme la température de ces
eaux leur est très-favorable, ils continueront à se propager là, et accompliront peut-être une œuvre meilleure.
Ils rejoindront peut-être l'île de France à Bourbon, aux
Séchelles, à Madagascar.

Comme l'a dit un ingénieux écrivain, les polypes
sont des faiseurs de mondes.

L'île de France, si curieuse à visiter et si féconde, a
été longtemps méconnue et délaissée.

Les Portugais, qui, en 1505, la découvrirent, ne son-
gèrent point à y rester. En ce temps-là ils découvraient
tant de choses! Une petite terre de douze lieues de longueur ne pouvait guère tenter une troupe de marins
qui avaient peut-être doublé le cap de Bonne-Espérance
avec Vasco de Gama, abordé au Brésil avec Cabral, combattu dans l'Inde avec Albuquerque.

A la fin du seizième siècle, des Hollandais sont poussés par un orage vers cette île déserte, dont ils n'avaient
aucune notion. Ils y trouvent un port excellent, de
l'eau fraîche en abondance et une végétation superbe.
Un tel sol devait naturellement les séduire. Ils lui donnent le nom de Maurice, leur stathouder, et y plantent
leur drapeau.

Bientôt ils essayent de fonder là un établissement,
puis ils y renoncent et s'en vont pour ne plus revenir,

ces patients, ces courageux Hollandais trompés dans leurs calculs, fatigués de leurs luttes contre des nègres qu'ils avaient achetés à Madagascar pour cultiver la terre, désespérés, dit-on, de voir leurs champs, leurs cabanes ravagés par des nuées de rats. Plusieurs d'entre eux connaissaient peut-être la légende de la tour de Bingen et pouvaient craindre d'être, comme Hatto, dévorés par ces féroces animaux.

Après leur départ, M. de Beauvilliers, gouverneur de notre colonie de Bourbon, prend possession de l'île abandonnée, et lui donne le nom qu'elle a gardé pendant près d'un siècle, le doux nom d'île de France.

Nous devons dire qu'elle fut très-mal régie par la Compagnie des Indes, à qui elle était dévolue.

Rude souveraine, cette Compagnie instituée par une grande idée de Colbert !

Dans toutes les terres qui lui étaient livrées, son contrat lui accordait tous les priviléges seigneuriaux, et elle en usait rigoureusement. A chaque mutation de propriété, elle exigeait sans merci les droits féodaux de *lods et rentes*; à chaque territoire elle prescrivait les cultures dont elle espérait tirer les meilleurs bénéfices. Elle fixait elle-même le prix des produits du sol qu'elle accaparait, et vendait chèrement aux colons les diverses denrées dont elle avait l'absolu monopole.

Obligée d'envoyer à l'île de France des colons, des munitions, des vivres, la rigide Compagnie comptait avec amertume l'argent qu'elle dépensait sans en rien retirer. Elle ne comprenait point l'importance de cette nouvelle conquête, et, comme les Hollandais, elle l'aurait peut-être abandonnée, si, des plages fécondes de la Bretagne, de la petite ville de Saint-Malo, n'était sorti un jeune officier qui, par une ordonnance royale, fut nommé gouverneur de nos deux possessions africaines.

C'était Labourdonnais, notre admirable et infortuné Mahé de Labourdonnais, un de nos héros dans les régions de l'Inde avec Dupleix.

Labourdonnais et Dupleix, ces deux hommes de génie! Quel malheur qu'ils soient devenus ennemis l'un de l'autre! S'ils avaient pu agir en un bon accord avec leurs vastes conceptions et leur ardent courage, nous n'aurions pas perdu notre pouvoir dans l'Inde, et Macaulay n'aurait pas raconté les triomphes de Clive.

Labourdonnais et Dupleix, tous deux si conquérants, et tous deux à la fin de leur vie si malheureux! Les succès les plus éclatants doivent-ils donc être achetés par les souffrances les plus amères? Il est long le martyrologe de ceux qui se sont dévoués à une grande œuvre, et il s'accroît à chaque nouvelle entreprise.

Labourdonnais fut le vrai fondateur de notre colonie à l'île de France. Avant lui, tout était là dans un état de misère et d'anarchie. Grâce à son intelligence, à son zèle, à son intrépide résolution, il réprima tous les désordres et surmonta toutes les résistances.

Les nègres marrons, l'effroi des Hollandais, étaient devenus plus nombreux et continuaient avec plus d'audace leur vie de rapines et de brigandage. Il les poursuivit jusque dans leur dernier repaire et les réduisit à demander grâce.

Les colons, apathiques et indolents, laissaient à l'abandon les terres les plus fertiles, attendant de la France leurs meilleures provisions. Il introduisit parmi eux la culture essentielle du manioc, puis la culture lucrative du coton, de l'indigo, du sucre. Près de lui nul architecte et nul ingénieur. Il dessina lui-même le plan des divers édifices qu'il voulait élever, s'en alla jusque dans l'Inde recruter à ses frais des ouvriers qu'il dirigeait et instruisait. Il parvint ainsi à faire, en quelques années, des arsenaux, des magasins, des fortifications, des aqueducs, des canaux, des moulins, des quais, des docks. Il en vint même à construire un bâtiment de guerre qu'il envoya en France et qui y fut admiré.

C'était un fier enfant de la terre de Bretagne.

O terre de granit, couverte de vieux chênes!

a dit notre poëte Brizeux.

D'une nature aristocratique, d'un caractère vigoureux jusqu'à la violence, pour accomplir ses projets il ne reculait devant aucun obstacle, ni aucune inimitié. A la fin, ses ennemis devinrent ses maîtres, Ils le firent enfermer à la Bastille, lui le bienfaisant administrateur, l'héroïque soldat. Quand il recouvra sa liberté, ses forces étaient épuisées ; il mourut quelques mois après.

Le gouvernement de la France lui rendit une tardive justice. La colonie de l'île de France n'a cessé d'honorer et de bénir sa mémoire.

Pendant plus de dix ans, il avait travaillé sans relâche à l'amélioration des deux domaines qui lui étaient confiés. En moins de quinze ans, quatre gouverneurs furent successivement installés à la place qu'il avait si noblement rempli. C'étaient des gentilshommes d'un bon esprit, d'un commerce agréable, et réellement animés de très-honnêtes intentions. Mais ils n'avaient ni la haute intelligence de Labourdonnais, ni son énergique volonté.

Les circonstances, pourtant, étaient graves : des épidémies désolaient nos deux îles, des ouragans les dévastaient. La guerre, terminée en 1748, se rallumait en 1756. Les Anglais poursuivaient nos navires, et, comme dans nos luttes précédentes, menaçaient d'envahir nos possessions. Au milieu de ces calamités, la Compagnie des Indes continuait à abuser de ses absolus priviléges, de son monopole commercial et de ses droits féodaux, contente de n'avoir plus à écouter les remontrances d'un Labourdonnais, insoucieuse de l'avenir dans sa préoccupation du présent, et, comme l'avare de La Fontaine, tuant par sa cupidité la poule aux œufs d'or. A la fin, elle s'était créé de tels embarras que, pour en sortir, elle en vint à remettre à la royauté le gouvernement de ses colonies, et, dès son premier acte, la royauté eut une heureuse chance. Elle envoya à l'île de France, en qualité d'intendant, un homme d'un rare savoir et d'une vertu exemplaire, Pierre Poivre, de Lyon.

Jeune, affilié à la congrégation des Missions-Étrangères sans être engagé dans les ordres, il avait visité la Chine, la Cochinchine, la Malaisie, et parfaitement appris la langue de ces trois régions. Sur l'agriculture et le commerce de ces mêmes contrées, sur les arbres à épices des Moluques, il avait recueilli de précieuses notions. Par son honnêteté de caractère et sa douceur, il s'était acquis l'affection du vice-roi de Canton et du roi de Cochinchine. Grâce à leur appui, ses études étaient plus faciles, ses recherches plus fructueuses.

Modeste autant que savant, de ses longs voyages il revenait mutilé, ayant perdu un bras dans une rencontre avec les Anglais, et n'aspirait qu'à vivre en paix avec sa modeste fortune. Membre de l'Académie de Lyon, membre correspondant de l'Académie des sciences de Paris, c'était sa gloire ; libre de se livrer à sa passion pour l'histoire naturelle, c'était sa joie. Une ordonnance royale alla le chercher dans sa demeure champêtre. Il se rendit au poste qui lui était assigné.

Comme Labourdonnais, qu'il avait rencontré dans l'expédition de Madras, il comprenait les vrais besoins, les vrais intérêts des deux îles confiées à son administration. Il allait avec ses qualités particulières continuer une œuvre salutaire. Ce que son illustre devancier voulait faire par une impérieuse volonté, Poivre le fit par la mansuétude et la patience.

C'est par cette patience qu'il réussit, malgré toutes les difficultés, à se procurer des noix de muscade et des baies de girofliers pour les implanter à l'île de France. Il introduisit aussi dans cette île le cannelier de Ceylan, le poivrier noir, le riz en terre sèche et l'arbre à pain. Un de ses prédécesseurs, M. Magon, avait laissé abattre les forêts sans ménagement. Pour remédier à cette funeste imprévoyance, M. Poivre fit semer à profusion de la graine d'une espèce de mimosa dont la tige sert à des œuvres de charpente. On l'appelle le bois noir.

Poivre disait : on ne peut rien faire de plus agréable au ciel, ni de plus utile à la terre, que de planter un arbre et de labourer un champ.

Son grand désir était de donner le plus large développement à la culture des plantes alimentaires, afin de soustraire les deux îles au danger de la disette ou à l'obligation d'attendre du dehors les denrées les plus essentielles.

Avec sa douce et constante activité, avec son talent de persuasion, il fit en peu de temps dans ses diverses entreprises d'étonnants progrès.

En 1770, à l'approche d'une nouvelle guerre, dix mille hommes furent dans nos ports embarqués pour l'île de France. Ils n'apportaient avec eux ni vivres, ni argent, et le duc de Choiseul écrivait à Poivre : « Je sais bien qu'on manque de tout, mais vous êtes là et je compte sur vous. » Il ne se trompait pas. Poivre pourvut à tout. Grâce à la confiance qu'il inspirait et aux ressources qu'il avait ménagées, il sauva les troupes et la flotte.

Louis XVI, le saint roi, eut aussi la satisfaction de donner un digne gouverneur à l'île de France, le général de Malartic, si doux et si affable, qu'on l'appelait le bon père.

De tels hommes exerçaient par leurs qualités sérieuses et par leurs formes agréables une heureuse influence. Ils faisaient aimer l'autorité du pays dont ils étaient les représentants, et ses mœurs élégantes et ses saines traditions. En diverses circonstances cet attachement à la patrie s'est manifesté d'une façon éclatante.

En 1746, le ministère anglais organisa contre nos possessions orientales une nouvelle expédition. L'amiral Boscawen en eut le commandement. Il devait commencer par attaquer l'île de France et Pondichéry. Au mois d'avril 1747, il s'avança vers Port-Louis avec vingt-huit bâtiments de guerre, dont plusieurs de soixante canons. La petite cité ne se laissa point intimider par cette *Grande Armada*. Elle n'avait pour se défendre que trois cents hommes de troupes régulières et quelques régiments de milice. Mais elle était résolue, et elle fit avec tant de promptitude ses préparatifs de combat, que l'amiral, après avoir tiré quelques inutiles coups de canon, s'éloigna sans oser tenter un débarquement. Nous devons ajouter qu'il ne fut pas plus heureux à Pondichéry.

Quand vint la Révolution, ce cyclone plus effroyable que tous les cyclones de l'Inde, des jeunes gens furent éblouis par l'éclair de ces réformes préliminaires qu'on est convenu d'appeler les glorieux principes de 89. A ces nouveaux et naïfs croyants, d'ici, de là, s'adjoignit un certain nombre de ces êtres sinistres que l'on a vus en tout temps, que l'on voit partout surgir dans les tempêtes sociales, inconnus la veille, tumultueux et farouches le lendemain, instruments d'émeutes, entrepreneurs de bouleversements et de brigandages.

La noble ile de France eut alors dans ses étroites dimensions la petite imitation, la parodie des terribles effervescences de Paris, ses assemblées populaires, ses proclamations fougueuses, ses comités de salut public et son club des jacobins.

Mais la masse de la population restait fidèle à ses anciens principes, et au milieu des tentatives de désordre, le général de Malartic conservait son pouvoir légal. Puis, tout à coup, quels mouvements antirévolutionnaires, quand on reçut le décret de l'Assemblée nationale qui conférait aux hommes de couleur tous les droits de libres citoyens, et quand on apprit le résultat de ces décrets dans notre colonie de Saint-Domingue, la révolte des nègres, le massacre des blancs, l'incendie et le pillage des habitations, le ravage des plus belles plantations!

On comptait à l'ile de France environ vingt-cinq mille blancs et cinquante mille esclaves. Il n'était pas possible de donner subitement la liberté à cette multitude d'esclaves sans exposer nos possessions africaines à être ensanglantées, dévastées, comme l'ile admirable qu'on appelait la reine des Antilles.

Les doux philantropes de l'Assemblée n'avaient point de tels soucis. Périssent, disaient-ils, périssent les colonies plutôt qu'un principe! En 1848, ils répétaient le même axiome. Une première épreuve ne leur avait pas suffi. Ils ont recommencé.

Les colons de l'ile de France et de l'ile Bourbon n'ayant naturellement nulle envie de périr comme ceux de Saint-Domingue, résolurent de conserver leur vieux gouvernement et de regarder comme non avenus les arrêts meurtriers.

Contre cette décision qu'ils appelaient un nouveau crime d'aristocrates, les tenaces montagnards en vain protestaient. Ils étaient en trop petit nombre et n'osaient guère compter, à trois mille lieues de distance, sur le secours de leurs frères de Paris. Les jacobins ne pouvaient envoyer dans l'Océan indien un proconsul comme à Lyon et à Nantes.

Sous le Directoire, deux zélés républicains, le citoyen Baco et le citoyen Brunel, eurent pourtant le courage d'entreprendre cette longue traversée et furent fort mal récompensés de leur patriotique vertu.

Quand ils débarquèrent à Port-Louis, personne ne savait positivement l'objet de leur mission, et d'abord on leur fit un accueil très-convenable. Mais quand on apprit qu'ils étaient chargés de soumettre l'île à la loi révolutionnaire et d'arrêter M. de Malartic, toute la population de la cité se souleva. Une foule énorme se réunit spontanément autour du général pour lui faire une ovation, pour le porter en triomphe dans les rues, puis se rassembla vers la demeure des délégués pour les obliger à partir au plus vite.

Vainement ils tentèrent de gagner par la douceur ce qu'ils ne pouvaient obtenir par la force. Un jeu de mots fit échouer leur dernière tentative : « Mes amis, disait Baco d'un ton caressant, mes bons amis, nous ne voulons que votre bien, uniquement votre bien. — Oui, s'écrie un des auditeurs, tu veux notre bien. Tu ne l'auras pas ! »

A ce mot, la foule applaudit. Puis les sifflets, les huées, les vociférations retentirent autour des malheureux commissaires. Ils furent ainsi conduits jusqu'à la plage et embarqués à bord d'un sloop qui, quelques instants après, fuyait à toutes voiles.

Vive la France ! criaient alors nos honnêtes créoles, mais la vraie France dont ils chérissaient l'honneur et les nobles traditions, non point la France révolutionnaire dont ils ne pouvaient accepter les égarements ni subir les iniquités.

Plus tard, pendant le Consulat et l'Empire, ils ont encore crié avec un joyeux enthousiasme : Vive la France !

Ah ! l'heureux temps pour la brave petite île. Port-Louis était alors le point central de nos navires guerroyant dans les mers de l'Inde, leur station stratégique, au besoin leur refuge et leur place de ravitaillement. Là, ils se rejoignaient pour recevoir leurs dernières instructions ou régler définitivement leur plan de campagne. De là, ils allaient au loin épier, poursuivre les Anglais. C'était le temps où Linois organisait trois croisières qui allaient saisir leur proie jusqu'en Chine ; où Surcouf, avec son petit brick, enlevait à l'abordage des vaisseaux défendus par des centaines d'hommes et de formidables batteries. C'était le temps où *la Minerve* et *la Bellone* soutenaient pendant trois jours un combat acharné contre quatre frégates anglaises ; où *la Vénus*, commandée par M. Hamelin, allant de Madagascar à Sumatra, prenait le long de sa route les meilleurs navires et subjuguait les plus beaux bâtiments de guerre. C'était le temps où le jeune amiral Sercy, et des officiers bien plus jeunes encore : Bouvet, Tréhouard, Roussin, Duperré, effrayaient la valeureuse Angleterre par la hardiesse de leurs manœuvres.

En 1810, le capitaine Duperré forçait près de Mahébourg une flotte anglaise d'amener son pavillon. « Nos annales maritimes offrent peu d'exemples d'une victoire aussi longtemps disputée et aussi sanglante. Duperré, blessé à la tête d'un éclat de mitraille, dut résigner le commandement entre les mains de Bouvet. De son côté, le commodore anglais, un bras emporté par un biscaïen, un œil détaché de l'orbite, fut trouvé à la fin de la mêlée gisant au pied de son banc de quart et chantant dans son délire le *Rule Britannia* [1]. »

Alors l'île de France était à tout instant réjouie par quelque nouvel événement maritime. Dans la rade de Port-Louis revenaient nos vaillants marins, ramenant avec eux les bâtiments enlevés à l'ennemi, les cargaisons de riz, de coton, d'épices, et l'on célébrait leur victoire, et quelquefois toute notre colonie était enrichie par une de leurs captures.

Les Anglais désiraient ardemment s'emparer de cette île, qui, avec l'appui de Bourbon, sa fidèle sœur, leur barrait la route de l'Inde et leur faisait souvent subir les plus rudes échecs. En 1764, ils organisaient pour la prendre le formidable armement confié à Boscawen. Plus tard, ils essayaient de la bloquer. Irrités de leurs vaines tentatives, de leurs cruelles humiliations, de tant de batailles désastreuses, de tant de pertes irréparables, ils voulaient à tout prix en finir, et ils résolurent de tenter un suprême effort.

A ce dernier effort, nos deux chères colonies succombèrent, d'abord Bourbon, puis l'île de France.

Le 20 décembre 1810, à l'horizon de la glorieuse petite île, aux rayons de son soleil d'été, on vit poindre les hauts mâts de l'*Illustrious*, un colossal vaisseau armé de 74 canons, puis les voiles et les vergues de vingt-six bâtiments de guerre et de cinquante bâtiments de transport. Jamais pareille flotte n'était apparue dans

---

[1] L. Simonin, *les Pays lointains*, 1 vol. in-12. Challemel aîné.

ces parages. A ses nombreux équipages de marins elle joignait une armée de terre commandée par plusieurs généraux, une armée de 15,000 hommes : infanterie, cavalerie, artillerie. A tant de sabres et tant de canons le général Decaen, nommé en 1803 gouverneur de l'île, n'avait à opposer qu'un régiment et quelques batteries.

La résistance était impossible. Il fallut capituler, mais d'une façon qui indiquait encore le respect des Anglais victorieux pour la petite peuplade vaincue. Dans l'acte de capitulation il était dit que la garnison serait transportée en France, aux frais de la Grande-Bretagne, avec armes et bagages et tous les honneurs de la guerre ; que les mêmes facilités seraient accordées à tous les habitants de l'île qui voudraient retourner en Europe. Ils avaient un délai de deux ans pour vendre leurs propriétés coloniales. La loi française était reconnue comme la loi du pays, et les jugements devaient être prononcés, comme par le passé, en français.

Quatre ans après, l'île Bourbon nous était rendue, l'Ile-de-France était définitivement cédée à l'Angleterre, et il fallait, comme au temps des Hollandais, l'appeler l'île Maurice.

Dans l'espace de quatre ans, deux fois de suite enlevée à la France, la première fois par la force des armes, la seconde par un traité de paix, elle est restée française d'esprit et de cœur par la langue et par les habitudes. Sous le gouvernement qui la régit, de loin encore elle vit avec nous. Tout ce qui se passe parmi nous l'intéresse. Tout ce qui nous émeut l'émeut.

Dans la relation de son voyage autour du monde, M. Laplace se plaît à dépeindre le bonheur que nos fidèles créoles de Port-Louis éprouvaient à revoir des uniformes français et l'accueil qui lui fut fait dans leurs

habitations. « Quels bons moments, dit-il, j'ai passés
là ! Je retrouvais là des Français dont le cœur battait au
souvenir de la patrie, qui parlaient avec enthousiasme
du temps où notre pavillon flottait sur les batteries de la
rade, de ce temps mémorable où l'on voyait la jeunesse
de l'île s'embarquer en foule à bord de nos frégates,
et forcer, après des combats à outrance, l'ennemi, leur
maître à présent, de se rendre ou d'abandonner la côte
qu'ils bloquaient auparavant[1]. »

M. Laplace signale aussi l'animosité qui se mani-
festait de diverses façons envers les Anglais. Dans la
capitale, sous les yeux du gouvernement, on affectait
de s'éloigner d'eux et de les tenir rigoureusement à
distance. Au théâtre, on recherchait avec avidité, on
applaudissait avec fureur les pièces qui offraient le plus
d'allusions offensantes pour la nation anglaise. Cette
effervescence s'accrut de telle sorte, qu'il fallut fermer
la salle. « La veille de mon arrivée à Port-Louis, dit le
commandant de *la Favorite*, les acteurs étaient partis
pour Bourbon. »

De cet état d'hostilité, la plupart de nos officiers
de marine ont bien d'autres histoires à raconter.
En voici une que j'ai recueillie à bord de *la Triomphante*.

En 1839, la corvette *l'Isère*, commandée par M. de
Tinan, le brick *le Lancier*, commandé par M. de Chanfray, se trouvaient à Port-Louis. Là était arrivé un navire de commerce anglais le *Greenlaw*. Un jour son
capitaine, nommé Driver, ayant fait avec ses compagnons des libations un peu trop vives, s'avisa tout à
coup d'insulter nos deux bâtiments de guerre en his-
sant notre pavillon à la poulaine, ce qui, dans toutes

---

[1] *Voyage de* la Favorite, t. I, p. 78.

les marines du monde, est considéré comme une sanglante injure.

Au moment même où il venait d'accomplir ce beau fait d'armes, un canot venant de la ville rejoignait *l'Isère*. Le patron vit notre drapeau flottant à l'ignoble place que lui avait assignée M. Driver et ne manqua pas de le dire aux officiers de la corvette.

M. de Tinan faisait alors une excursion dans l'île. En son absence, le lieutenant M. Jean Bart, un descendant du héros de Dunkerque, se jette dans une chaloupe, monte à bord du *Greenlaw*, va droit au capitaine et le somme d'avoir à retirer immédiatement notre pavillon du lieu où il l'a mis, puis à demander par écrit pardon de son insolence.

Obéir à la première partie de cette requête fut pour Driver l'affaire d'une minute. Quand à la seconde, elle embarrassait tellement sa forfanterie, qu'il ne pouvait se résoudre à l'accepter. M. Jean Bart lui dit alors que s'il n'emporte pas du *Greenlaw* une lettre d'excuses telle qu'il la désire, il exige une réparation les armes à la main. Le vaillant Driver balbutie, hésite, puis enfin convient de se battre le lendemain. Sur cette assurance le lieutenant de *l'Isère* rejoint son bord. Un instant après il reçoit une lettre de Driver qui, rétractant sa parole, déclarait qu'il ne se battrait pas.

Le lendemain arrive M. de Tinan. On lui rend compte de ce qui s'est passé, et il n'était pas homme à abandonner la poursuite de cette affaire. Driver lui échappant par sa lâcheté, il s'adressa à M. Nicolay, gouverneur de l'île.

Sur sa demande formulée dans le langage imposant d'un homme de cœur qui soutient une juste cause, le gouverneur obligea Driver à comparaître chez lui devant les officiers de nos deux bâtiments, à leur lire à haute voix une lettre d'excuse et à tenir pendant un jour notre pavillon hissé au haut de son grand mât.

Tout allait bien jusque-là, et l'on pouvait croire l'affaire terminée, quand soudain ne voilà-t-il pas que le gouverneur se figura que, pour rendre hommage à son pays, nous devions déployer sur *l'Isère* et *le Lancier* le pavillon de la Grande-Bretagne à l'heure où Driver déployait le nôtre sur le *Greenlaw*.

A cette singulière prétention, le commandant de la corvette et celui du brick répondent que M. Driver n'avait fait que son devoir en leur donnant une légitime réparation et qu'ils ne voient aucune raison de lui rendre, pour un salut obligé, un salut de complaisance. Le gouverneur veut les faire céder. L'un et l'autre restent inflexibles. Alors le bon M. Nicolay, excité sans doute par les plaintes de Driver et par les susceptibilités de quelques autres Anglais, annonce aux deux commandants que si, tel jour à midi sonnant, tous deux n'ont pas obéi à son injonction, les canons de la ville et du port seront braqués sur eux et les couleront.

La situation devenait grave. Se soumettre à un tel ordre, ni M. de Tinan ni son collègue n'y songeaient. Mettre à la voile pour fuir le péril, cette idée n'entrait pas davantage dans leur esprit. D'ailleurs, à supposer qu'ils eussent voulu partir, ils ne l'auraient pas pu, car ils étaient en réparation. *L'Isère* avait son gouvernail à terre, et *le Lancier* son mât de beaupré.

Il fut donc convenu qu'on attendrait de pied ferme l'artillerie du gouverneur, et qu'après lui avoir lâché toutes ses bordées, on périrait à son poste pour l'honneur du pavillon national. Pendant que les officiers et les matelots, animés d'une même pensée, se ralliaient tous à cette fière résolution, M. Nicolay faisait ses préparatifs, armait ses batteries et équipait son bateau à

vapeur qui devait lancer sur la corvette deux cents
hommes à l'abordage. Il n'y avait sur cette corvette que
dix canons, et vingt sur *le Lancier*. Il y en avait sur
les contours de la rade plus de cent, prêts à faire feu
à l'heure dite.

Toute la ville de Maurice était en rumeur. La plupart
de ses habitants condamnaient hautement la conduite
du gouverneur et applaudissaient à celle de M. de Tinan.
Beaucoup d'entre eux vinrent, avec un sentiment de
douleur et d'admiration, à bord de *l'Isère* et du *Lancier*,
tendant la main aux officiers et les embrassant,
et leur disant adieu comme s'ils ne devaient jamais les
revoir. En effet, il était probable que, de ces deux bâtiments,
bientôt il ne resterait plus rien, pas une pièce
de charpente, pas un être vivant.

Cependant le jour fatal arrive. Dès le matin,
M. de Tinan et M. de Chanfray se disposent à faire couvrir
leurs mâts de pavillons français, comme pour protester
encore une fois, au nom de la France, contre une
injuste agression, comme pour trouver, au moment
suprême, dans ce drapeau de la patrie, un noble linceul.
La sainte-barbe est ouverte, les canonniers sont
à leur poste et les tambours s'apprêtent à battre le
branle-bas.

La matinée se passe, et le bateau à vapeur est encore
à l'ancre et la rade est immobile.

Midi sonne, même silence. C'est pourtant l'heure fatale
marquée par le gouverneur, comme par les Parques.
Pas une pièce d'artillerie ne se meut, pas un pauvre
mortier ne s'allume dans les larges batteries. M. Nicolay
avait fait le Croquemitaine et il était vaincu.

Le lendemain, les gamins de Maurice, qui mériteraient
de porter la blouse et la casquette parmi ceux de Paris,
couraient dans les rues en frappant des mains et en

criant de leur voix glapissante : *Les Anglais qu'a quillé ! Les Anglais qu'a quillé !* (Les Anglais qui ont reculé.)

La population française de Maurice célébra dans de pompeux banquets le triomphe de son ancien pavillon. La musique et la poésie s'unirent pour préconiser l'héroïsme de M. Driver et la bravoure de M. Nicolay. On vit paraître une de ces merveilleuses chansons qui valent tant de longs poëmes, un chef-d'œuvre de complainte comme celle du Juif-Errant. Les plus douces voix de Maurice l'ont chantée, les meilleurs pianos en ont répété la naïve mélodie. A présent, il est encore là-bas plus d'une famille d'origine française qui, le soir, se surprend à redire quelques-unes de ces strophes pindariques :

> Voici l'histoire éclatante
> De la réparation
> Faite à notre pavillon
> Après l'injure sanglante
> D'un Anglais, nommé Driver,
> Qui avait bu du porter.
>
> .   .   .   .
>
> Quand l'affaire fut vidée,
> Power dit d'un air collé :
> « N'auriez-vous pas, Nicolay,
> Par grand hasard une idée
> Pour rosser tous ces Français
> Qui ont gagné leur procès?
>
> « — Qu'une cour martiale s'assemble
> Dit alors le gouverneur.
> Une idée, monsieur Power :
> Quand nous serons tous ensemble,
> Nous verrons alors, ma foi,
> Si l'on n'en a pas pour moi. »
>
> .   .   .   .
>
> Power ferme la séance,

Disant, d'un ton important :
« Puisqu'ils n'ont pas tort vraiment,
C'est qu'ils ont raison, je pense.
Faut leur demander raison
De ce qu'ils ont raison. »

Nous devons cependant rendre justice aux Anglais. Ils n'ont point tyrannisé la petite île qui avait si longtemps et si ardemment guerroyé contre eux. Les engagements qu'ils avaient pris par l'acte de capitulation, ils ne les ont point violés. L'autorité dont ils étaient investis, ils n'en ont point fait un mauvais usage. On ne les a pas vus, comme d'autres récents conquérants, outrager les souvenirs du pays vaincu, proscrire l'enseignement de sa langue et les cérémonies de son culte, remplacer dans ses villes et ses villages des noms anciens et vénérés par des noms nouveaux. Au contraire, ils ont maintenu dans chaque district, dans chaque quartier, les dénominations de notre colonie, sauf celle de l'île de France, qu'ils ne pouvaient réellement pas garder[1]. Ils ont vu, sans s'y opposer, la continuité de l'enseignement du français et la propagation des livres français dans les librairies et les bibliothèques. Ils ont respecté les pratiques d'un culte qui n'est pas le leur, et les illustratoins qui ne leur rappellent que des jours de combats.

A Saint-Louis, un grand seigneur protestant, lord Moira, a posé la première pierre de la cathédrale catholique. Le jour de la Fête-Dieu, des soldats protestants escortent respectueusement, en uniforme de parade,

---

[1] Tous les villages, toutes les plantations ont conservé leur nom français : Trianon, Vaucluse, Belleterre, Richebourg, Montrésor, etc. Entre Port-Louis et Mahébourg, sur toute la largeur de l'île, Newe Grove, un seul nom anglais. (L. Simonin, *les Pays lointains,* p. 118)

la procession catholique, et l'on tire le canon quand
le prêtre donne la bénédiction du Saint-Sacrement.

Un gouverneur anglais s'est inscrit en tête d'une
liste de souscription pour élever un monument à Labourdonnais. Un autre gouverneur, lord Gomm, a
rendu le même hommage à la mémoire du général Malartic.

Il faut dire aussi que, dès leur entrée dans l'île, les
Anglais ont été constamment occupés de son bien-être.
Plus d'une fois ils se sont trompés. Plus d'une fois ils
ont maladroitement inquiété ou froissé les sentiments
de la population. Mais souvent aussi leur esprit pratique les a conduits dans la bonne voie, et enfin la colonie leur doit un grand nombre d'importantes amélio-
rations.

Vers le fin du siècle dernier, sa capitale n'était qu'une
espèce de grand village dont nul architecte ne pouvait
se glorifier : des maisons basses, séparées l'une de l'autre par des palissades ; des rues poudreuses, ni pavées,
ni ombragées, et le sol hérissé de rocs. Ainsi l'a dé-
crite Bernardin de Saint-Pierre. On ne pouvait y passer
en voiture. Les riches se faisaient porter en palanquin.
Dans la campagne, pas de chemins. Pour aller d'une
des rives à l'autre, c'est-à-dire pour franchir un espace d'une dizaine de lieues, le trajet était si difficile,
que beaucoup préféraient faire le tour de la côte par
mer.

Maintenant, c'est un plaisir de voir les rues de cette
capitale aplanies et macadamisées, parsemées d'acacias
et de mimosas, éclairées au gaz, embellies par d'élégantes constructions, animées par un curieux mélange
de costumes et de physionomies de différentes races :
Européens, Indiens, Africains, Chinois, Arabes. Maintenant de belles routes relient l'un à l'autre les diffé-

rents districts; le télégraphe court de village en village. Deux lignes de chemins de fer traversent l'île du nord au sud, de l'est à l'ouest.

Il y a une station de chemin de fer dans la vallée des Pamplemousses, près des deux pierres sépulcrales qu'on appelle les tombes de Paul et Virginie.

En 1834, l'esclavage fut aboli dans toutes les possessions britanniques, non point tout d'un coup, sans aucune précaution, comme le voulait l'Assemblée nationale, mais avec de justes ménagements. Le décret d'abolition ne devait être réellement exécuté qu'en 1835, et l'État accordait aux propriétaires de nègres une indemnité. Celle de l'île Maurice s'élevait à la somme de 50 millions, environ dix-huit cents francs pour chaque libération de nègre.

Dans les cultures du sucre et du café, les nègres ont été en grande partie remplacés par les ouvriers volontaires qu'on appelle les coolies, que l'on recrute en Chine et surtout dans les Indes.

« Le coolie, moins vigoureux que le nègre, dit un voyageur moderne, n'est cependant pas si modéré dans ses besoins. Il ne se contente pas, comme le nègre, d'un lambeau d'étoffe, d'un chapeau en feuilles de palmier, et, pour sa nourriture, d'un peu de riz et de quelques bananes. Il n'est pas non plus si facile à gouverner. Mais il est bien supérieur au nègre par son assiduité à sa tâche, par sa dextérité manuelle, par l'intelligence avec laquelle il comprend le travail qui lui est prescrit[1]. »

Depuis trente ans, les coolies ont puissamment coopéré à l'œuvre agricole et commerciale de cette colonie si heureusement située, et, par les bateaux à va-

---

[1] P. Beaton, *Six months in Reunion*, t. II.

peur, en rapports si faciles avec les régions les plus
éloignées.

Il y a environ un siècle, Raynal, en parlant de cette
île précieuse, disait : « La Grande-Bretagne voit d'un
œil chagrin dans les mains de ses rivaux une possession où l'on peut préparer la ruine de ses prospérités
d'Asie. Dès les premières hostilités entre les deux nations, elle dirigera sûrement tous ses efforts contre une
colonie qui menace la source de ses plus riches trésors. Quel malheur pour la France si elle en était dé-
pouillée [1] ! »

Le malheur est accompli. Faut-il le croire absolument irrémédiable ? Ne pourrons-nous reprendre, en
une nouvelle collision politique, ce qu'une autre collision nous enleva ? Ne nous sera-t-elle jamais rendue
cette île de l'Océan indien qui porta si noblement le
nom d'île de France ? Ne nous sera-t-il pas rendu ce religieux, ce chevaleresque, ce magnanime Canada qu'on
appelait la Nouvelle-France ? Ne nous seront-elles point
rendues les deux chères provinces arrachées récemment
de la France, comme deux sœurs des bras d'une mère
dans une angoisse mortelle ?

Nul homme ne peut pénétrer les desseins de la Providence, ni les arrêter. Rapide est la fortune, éphémère
est le succès de l'âpre ambition, malheureux le triomphe
de la ruse ou de la violence. Mais il est des conquêtes
affectueusement accomplies, durables et glorieuses, les
conquêtes du cœur. Il nous est doux de songer que
celles-là nous restent partout où nous avons passé.

---

[1] *Histoire philosophique des établissements et du commerce des
Européens,* t. II, p. 184.

X

SOUVENIRS D'UN AMIRAL[1]

« Après tout, disait un savant très-occupé de diverses études, ce qu'il y a de plus intéressant pour l'homme, c'est l'homme, c'est-à-dire le tableau de la vie humaine dans ses passions et ses vicissitudes, le récit individuel, la biographie. »

Il y a des biographies qui nous émerveillent comme des contes de fées. Il y en a qui doucement nous attirent et nous instruisent. Les plus simples sont souvent les plus attachantes. En voici une qu'on sera heureux de lire et de signaler à ceux qui aiment les bonnes lectures. C'est une vraie histoire d'un homme de cœur.

Dès son début, elle émeut par une page intime qui mérite bien d'être en entier reproduite :

« Quelques années avant la Révolution, dit M. Ju-

---

[1] *Mémoires du vice-amiral Jurien de la Gravière,* ancien pair de France, 2 vol. in-12. Paris, librairie Hachette.

rien, mon père éprouva des revers de fortune qui le
décidèrent à solliciter une place dans l'administration
de la marine. De tous les biens qu'il avait possédés,
il ne lui restait plus que les noms de diverses petites
fermes par lesquels il continua, suivant un usage assez
général, de distinguer ses nombreux enfants, réservant
pour l'aîné seul le simple nom de la famille. C'est ainsi
que j'ai successivement porté pour ma part le nom de
deux propriétés qui avaient cessé de nous appartenir :
celui de « des Varennes » et celui de « la Gravière ».
Dans cette triste situation, mon père se trouva fort
heureux d'être attaché au port de Rochefort, en qualité
de commis, aux appointements de 1,200 francs. C'est
avec une si modique ressource qu'il dut songer à élever sa nombreuse famille, qui se composait alors de
six garçons et une fille. Bien que notre détresse fût déjà
très-grande, cela n'empêcha pas ma mère de donner le
jour à un huitième enfant, à une fille. L'arrivée de la
nouvelle venue en ce monde fut accueillie avec joie.
Mais la santé de ma mère ne lui permettant pas de donner
à sa fille les premiers soins, il fallut avoir recours à
une nourrice de la campagne. Ce surcroît de charges
nous imposa l'obligation d'apporter dans la maison une
extrême économie. Ma mère, qui n'avait connu que les
jouissances d'un tranquille bien-être, eut non-seulement le courage de se condamner à toute espèce de
privations, mais encore de travailler jour et nuit à l'en-
tretien des vêtements de ses enfants. Mon père, de son
côté, voulut se dévouer à notre instruction. Chaque soir
des leçons qu'il savait varier suivant notre âge, nos apti-
tudes, développèrent les dispositions de chacun de nous.
C'est peut-être à cette éducation domestique, la seule que
sa position de fortune lui permit de nous donner, qu'il
faut attribuer la satisfaction que lui ont toujours causée

ses enfants, Jamais aucun d'eux n'a eu à se reprocher aucune action répréhensible. »

Aucune action répréhensible! De si bonnes consciences! Un si doux accord! Ah! l'heureuse famille dans sa pauvreté! Et peu à peu ses difficultés matérielles s'adoucissent. Le père, par la dignité de sa conduite a conquis l'estime et la sympathie de ses chefs. L'aîné de ses fils est admis dans les bureaux de la marine avec un traitement de 500 francs. Un autre est embarqué en qualité de pilotin. Puis l'un des plus jeunes, celui qui devait un jour commander des escadres, est inscrit comme mousse dans la marine de Rochefort et joyeusement apporte au ménage paternel les 10 francs qu'il gagne par mois. Ce dont il est aussi très-réjoui, c'est de pouvoir chaque matin suivre les cours gratuits de dessin et d'hydrographie institués par la ville. Il étudie avec ardeur. Il veut être marin. On le croit d'une constitution trop faible pour pouvoir supporter les fatigues de la vie maritime. Mais il a la force que donne une véritable vocation. Un premier douloureux essai ne le décourage pas. Il s'embarque de nouveau sur un bâtiment de guerre mal gouverné et mal administré où, pendant quelques mois, il subit successivement les fureurs des tempêtes et les tortures de la faim. Cette seconde expérience n'ébranle point sa résolution. On lui dit que, pour devenir un véritable homme de mer, il faut passer au moins quelque temps sur un navire de commerce. Il obtient d'un armateur de la Rochelle un emploi de sous-officier, avec 30 francs par mois, sur un bâtiment qui va faire la traite en Afrique. On l'appelle *le Bon père*. Une pareille dénomination appliquée à un négrier nous paraîtrait aujourd'hui une cruelle ironie. Mais à cette époque on n'avait point de telles idées. A cette époque, personne encore ne pressentait les colères que

devait un jour soulever la traite, ni les philanthropi-
ques motions du conventionnel Grégoire, si féroce pour
les rois, si compatissant pour les noirs ; ni les religieux
écrits de Wilberforce, ni les dramatiques histoires de madame Beecher Stowe. On s'accordait généralement à considérer les descendants de Cham comme des êtres d'un
ordre inférieur, condamnés par la loi de Dieu à la servitude, et de savants écrivains se plaisaient à démontrer
par les traditions de l'antiquité, par la Bible, même par
l'Évangile[1], la légalité de l'esclavage.

La traite était alors un régulier trafic universelle-
ment respecté et encouragé. En 1788, quand le jeune
volontaire s'embarquait sur le navire de la Rochelle, la
France, l'Angleterre, la Hollande, le Danemark, le Portugal avaient des comptoirs sur différents points de la
côte d'Afrique. De Nantes, de la Rochelle, du Havre,
de Saint-Malo, de Dunkerque, cent navires, jaugeant
50,000 tonneaux, partaient chaque année pour l'Afrique, et sans peine amassaient la cargaison vivante qu'ils
transportaient aux colonies. Des courtiers d'une tribu
voisine de la Sénégambie se chargeaient du raccolement
et de la conduite des captifs. Ils allaient les chercher
sur la côte d'Or, au Congo, et les amenaient au marché
le plus rapproché ou le plus avantageux ; des caravanes de noirs arrivaient aussi des rives du lac Tchad,
des sources du Niger. Pour atteindre les bords de la
mer, elles avaient à franchir un espace de plusieurs
centaines de lieues, et cheminaient pendant plusieurs
mois. Des chefs de peuplades livraient ainsi au commerce européen leurs plus beaux sujets. Les Fantis et
les Ashantis lui livraient sans le moindre scrupule leurs
amis et leurs parents. A chaque comptoir on pouvait

---

[1] La parabole du débiteur insolvable. Saint Mathieu, chap. xviii.

très-fréquemment voir arriver des cohortes de malheureux conduits la chaîne au cou, le frère par son frère, les enfants par leur père, la femme par son mari.

Dans ces expéditions africaines, l'armateur devait, à l'aide d'un capitaine intelligent, réaliser de beaux bénéfices. Il recevait d'abord la prime de 40 livres par tonne accordée par l'Etat à chaque navire armé pour la traite, puis il pouvait compter que le nègre acheté 400 francs sur les rives du Sénégal serait aisément revendu plus de 4,000 francs dans les Antilles.

Le Bon Père, ayant complété son chargement, se dirige vers Saint-Domingue. Cette reine des Antilles, cette île si belle, si riche, si prospère, tout à coup saisie par une si effroyable catastrophe, tout à coup ravagée, incendiée, inondée de sang par les nègres, qui semblaient y vivre heureusement, M. Jurien de la Gravière l'a vue en trois phases différentes. Il l'a vue dans ses dernières convulsions et dans son affaissement, et d'abord, il l'a vue dans toute sa splendeur, au temps où elle nous appartenait. La description qu'il en a faite est maintenant pour nous un curieux témoignage d'un état de choses que plus jamais on ne reverra.

« On se ferait difficilement, dit-il, une idée de l'importance que cette colonie avait acquise dans l'espace de cinquante à soixante ans. Java et Cuba ont seuls atteint à ce degré de richesse. Avec Saint-Domingue, la France pouvait se consoler de la perte de l'Inde et de celle du Canada. Saint-Domingue produisait annuellement 80 millions de kilogrammes de sucre, 34 millions de kilogrammes de café, et du coton, de l'indigo, du cacao, des bois d'ébénisterie. La valeur de ces produits s'élevait presque à 200 millions de francs : quatre ou cinq fois la valeur des exportations de la Guadeloupe et de la Martinique réunies. En échange des premières den-

rées qu'attendaient les entrepôts de nos ports, quatre
cent soixante et dix navires français jeaugeant plus de
150,000 tonneaux apportaient à Saint-Domingue des esclaves, de la farine, des salaisons, des vins, des eaux-de-
vie, des mousselines de l'Inde, des armes, des cordages,
des voiles. Cette colonie était à la fois le pivot de notre
industrie et de notre marine marchande. Cependant elle
était bien loin encore d'avoir reçu toute son extension.

« La superficie de Saint-Domingue ou Haïti, si on
veut l'appeler de ce nom moderne, est à peu près celle
du royaume de Bavière, le septième environ de la
France. Nous possédions à peine le tiers de cette île,
car l'Espagne en avait encore la majeure partie. Mais
ce n'était pas sans une juste fierté que les créoles de
Saint-Domingue montraient à la France l'œuvre de leur
industrie. Dans les parties de l'île où s'étaient mainte-
nus les Espagnols, on ne voyait encore que des forêts
impénétrables ou des savanes livrées aux bestiaux qui
composaient toute la richesse d'une race indolente. Partout ailleurs, là même où le sol n'avait point encore été
soumis à la culture, la main de l'homme avait déjà
imprimé sa trace et marqué les défrichements à venir.
Des routes bordées de haies de citronniers, d'orangers,
d'acacias, de bois de campêche s'enfonçaient jusque
dans la montagne, des plantations de cafiers entremêlées
de vergers couvraient le flanc des collines ; d'immenses
champs de cannes ondulaient à perte de vue dans la
plaine.

« Cette admirable colonie, que l'Angleterre nous en-
viait et qui faisait notre orgueil, n'a compté en réalité
qu'un siècle d'existence (1690-1791). Elle a eu le développement hâtif et la fin prématurée de tout ce qui
grandit sous les tropiques. Fondée par une troupe
d'aventuriers, elle est sortie d'un misérable germe pour

périr, sans avoir eu de déclin, au premier souffle de l'orage...

« La Révolution, ajoute M. Jurien de la Gravière, nous a fait payer bien cher les services qu'elle nous a rendus. De tous les désastres dont elle a été l'origine et la cause, je n'en connais aucun plus digne de pitié que celui de la colonie dont nos fautes nous ravirent deux fois la possession. Les colons haïtiens n'avaient pas créé l'esclavage ; ils l'avaient accepté comme une institution du temps où ils vivaient, et, quoi qu'on en ait pu dire, ils n'en avaient point abusé. Au prix de longs efforts et de mille dangers, ils s'étaient moins enrichis qu'ils n'avaient enrichi la France. Immolés aux principes qui devaient triompher pour l'honneur de la civilisation, ce sont peut-être les seules victimes qu'une équité tardive n'ait point dédommagées. »

Après cette longue navigation sur la côte d'Afrique et dans les Antilles, le jeune marin revient à sa chère maison de Rochefort, pauvre d'argent, mais riche d'honneur et de vertus, les plus précieuses des richesses. Il s'y repose comme un oiseau dans son nid. Il s'y délecte dans les douces joies de la famille. Il s'y retrempe l'esprit et le cœur dans le sentiment du devoir et des vraies affections. Puis il veut encore partir.

En vertu d'un décret de l'Assemblée nationale, deux bâtiments de guerre sont équipés pour aller à la recherche de la Pérouse, dont on n'a plus aucune nouvelle depuis deux ans. Des naturalistes, des dessinateurs sont adjoints à cette entreprise, et le commandement du voyage est confié à l'amiral d'Entrecasteaux, qui avait longtemps parcouru les mers de l'Inde, et qui, aux formes aimables de l'homme du monde, alliait les plus essentielles qualités du marin : l'expérience nautique, la fermeté de décision et l'esprit de justice.

M. Jurien désire ardemment être associé à cette lointaine exploration. Il n'a encore que dix-neuf ans. Mais déjà il a fait ses preuves d'instruction et de courage. Grâce aux témoignages de ceux qui l'ont vu à l'œuvre et aux certificats des professeurs de l'école d'hydrographie de Rochefort, il obtient avec le titre de « volontaire de première classe » son admission à bord d'un des navires en partance. Son ambition est de gagner l'épaulette dans la marine royale. Bientôt il sera récompensé de ses efforts. Bientôt il conquerra son brevet d'officier, puis un second et un troisième grade, et il justifiera pleinement par ses services son rapide avancement.

Dans le cours de cette campagne, qui ne dure pas moins de cinq ans, on aime à le voir avec sa bonne humeur naturelle accepter gaiement un surcroît de besogne, une corvée inattendue, ne se plaignant d'aucune fatigue, ne s'inquiétant d'aucun péril, et en toute occasion partout cherchant quelque nouvelle instruction. A bord de son navire, il interroge avec avidité les hommes distingués qui l'entourent. A terre, il fait, comme les naturalistes, des collections de plantes et de coquillages. Il observe très-exactement l'aspect des lieux où l'expédition s'arrête, les mœurs des peuplades qu'elle visite, et les décrit parfois en un style animé. A travers les péripéties de ce long voyage, il a eu un jour son roman, un doux idyllique roman, qu'il raconte avec une simplicité charmante.

C'était dans une des îles féeriques de la Polynésie, à Tonga-Tabou.

« Là, dit-il, l'arbre à pain étend jusqu'au bord de la mer l'ombre de ses grandes feuilles. Le bananier épanouit sa tige féconde au milieu des champs d'ignames et de patates. Le bouruou, cet hibiscus dont l'écorce sert à faire des cordes et des étoffes, et dont les grandes fleurs jaunes ou rouges ressemblent aux fleurs de la mauve, le mûrier à papier, d'où viennent les plus belles étoffes connues, dans le pays, sous le nom de « tapus » ; le pandanus, dont les feuilles tressées fournissent des nattes et des toitures, entourent les enclos cultivés, ou forment entre les sentiers des massifs presque impénétrables. Il y a dans cette nature je ne sais quel charme énervant dont il est malaisé de se défendre. Les tièdes parfums de la brise, la grâce indolente des arbres, les muettes caresses des oiseaux qui se jouent au milieu du feuillage, tout inspire une voluptueuse paresse et tend à plonger l'âme dans une délicieuse langueur. On s'explique aisément, lorsqu'on a passé une journée sous ces beaux ombrages, la mollesse sensuelle des insulaires de l'Océanie et la distinction naturelle d'une race étrangère aux durs travaux qui sont le lot inévitable des habitants de nos campagnes.

« Le jour même où pour la première fois je mettais pied à terre, le sort, toujours propice à la jeunesse, me ménagea une rencontre dont le souvenir, après tant d'années, n'est pas encore effacé dans mon cœur. Un groupe de jeunes femmes, la plupart dans la fleur de l'âge, était assis sur la lisière du bois qui couvrait alors presque complétement l'îlot de Panghaï-Modon. Je ne pus m'empêcher de remarquer au milieu de ce groupe une jeune fille bien supérieure en beauté à ses compagnes. Ses manières distinguées, les égards dont on l'entourait, tout annonçait que cette délicieuse enfant appartenait à la classe la plus élevée du pays. J'appris plus tard et son nom et son rang. Elle se nommait Véa et issue du sang divin des Fatta-Faïhis, elle tenait de très-près à la reine. Depuis cette rencontre, je ne descendis jamais à terre sans revoir Véa, et le langage des yeux amena bientôt le jeune officier de *l'Espérance* et la descendante des Fatta-Faïhis à échanger quelques paroles dans le gracieux dialecte de Tonga-Tabou.

« Affranchie de toute surveillance importune, Véa jouissait des prérogatives attachées dans les îles des Amis au hasard heureux de la naissance. Nos entrevues n'étaient donc contrariées que par les exigences du service qui me ramenaient à bord. Véa se plaisait à m'apprendre elle-même l'idiome dont je ne savais encore balbutier que quelques mots. Chaque jour rendait notre attachement plus tendre et plus profond. Lorsqu'il m'était interdit de quitter la corvette, Véa venait elle-même dans ma grande pirogue avec ses suivantes m'offrir quelques présents, puis, sans vouloir s'arrêter davantage, elle retournait immédiatement à terre. »

Pour la première fois de sa vie, elle aimait, la douce innocente enfant, et dans son ignorance, elle n'imaginait pas que celui qu'elle aimait si bien dût jamais s'éloigner d'elle. Quand elle apprit qu'il allait partir, elle se sentit saisie d'une douleur mortelle. En pleurant, en sanglotant, elle le conjurait de rester.

Et lui, profondément attristé aussi de partir, il balbutiait les mots d'honneur, de devoir, de patrie. Elle ne comprenait pas. Longtemps encore on la vit sur sa pirogue essayant de suivre le navire avec le vent. Puis elle disparut.

Pauvre Véa! Si jamais un de mes anciens rêves de voyage pouvait encore se réaliser, si je pouvais aussi visiter l'archipel de Tonga, je voudrais savoir comment elle a vécu séparée de celui qu'elle aimait, et comment elle est morte.

Avant d'arriver à Tonga, l'amiral d'Entrecasteaux avait fait un long pénible voyage. Après cette relâche, il allait entreprendre une autre navigation plus pénible encore. C'était un homme de cœur et de courage. Pas

un instant il n'oublia, à travers les plus graves difficultés, le mandat qui lui était confié. Le premier, il
explora les récifs de la Nouvelle-Calédonie, et il fit plusieurs notables découvertes dans les régions austra-
liennes. Mais il ne trouva nul vestige de la Pérouse, et,
en réalité, toute cette expédition fut très-malheureuse.
Malheureuse, dès le commencement, par le choix des
bâtiments qui y furent employés : deux petits bâtiments
de 400 tonneaux, qui s'appelaient primitivement *la
Trinité* et *la Durance*. Ils n'étaient point faits pour
courir le monde sous les ordres d'un amiral. En leur
assignant une nouvelle destination, on leur donna de
nouveaux noms. On les appela *la Recherche* et *l'Espérance*. Tous deux étaient mal construits et d'une allure
si inégale, qu'ils ne pouvaient naviguer de conserve. *La
Recherche* était obligée de ralentir sa marche pour attendre *l'Espérance*, et quelquefois de retourner en
arrière pour la rejoindre.

Malheureuse aussi fut cette expédition par les dissensions et les passions politiques des officiers, par des circonstances sinistres et des pertes désastreuses.

Déjà, dans les parages de la terre de Van-Diemen,
les équipages des deux navires avaient cruellement souffert de la soif. Plus tard, ils eurent à subir les douleurs
de la faim et les funestes conséquences d'une nourriture insalubre. En pleine mer, à une longue distance de
toute place de ravitaillement, ils n'avaient plus que des
vivres avariés, des vins aigris, des farines corrompues,
des caisses de biscuits remplies d'insectes et de larves.

Ces aliments malsains et l'humidité produite par des
pluies continues enfantèrent et développèrent le scorbut. D'abord mourut M. de Kermadec, le commandant
en second ; puis plusieurs autres officiers, puis l'amiral
lui-même. Le fléau sévissait également sur les deux cor-

vettes, remplies d'une multitude d'insectes microscopiques semblables à des tourbillons de poussière et d'un amas de cancrelats qui répandaient une odeur infecte. Chaque jour on constatait de nouveaux cas de scorbut, et la plupart étaient mortels.

En un grand deuil, en un profond dénûment, on arrive enfin à Pourabaya, un des ports de la Compagnie hollandaise dans l'île de Java. Là on apprend l'assassinat de Louis XVI, les frénésies de la Convention, les infamies, les atrocités du régime de la Terreur.

Que pouvaient faire alors les pauvres gens de *la Recherche* et de *l'Espérance*, exténués de fatigues, épuisés par les maladies ou les privations, réunis comme des naufragés dans une rade étrangère, sans argent, sans vivres, à des milliers de lieues de la France, ne sachant comment invoquer son secours, et ne sachant pas même si elle pouvait encore les secourir, cette malheureuse France dilapidée, ensanglantée, ruinée par la Révolution?

Force leur fut de s'abandonner au gouvernement hollandais, qui les tira de leur détresse et prit les deux navires délabrés, en s'engageant à en rapatrier l'état-major et les équipages. Il eût bien voulu garder à son service ces vaillants marins. Deux officiers se laissèrent séduire par ses propositions, et des offres brillantes furent faites à M. Jurien. « Mais toutes les promesses du monde, dit-il, ne m'auraient pas fait oublier la France. J'avais été pauvre jusqu'alors sans jamais connaître le besoin. Avide non de richesses, mais de renommée, je savais qu'on ne peut acquérir de vraie gloire qu'au service de son pays. »

Au mois de janvier 1795, il partit avec plusieurs de ses compagnons d'infortune, et, près du cap de Bonne-

Espérance, le navire hollandais sur lequel ils étaient embarqués fut capturé par les Anglais, conduit à Dublin, puis à Londres. Nos innocents officiers, saisis sans combat sous un pavillon neutre, ne pouvaient légalement rester captifs, ils furent remis en liberté.

Après cinq ans d'absence, M. Jurien eut le bonheur de rentrer dans son pays, le bonheur d'apprendre que ses parents, persécutés pendant le règne de la Terreur, étaient sortis de leur prison, et, en récompense de ses services, il eut encore le bonheur d'être appelé au commandement d'un brick de l'État.

En acceptant cet emploi, il en comprenait dignement les obligations. « Le moindre commandement maritime, dit-il, investit un jeune officier d'une responsabilité presque aussi haute, tout aussi lourde au moins que celle qui incombe à un chef d'escadre. Rien de pareil n'attend le capitaine d'une compagnie, ni même le commandant d'un bataillon. L'officier de marine, si chétif que soit le navire qu'il monte, est comptable d'une partie de l'honneur du pays. Le pont de son bâtiment, c'est le territoire national. Il emporte avec lui la patrie et les droits du souverain. Il jouit d'une autorité sans bornes et sans partage, mais il ne peut partager non plus avec qui que ce soit la responsabilité. A tous les incidents, c'est lui qui doit répondre. Qu'un brisant se montre sous la proue, que le navire se couche sous une rafale imprévue, que la mâture se brise, qu'une voie d'eau ou un incendie se déclare, qu'une division ennemie apparaisse à l'horizon, c'est vers lui à l'instant que les yeux se tournent. Il est prévenu : qu'il avise. Il semble que ces grands événements le concernent seul et qu'il ne doive plus rencontrer dans ses officiers ou ses équipages que les instruments passifs de sa décision. Cette décision même, il faut qu'il la prenne pour ainsi dire d'instinct. On l'éveille en sursaut; le danger est pressant; ses ordres doivent avoir la rapidité de l'éclair, sous peine d'arriver trop tard. »

Si, en temps ordinaire, le commandement d'un navire est une tâche difficile, elle était devenue bien autrement difficile depuis la chute de la monarchie par la tempête révolutionnaire. On ne peut, sans une douloureuse émotion, voir, dans le livre de M. Jurien, le changement rapide que notre marine subit à cette époque.

« Vers la fin du règne de Louis XVI, la France, dit-il, possédait 246 bâtiments de guerre et de charge, armés de plus de 15,000 canons; 1,500 ou 1,400 officiers, partagés en 9 escadres; 90,000 matelots, portés sur les registres de l'inscription maritime, et 81 compagnies de soldats canonniers. Nos institutions maritimes composaient un ensemble auquel il semblait qu'on n'eût jamais dû toucher, car tout y portait l'empreinte de la prévoyance et du génie. Plus heureux que nos rivaux, nous n'avions pas besoin de recourir à la presse ou aux enrôlements volontaires pour recruter nos équipages. L'inscription maritime nous fournissait instantanément des matelots, pendant que les compagnies de canonniers versaient avec la même facilité à bord de nos vaisseaux leurs chargeurs et leurs chefs de pièces.

« Dès la fin de l'année 1789, cette admirable organisation commence à se dissoudre. Des émeutes éclatent dans nos ports et jusque sur nos bâtiments. Tout acte d'autorité est considéré comme une injustice; toute discipline est réputée une injure aux droits du peuple. Le dégoût s'empare des meilleurs officiers, peu soucieux de commander à des équipages au milieu desquels leur vie même n'est plus en sûreté. Les capitai-

nes de la marine marchande, les sous-officiers de la
marine royale prennent la place des prétendus privilé-
giés.

«Ce furent les municipalités et les sociétés populaires
de nos ports qui organisèrent la marine de la République; elles distribuèrent les grades et les certificats
de civisme. D'odieux délateurs se chargèrent de diriger
leurs suffrages. Les rapports secrets de ces misérables
semèrent pendant deux ans la méfiance et la terreur à
bord de nos vaisseaux. Les premières années de la République furent sans doute une époque héroïque, mais
ce temps fut aussi singulièrement propice à la bassesse
et fécond en intrigues. Jamais les âmes fières n'avaient
eu plus cruellement à souffrir. Dans nos malheureux
ports, livrés aux démagogues, le bourreau même trouvait des courtisans, et la liberté, dont on détestait au
fond du cœur le despotisme, recueillait de toutes parts
d'hypocrites hommages. A bord de chaque vaisseau, le
bonnet de cette sanglante idole figurait arboré avec
pompe sur le gaillard d'arrière. Les chefs faisaient aux
marins la profession publique de leurs principes; les
marins exprimaient leur « sensibilité » par des accla-
mations; puis, quand amiral, capitaines, officiers, maîtres et matelots avaient juré, pour la centième fois,
exécration aux tyrans, appui et secours aux amis de
l'égalité, on s'attablait à des repas civiques qui se ter-
minaient, suivant la formule consacrée, par des « em-
brassements respectifs ». Où en était la discipline après
toutes ces harangues et toutes ces accolades? Il est facile de le deviner. »

Le brick *l'Épervier*, dont M. Jurien allait prendre
le commandement, était un vieux bâtiment de guerre si
détérioré, qu'il ne pouvait plus porter les batteries dont
il avait été autrefois armé. On les avait remplacées par

de petits canons semblables à des espingoles. Il devait être radoubé, et il l'avait été de telle sorte, qu'en pleine rade on vit s'ouvrir dans ses flancs une voie d'eau. C'était sous le Directoire. Dans le désordre de toute institution et le délabrement de toute chose, le malheureux Directoire ne pouvait mieux faire.

Si, pour entreprendre une chasse aventureuse en de lointaines régions, le vieil *Épervier* n'était pas très-rassurant, son état-major et son équipage ne l'étaient guère plus : des matelots recrutés à la hâte et fort ignorants ; des officiers de la cohorte révolutionnaire, qu'on appelait ironiquement « les officiers du maximum », la plupart très-mauvais marins, mais très-ardents patriotes, pérorant à tout propos, incapables d'ordonner à bord de leur navire, en un moment de péril, une bonne manœuvre, mais persuadés qu'ils servaient glorieusement la patrie en maudissant d'une voix formidable les aristocrates et les rois.

Par bonheur, M. Jurien de la Gravière avait déjà , si jeune qu'il fût, une grande expérience nautique. Élevé dans les principes d'une sage discipline, il voulait établir cette même loi de discipline parmi ses subordonnés. Grâce à son énergie et à l'autorité que lui donnait son savoir il y parvint. Il sut si bien gouverner son mauvais brick , qu'il contribua en grande partie aux succès des deux corvettes avec lesquelles il était envoyé en croisière sur les côtes du Brésil.

Au retour de cette campagne, il fut nommé capitaine de frégate. Désormais sa carrière maritime est assurée. Le voilà officier supérieur. Il deviendra officier général, contre-amiral, vice-amiral. Des missions importantes lui seront confiées et il se distinguera en toute occasion, tantôt par son courage, tantôt par d'habiles négociations.

Du commencement à la fin, les récits de M. Jurien de la Gravière sont extrêmement intéressants. Je n'essayerai pas cependant de retracer dans toutes ses phases cette belle vie de marin. Je voudrais seulement dire quelle en fut la vertu distinctive par l'action de la famille.

Cette brave famille de Rochefort! huit enfants et nulle autre ressource qu'un chétif traitement de 1,200 francs. Mais pour ces pauvres oiseaux dans ce pauvre nid, un père et une mère si excellents, le dévouement le plus complet, les soins les plus assidus, les leçons les plus sages par le langage du cœur et par l'exemple. A cette salutaire école, les enfants grandissent en une douce union, en un vrai sentiment de tendresse filiale et de cordialité fraternelle, en une vive et louable émulation. Quelques-uns ont été enlevés par une mort prématurée. Celui d'entre eux qui paraissait le plus faible a vécu assez longtemps pour réjouir la vieillesse de ses parents aimés.

A quatorze ans, pour suivre sa vocation, il quittait la demeure paternelle. Mais quel bonheur quand il pouvait y revenir! Là était la récompense de ses efforts, son encouragement, sa lumière. Les liens qui l'unissaient au foyer domestique, rien ne l'en détacha. Les émotions qu'il avait éprouvées, les leçons qu'il avait reçues dans le sanctuaire de sa famille, il s'en souvint toute sa vie.

Enfant, il avait appris à aimer son pays. La belle Véa, la descendante des rois de Tonga, ne put, si jeune qu'il fût, le décider à rester près d'elle, sous ses dômes de fleurs, sous son ciel radieux. Les Hollandais lui offrirent vainement une place avantageuse dans leur marine quand il était à Batavia, sans appui, sans ressources, et ne sachant comment il pourrait rentrer en France.

Enfant, il avait appris à connaître la loi de l'honneur et du devoir. Dans son âge mûr, il dit : « Quiconque ne cherchera point à se faire un marchepied des épreuves de la patrie et cherchera sans préoccupation personnelle à distinguer le chemin du devoir, traversera plus heureusement ces jours de crise qu'en s'efforçant de devancer les événements pour en escompter les bénéfices. »

Après son premier combat, il dit avec une noble fierté : « Je suis sorti de là avec la satisfaction d'un homme qui vient de subir une délicate épreuve, et qui sait que le sifflement d'un boulet ne lui fera pas peur. J'avais vingt-quatre ans, une expérience suffisante de la mer. Il ne me manquait que cette grande consécration qu'on a, non sans raison, nommée « le baptème du « feu ». Je venais de la recevoir sur le pont d'un bâtiment que je commandais. A dater de ce moment mon éducation était faite. Je pouvais me considérer comme l'égal des vieux capitaines dans ces temps où personne n'avait encore vieilli dans le commandement, et où des généraux de mon âge marchaient à la tête des armées. »

Enfant, il n'a entendu autour de lui que le langage le plus correct, car ses parents sont de bonne race et bien élevés. De là ses révoltes contre la grossièreté des marins de la République, et son goût pour les formes élégantes des fonctionnaires de la Restauration.

« Sous la Restauration, dit-il, le style des dépêches officielles était empreint d'une exquise urbanité et d'une chevaleresque courtoisie. Les ministres d'un gouvernement qui cherchait sa base dans les traditions du passé devaient être soit par leur naissance, soit par leurs relations sociales et le rang qu'ils occupaient dans le monde, de très-grands personnages pour des officiers de fortune, comme nous l'étions presque tous à cette époque. Le respect que nous leur accordions avait pour contre-poids la condescendance bienveillante dont ils nous honoraient. »

Ailleurs il dit encore : « Jusqu'à son dernier jour, la Restauration, accablée sous le poids des gloires et des malheurs d'un autre règne, a vainement cherché à réconcilier la France avec le passé, et à se réconcilier elle-même avec l'avenir. Il faut rendre au moins hommage à ses efforts. Non contente de ranimer notre industrie mourante, de rouvrir à notre navigation marchande tous les ports dont une influence hostile l'avait exclue, elle ne se lassait point, avec un budget bien réduit, d'aller chercher jusqu'au delà des caps que notre pavillon ne savait plus doubler de nouveaux débouchés pour la richesse naturelle de notre sol, des marchés inexploités pour les produits de nos manufactures. »

Cependant sous la République, comme sous l'Empire, et la Restauration, et la royauté de Juillet, il a constamment accompli sa tâche, car, là où il voyait le drapeau de la France, là il voyait son devoir.

En suivant si fidèlement sa droite ligne, il n'a point acquis des châteaux, ni amassé des millions. Ce n'est point là ce qu'on gagne généralement au service de l'État, et ce n'est pas non plus ce qu'il désirait. Mais il a eu la joie de voir grandir près de lui un fils à qui il pouvait en toute sûreté transmettre sa plume d'écrivain et son épée d'amiral, et il a eu l'honneur de rentrer, en qualité de préfet maritime, dans la ville de Rochefort, où il avait été le pauvre petit mousse gagnant 10 francs par mois.

Ses souvenirs sont remplis d'enseignements. En 1848, il y joint cette page que je cite comme un enseignement :

« Après cinquante-huit années de service, me voici

arrivé au terme de ma carrière ; je puis reporter un regard tranquille vers le passé. Suivant l'expression de l'Apôtre, j'ai bravement soutenu le combat de la vie ; aujourd'hui l'éternel repos sera le bienvenu. Je suis loin de me plaindre de la Providence. Quand j'étais jeune, elle a mesuré mes épreuves à mes forces, et elle a béni ma vieillesse. Si j'avais à recommencer une nouvelle existence, je ne choisirais pas une autre profession que celle qui m'a procuré un rang honorable dans le monde. J'ai toujours aimé la marine pour elle-même, et je ne puis revoir la mer sans la saluer avec une sorte de respect. C'est à la mer que j'ai dû mes premières impressions ; c'est elle qui m'a fait homme, qui m'a nourri, qui console encore mes vieux jours par les souvenirs qu'elle m'a laissés. Je ne saurais me faire à l'idée que ce patrimoine commun du genre humain puisse devenir le partage exclusif d'une nation quelconque. Une guerre malheureuse enlèverait à la France une partie de son territoire, la France en serait moins affaiblie et moins diminuée que si elle se résignait jamais à n'être qu'une puissance continentale. »

Nous pensons que nul homme sérieux ne pourra lire sans en être frappé ces réflexions du religieux philosophe et du vaillant marin.

XI

LES PAYS LOINTAINS [1]

Au mois de septembre de l'année 1519, cinq caravelles, c'est-à-dire cinq navires de petite dimension, partaient du port de San-Lucar pour s'en aller à la découverte en de lointaines contrées. Charles-Quint avait lui-même déterminé l'organisation de cette expédition, et Magellan la commandait.

Trois ans après, un matin, on voyait passer dans les rues de Séville dix-sept marins en chemise, pieds nus, un cierge à la main. Avec leur capitaine ils s'acheminaient vers les églises, pour accomplir le vœu qu'ils avaient fait dans leurs jours de détresse. C'était l'équipage de la corvette *la Victoria*, arrivée la veille des mers de l'Inde. C'était tout ce qui restait des cinq navires et des deux cent cinquante hommes réunis en

[1] *Round the World* by Smiles. — *New America,* by H. Dixon. — *Greater Britain,* by W. Dilke. — *Le Grand-Ouest,* — *A travers les États-Unis,* p. M. L. Simonin.

1519 sous le même pavillon. Quelques-uns, manquant de courage, avaient déserté dès le commencement de l'expédition ; les autres étaient morts. Le chef de cette aventureuse flotille, l'illustre Magellan, après avoir découvert le détroit auquel il donna son nom, après avoir atteint l'archipel Indien par l'océan Pacifique, avait été tué dans l'île de Matan par les indigènes.

Cano, qui le remplaça dans son commandement ; Pigafetta, son ancien ami, son compagnon, son historiographe, continuèrent ses explorations et revinrent en Europe ayant les premiers résolu un important problème, ayant les premiers fait le tour du monde.

Telle fut pourtant l'impression produite par le récit de leurs périls et de leurs souffrances, que plus d'un demi-siècle s'écoula avant qu'un autre vaillant marin, Drake, osât se hasarder dans une pareille entreprise.

Depuis cette époque, les océans sont devenus les grandes routes des nations. Ils ont été en tout sens sillonnés, tous leurs écueils explorés, tous leurs mystères éclaircis. Il n'y a plus de Charybde et de Scylla dont on ne sache la nature et les dimensions ; il n'y a plus d'antre d'Éole où le géologue ne pénètre tranquillement pour en observer la formation. Il n'y a plus de colonnes d'Hercule ou de Sésostris : « Mundi extrema Sesostris »[1], plus d'autres colonnes immuables que les banquises gardiennes des deux pôles.

Les voyages, jadis si longs et si périlleux, peuvent être maintenant considérés comme de faciles promenades. De Paris on va maintenant à Nijni-Novogorod, aux cataractes du Nil, à Québec, plus aisément qu'autrefois à Carlsbad ou à Venise. Que faut-il pour faire le tour du monde ? Quelques semaines de loisirs et

---

[1] *La Pharsale*, XI.

quelques milliers de francs. Un jeune Anglais, le fils de M. Smiles, le savant ingénieur, engagé par les médecins à voyager sur mer pour sa santé, va d'un trait en Australie, revient par les îles Sandwich, par les Etats-Unis et publie un livre qu'il intitule tout simplement : *Autour du Monde, par un adolescent.* M. le comte de Gabriac, à qui nous devons plusieurs charmants récits, intitule la relation d'un de ses plus longs voyages : *Course humoristique autour du monde.*

Les chemins de fer et les bateaux à vapeur ont tellement rétréci l'espace ! Quand on parle de la terre, on n'ose plus employer les mots d'« immense » ni d'«infini ». La terre n'est qu'un petit globule que Dieu a mis en mouvement en lui donnant la chiquenaude. Si les astronomes du soleil s'avisent parfois de tourner de notre côté leur télescope, ils doivent se dire que cette chétive planète ne peut être habitée que par une race chétive, et ils ont raison ; et s'ils remarquent en outre que cette race est turbulente et vaniteuse, leur jugement sera plus complet.

Le prestige des lointaines distances et le merveilleux de la Fable ont disparu. Pour ma part, j'en ai grand regret.

« Mais il y a, s'écrient les graves observateurs, il y a ce qui vaut mieux : le merveilleux de la réalité, c'est-à-dire de la science, du courage et de l'activité de l'homme. » C'est vrai. On ne découvre plus de nouveaux continents, ni de nouveaux archipels. Mais, si restreinte que soit la circonférence de la terre, elle renferme encore de vastes contrées inconnues ou peu connues, et, dans les derniers temps, de grands efforts ont été faits pour les explorer. Nous ne pouvons, sans un vif intérêt, assister à ces généreuses entreprises. Nous ne pouvons lire, sans en être émus et parfois émer-

veillés, les récits de voyage de Franklin et de Parry
dans les parages septentrionaux, de Speke et de Livingstone en Afrique, de Mouhot et de Garnier dans l'Indo-
Chine, de Stuart et de Burke dans la Nouvelle-Hol-
lande.

C'est merveilleux aussi de voir l'action graduelle du
labeur de l'homme, les progrès du commerce, les déve-
loppements de la vie sociale dans des régions naguère
encore désertes ou tout entières possédées par des peuplades sauvages. C'est surtout dans le « Farwest » américain et en Australie que l'on voit grandir, avec une
rapidité prodigieuse, ces conquêtes du travail et de
l'industrie. Quelques livres récents nous en offrent
plusieurs curieux exemples.

D'abord l'Australie et, dans l'Australie, l'État de Victoria.

En 1835, sur les rives de la Yarra, à deux lieux environ de la baie de Port-Philippe, un squatter amarrait
son embarcation aux arbres d'une forêt, se bâtissait
une hutte sur une colline et, près de là, faisait paître
quelques moutons[1].

Là où étaient, il y a quarante ans, ces bois, ces pâturages, cette habitation primitive, là s'élève à présent
l'active, l'opulente, la populeuse cité de Melbourne,
capitale de la colonie de Victoria ; et, si neuve qu'elle
soit, elle a déjà tout ce qui fait l'honneur des capitales :
de larges rues régulièrement, élégamment bâties, des
édifices majestueux, le palais du gouverneur et le palais
du parlement, la Banque et le théâtre, des magasins de
luxe comme ceux de Regent-street, des hôtels de millionnaires comme dans le West-and[2].

---

[1] W. Dilke, *Greater Britain*, t. II, p. 24.

[2] Déjà, en 1853, M. H. de Castella écrivait : « Je n'essayerai pas de
vous dire ma surprise à la vue de Melbourne. Je fus étonné comme tous

Fille de l'Angleterre, elle reproduit près des antipodes la physionomie, le mouvement, les mœurs des
villes anglaises avec une fraîcheur de jeunesse et des
institutions particulières. Elle a un musée national et
un musée d'histoire naturelle essentiellement austra-
lien. On ne peut rien voir de pareil en Europe. Elle a
une bibliothèque de quatre-vingt mille volumes spécialement organisée pour les classes populaires [1]. L'artisan, le manœuvre peut y aller avec son habit de travail, et, chaque jour, ce salutaire établissement enlève
des centaines d'ouvriers aux dangers de l'oisiveté, aux
fascinations de l'estaminet.

Il y a des gens de peu de foi qui ne croient pas
aux murailles de Thèbes construites par les accords
de la lyre d'Amphion, ni au château de marbre et
de jaspe édifié en une nuit par la lampe magique d'A-
ladin.

La magie de l'or a fait une œuvre non moins prodigieuse. Dans le désert du « bush », elle a fait en
quelques années une royale ville de 200,000 âmes.

A 50 lieues de là sont les collines et les plaines de
Ballarat. A une assez longue distance de la mer, sans
une rivière navigable, c'était, il n'y a pas longtemps,
un canton de Victoria à peu près inconnu, totalement
délaissé [2]. Le kangouro et le casoar y broutaient en
paix, poursuivis seulement de temps à autre par quelques sauvages indigènes. Là s'élève à présent une ville
remplie de clubs, de théâtres, de bibliothèques, de

les arrivants qui s'attendent à trouver un village mal bâti et qui ne peuvent en croire leurs yeux quand ils aperçoivent ces larges rues tirées
au cordeau et ces beaux édifices où ils peuvent lire en gros caractères.
École normale, Institution polytechnique, Assemblée législative, Université. » (*Les Squatters australiens*, p. 47.)

[1] Smiles, *Round the World*, p. 66.
[2] A. Trollope, t. II. p. 61.

banques [1]. On l'appelle la « Golden-City », la cité d'or, et à juste titre, car c'est par le minerai d'or trouvé dans son sol qu'elle a été construite ; c'est par là qu'elle subsiste.

Trois années avant l'éclatante fortune de Victoria, la Californie commençait la sienne. En 1848, un matin, dans la scierie de M. Sutter, l'ancien capitaine des gardes suisses de Charles X, on vit briller des paillettes d'or, indice des pépites qu'on devait trouver plus loin. Chacun sait les résultats de cette découverte, le peuplement impétueux d'un pays jusque-là si inculte ou si délaissé, les fleuves et les rivières sillonnés par une multitude d'embarcations, les rades remplies de navires, les campagnes remplies d'ouvriers et aussi de coquins de toutes les nations, la pompeuse cité de San-Francisco s'élevant à la place de la petite bourgade qu'on appelait « Yerba buena », d'autres villes s'allongeant avec la même rapidité sur le terrain des solitaires « ranchos », et enfin l'une des plus grandes œuvres des temps modernes, le chemin de fer du Pacifique.

On se souvient en Amérique des fatigues et des périls auxquels il fallait s'exposer pour atteindre dans leur subit éclat les plages lointaines de la Californie. Par mer, en doublant la pointe méridionale du continent, c'était une navigation de plusieurs mois, et le froid glacial et les tempêtes du cap Horn ; par une autre voie maritime plus courte, en se dirigeant vers l'isthme de Panama, c'étaient les dangers des caïmans, des chaleurs suffocantes et des fièvres pernicieuses ; par terre, c'était la traversée des montagnes sauvages, des longues plaines désertes, des régions occupées par les sanguinaires Indiens, le danger des neiges, de la famine et du scalpel.

[1] L. de Beauvoir, p. 106.

Par là cheminaient, en 1847, les mormons dans leur migration vers l'Uthah. Par là cheminaient, un an plus tard, une quantité de caravanes d'industriels de toutes sortes résolus à tout braver pour pénétrer jusqu'au magique Eldorado. Puis sur cette longue route, on vit passer une diligence, l'« Overland mail », la poste gouvernementale, que les journaux américains dépeignaient comme une institution sans pareille.

Rien de pareil, en effet, nulle part, ni pour le prix, ni pour l'agrément et la sécurité. Nous en trouvons une curieuse image dans une des relations de M. Dixon, l'attrayant écrivain anglais [1] et dans quelques livres de M. L. Simonin, le savant voyageur, qui, à diverses reprises, a si bien vu l'Amérique et en a si bien retracé les traits caractéristiques [2].

Pour aller par cette malle, des rives du Missouri à celles du lac Salé, environ 500 lieues, le prix de chaque place, sur une rude banquette, était de 500 dollars (2,500 francs). Pour traverser les terrains de chasse des Peaux-Rouges, on devait être escorté par de solides carabiniers. Mais les postes militaires étaient si éloignés l'un de l'autre, et ils avaient si peu de soldats, que le plus souvent les voyageurs n'avaient rien de mieux à faire que de s'escorter eux-mêmes avec leurs fusils et leurs revolvers. On devait aussi, de distance en distance, trouver dans une maison organisée par la sollicitude du gouvernement un bon gîte et un bon repas. Mais en arrivant à ces habitations si désirées, après un douloureux trajet et un long jeûne, on apprenait qu'elles venaient d'être totalement dévalisées, sinon brûlées par les Indiens. Les stations assez fortes pour résister aux irruptions des

---

[1] *The New America.*
[2] *A travers les États-Unis* 1 vol. in-12. Charpentier. — *Le Grand-Ouest*, 1 vol. in-12. Charpentier.

Cheyennes ou des Comanches n'étaient pas non plus de nature à donner grand agrément au voyageur, si l'on en juge par une de celles que M. Dixon a décrites, une des plus considérables, Denver.

« Denver, dit-il, est une ville de 4,000 âmes. On y compte une douzaine de rues, deux hôtels, une banque, un théâtre, six chapelles, cinquante maisons de jeu, cent buvettes. En traversant ses rues boueuses par une chaleur étouffante, on pourrait se croire dans une cité de démons.

« Sur cinq habitations, il y en a une où l'on vend de la bière et des liqueurs fortes; sur dix, il y en a une qui est le refuge des joueurs et des femmes de mauvaise vie. C'est parfois en même temps un tripot et un lieu de débauche. Dans ces affreux repaires, la vie d'un homme ne vaut pas celle d'un chien. Il y a deux ans, souvent au milieu de la nuit, les citoyens paisibles étaient réveillés par des détonations d'armes à feu. Le lendemain on trouvait dans la rue un cadavre que le meurtrier avait jeté par la fenêtre. » Allons, disaient les honnêtes gens, encore un coquin de moins! Puisse son assassin avoir bientôt le même sort ! Et personne ne pensait à provoquer sur ce crime une enquête.

À la migration continue, à la masse d'affaires engagée entre les États de l'Est et les États de l'Ouest, l'Overland mail ne pouvait plus suffire, ni les stages coachs, établies par quelques spéculateurs, ni les énormes wagons traînés par des douzaines de bœufs. Les Américains se mirent à songer, et ils ne font pas de peureuses songeries comme le lièvre de la Fontaine. L'essai le plus hardi, l'exécution la plus prompte, voilà ce qui leur plaît, et très-promptement il fut décidé qu'on irait en chemin de fer de New-York à San-Francisco : 1,500 lieues d'étendue! Peu de chose. Des montagnes à gra-

vir, des ravins profonds à traverser. Rien de si simple :
pour les montagnes, une traction plus forte ; pour les
ravins, des poutres transversales sur des pilotis. Quant
à l'argent nécessaire pour mener à bonne fin cette entreprise, on l'aurait en surabondance. En effet, un capital de 600 millions fut bien vite souscrit, et grâce aux
libérales concessions du gouvernement, un dixième
seulement de cette somme fut émis[1], le reste réservé
pour faire une seconde voie et diverses autres amélio-
rations. Deux compagnies se partagèrent ce gigantesque travail : L'*Union - Pacific* le commençait du
côté d'Omaha ; le *Central Pacific* du côté de Sacramento.

Ni à l'une ni à l'autre de ces compagnies le Congrès
n'imposait une limite territoriale. L'espace leur était
livré, comme pour un nouveau steeple-chase, un
steeple-chase de labeur et d'activité. La plus alerte à
l'œuvre, la plus prompte à poser des rails conquerrait
la plus longue ligne. De là une émulation qui pas un
instant ne s'affaiblit, qui de mois en mois, au contraire,
devenait plus ardente.

L'opération se faisait avec une sorte de discipline
militaire ; une cohorte d'ouvriers portant de longues
barres de fer et au signal du contre-maître les laissant
tomber sur les traverses dans les encoches préparées
d'avance. D'autres ouvriers unissaient alors les rails et
les clouaient. Dans les prairies naturellement nivelées,
on se glorifiait d'abord de couvrir de rails en un jour
une étendue de terrain d'une lieue.

Plus tard, quand la grande entreprise touchait à sa
fin, le travail se poursuivit avec une sorte de passion
fiévreuse. Les hommes de la Compagnie centrale, ayant

---

[1] L. Simonin, *A travers les États-Unis*, p. 25.

un jour posé près de 10 kilomètres de rails, donnent à
l'endroit où ils avaient accompli cette tâche étonnante le
nom de « Challenge Point » (le Point du défi), le défi à
leurs concurrents. Ceux-ci font alors en un jour 12 kilomètres : les premiers, résolus à emporter la victoire,
courent à leurs barres de fer; et en onze heures d'un
travail acharné couvrent de rails une étendue de plus
de 16 kilomètres[1].

Les deux armées d'ouvriers s'avançaient ainsi l'une
contre l'autre, non point pour se mitrailler quand elles
se rencontreraient, mais pour célébrer ensemble l'achèvement de leur œuvre.

Ce moment solennel arriva plus tôt qu'on ne l'avait
espéré.

Le 1er juillet 1862, le chemin de fer était décrété, et
le gouvernement accordait aux deux compagnies un
délai de quatorze ans pour le construire. En sept ans il
était fini. Le 10 mai 1869 on l'inaugurait en grande
cérémonie à Promontary Point, à la jonction des deux
lignes.

M. L. Simonin a fait une curieuse description de cet
événement[2]. Pour annoncer de toute part la bonne
nouvelle, les fils télégraphiques des diverses sections
avaient été reliés électriquement avec l'endroit où l'on
allait mettre le dernier boulon. Grâce à cet ingénieux
moyen, les coups de marteau frappés à Promontary Point
pour fixer le dernier rail du chemin de fer océanique,
allaient trouver un écho immédiat dans tous les Etats
de l'Union. »

Pour fixer le dernier rail, les déportés de la Californie
apportaient une traverse en bois de laurier, et un bou-

---

[1] L. Simonin, *A travers les États-Unis*, p. 179.
[2] *A travers les Etats-Unis*, p. 180.

lon en or massif. « Cet or, dirent-ils, extrait de nos mines, ce bois coupé dans nos forêts, nous les offrons au
nom de nos concitoyens, pour que cela devienne partie
intégrante de la voie qui va unir la Californie aux
États de l'Est, le Pacifique à l'Atlantique. »

Un boulon tout en argent fut offert par les délégués
de Nevada, un autre en fer, en argent et en or par les
délégués d'Arizona et le dernier rail par le général
Dodge, représentant la Pensylvanie.

Au moment où les présidents des deux compagnies
prenaient ce rail pour le mettre sur la traverse, la dépêche suivante fut transmise en même temps à San-
Francisco, à New-York, à Chicago : « Tous les préparatifs sont terminés. Otez vos chapeaux, nous allons
prier. »

Chicago, parlant au nom des États atlantiques, répondit : « Nous comprenons et nous vous suivons ; tous
les États de l'Ouest vous écoutent. »

Et soudain les signaux électriques répétant chaque
coup de marteau frappé au milieu du continent américain apprennent à toute l'Union que l'œuvre nationale
est terminée, qu'une ligne continue rejoint les deux
Océans, et le canon tonnait dans toutes les villes. A des
centaines de lieues de distance, les populations assis-
taient par la pensée à ce nouveau triomphe de l'industrie et le saluaient par des cris enthousiastes.

Six mois après s'achevait à l'isthme de Suez la glorieuse entreprise de M. de Lesseps, ce second roi d'É-
gypte, dit M. de Gabriac[1], puis bientôt celle des ingénieurs de France et d'Italie au mont Cenis. Ainsi, en
Amérique, en Afrique et en Europe, l'esprit de l'homme
remportait trois victoires simultanées sur la matière.

---

[1] *Course humoristique autour du monde,* p. 7.

Les Américains sont fiers de leur Pacific Railway et à juste titre. On ne peut en imaginer un plus hardi ni plus imposant. Il parcourt les régions sauvages où naguère les voyageurs ne pénétraient qu'au péril de leur vie. Il s'élève sur la Sierra-Nevada à 7,000 pieds au-dessus du niveau de la mer, et à 7,560 sur les Montagnes Rocheuses. Il côtoie des pentes escarpées où il pourrait être écrasé par des avalanches, s'il n'était abrité dans ce parcours sous une forte toiture. Voici dans la direction qu'il doit suivre un torrent, un ravin, un gouffre. Comment faire pour passer? C'est très-facile. On plante au fond du gouffre une double rangée de poutres d'une égale hauteur. Quelques-unes sont, à leur base, soutenues par une maçonnerie; d'autres sont tout simplement enfoncées dans le sol. Ces poutres sont rejointes à leur sommité par deux bandes transversales sur lesquelles s'alignent les rails. C'est ce qu'on appelle le *trestlebridge*, le pont à tréteaux. Le conducteur lance tranquillement ses wagons sur cet échafaudage qui s'élève dans le vide à 60 ou 80 pieds de hauteur et vacille au moindre mouvement. Jusqu'à présent aucune de ces effrayantes constructions ne s'est écroulée et les Américains, avec leur nature intrépide, ne s'en inquiètent guère. Ils n'ont nullement songé à fortifier ce qui semble si frêle. En revanche, ils ont fait une fructueuse spéculation en offrant aux riches voyageurs un doux confort sur leur long chemin. A leurs wagons démocratiques où l'on n'a que des bancs en bois, ils ont joint les *sleeping-cars*, où, pour 15 à 20 francs par nuit, on a l'agrément d'une couchette, et les *drawing-room-cars*, qui sont comme des appartements ambulants : salle à manger, salon, chambre à coucher, rien n'y manque.

Ainsi, en déjeunant et dînant comme dans un hôtel,

en lisant, en jouant ou en dormant, on s'en va de New-York à San-Francisco, des rives de l'océan Atlantique aux rives de cet autre Océan que Balboa, le brave Espagnol, découvrait en 1513 et contemplait dans un sentiment d'extase. De San-Francisco on touche à l'Orient.

Dans la cérémonie de Promontary Point, le général Dodge dit : « Nous venons d'accomplir l'œuvre de Christophe Colomb. Ceci est le chemin qui conduit aux Indes. »

Il avait raison.

Je me rappelle avoir vu près de Montréal le village qu'on appelle « la Chine ». Nos premiers colons lui avaient donné ce nom, persuadés qu'ils étaient là sur la route de la Chine. Les professeurs de géographie ont beaucoup ri de cette erreur de nos aïeux. Cette erreur est devenue une vérité. En partant du Havre, on peut être en dix ou onze jours à Montréal, en plein Canada, notre noble, cher, inoubliable Canada. De là en une semaine à San-Francisco; de là en trois semaines à Yokohama, ou à Shang-haï. Quelle charmante excursion!

Si le chemin de fer du Pacifique plaît aux hommes soucieux qui ont des comptes à régler à de longues distances, et aux gens heureux qui voyagent pour leur instruction ou pour leur agrément, il doit être encore plus apprécié par les pauvres émigrants qui veulent s'établir dans les États de l'Ouest : le Nébraska, l'Utah, le Wyoming, le Nevada, l'Arizona, le Colorado.

C'est l'émigration des pays lointains qui a donné des laboureurs, des artisans, des manœuvres à ces États en partie déserts, en partie occupés par des tribus sauvages. Elle était, il y a quelques années, extrêmement pénible et périlleuse. Grâce aux chemins de fer, elle peut désormais se continuer dans de tout autres conditions.

L'un des chapitres les plus intéressants des deux dermiers volumes de M. L. Simonin sur les États-Unis est sans contredit celui où le studieux écrivain retrace les différentes phases de l'immigration, jadis si faible et si lente et maintenant si active.

Au temps où New-York n'était pas encore le Nouveau-York de l'Union, ni même le New-York britannique, mais le petit Nieuw-Amsterdam, fondé et gouverné par les Hollandais, au commencement du dix-septième siècle, il n'arrivait dans cette cité naissante qu'un ou deux navires de la Néerlande avec un petit nombre de passagers.

Quand les Anglais, commandés par le duc d'York, eurent pris la colonie, elle ne devint, sous un nouveau régime, guère plus populeuse.

« En 1710, le gouvernement de la métropole, dit M. L. Simonin, envoyait à ses frais, vers l'Hudson, environ trois mille Allemands chassés de la Souabe et du Palatinat par la guerre, la famine et la persécution religieuse. Cet essai de colonisation officielle ne réussit pas. Le quart environ des émigrants mourut du scorbut ou du typhus en mer ou après le débarquement. D'ailleurs, on demandait dans la colonie des gens soumis, des mercenaires, et ces nouveaux venus voulaient être indépendants. Ceux qui vinrent à leurs frais spontanément furent plus heureux, entre autres ces Écossais qui, sous la conduite du capitaine Campbell, en 1740, s'établirent au haut de l'Hudson, près du lac Georges, ces Allemands qui, les premiers, vers la même époque, occupèrent la vallée de Mohawk, entre l'Hudson et le lac Ontario.

« Philadelphie l'emportait alors sur New-York, et la Pensylvanie, avec ses quakers, dont la philantrophie avait séduit les Indiens eux-mêmes, attirait de préférence les colons. En ce temps-là, les immigrants étaient, pour la plupart, si pauvres, si dénués de toute res-source, qu'en atteignant le port, ils étaient obligés de se vendre pour payer leur passage et les avances qu'on leur avait faites. Ils subissaient ainsi un esclavage temporaire, et cet état de choses fut admis par la nouvelle république quand elle proclama son indépendance.

A l'arrivée de chaque navire, il s'établissait une sorte de marché public à bord. Les capitaines et les armateurs réalisaient de gros bénéfices sur ce trafic de chair humaine. Les pauvres gens se vendaient pour un temps limité, mais toujours pour plusieurs années, par couples, par familles, comme ouvriers, comme domestiques. Les jeunes valaient naturellement plus que les vieux, et souvent les enfants forts et valides se vendaient pour libérer leurs parents. Si une famille avait perdu quelqu'un des siens en mer, elle devait payer et s'engager pour lui. Parfois les parents n'avaient pas honte de vendre eux-mêmes leurs enfants pour échapper à la servitude. Presque toujours, du reste, les membres d'une même famille se trouvaient de gré ou de force séparés.

« Dans ces sortes de foires, les cultivateurs robustes, les artisans habiles étaient surtout demandés. Les gens de profession libérale trouvaient peu de débouchés. M. de Bulow, le voyageur allemand, raconte qu'en 1791 il vit un officier russe rester plus d'une semaine à bord du navire qui l'avait amené sans trouver un acheteur. Le capitaine consentit à perdre 50 pour 100 sur ce colis invendable et l'envoya à terre pour y être examiné. L'officier, dans un anglais de fantaisie, parla avec chaleur de l'exercice à la baïonnette, qu'il avait fort pratiqué, disait-il, contre les Turcs et les Polonais. Il ne savait rien d'autre et ne put trouver un acquéreur. De guerre lasse, le capitaine et le consignataire le laissèrent libre, en lui accordant pour payer son passage un délai de six mois. Il se flattait d'obtenir un emploi de maître d'école, et en effet il l'obtint.

« Le sort des engagés, dit encore M. L. Simonin, dépendait du caractère de leur maître. Si les uns n'étaient pas trop malheureux, d'autres souvent étaient plus maltraités que des bêtes de somme. Ceux qui s'enfuyaient devaient, quand ils étaient repris, servir une semaine de plus pour chaque jour d'absence, un mois pour chaque semaine, six mois pour chaque mois. Ce hideux trafic dura jusqu'en 1818. La dernière vente de passagers se fit cette année-là dans le port de Philadelphie[1]. »

Bien longues et bien tristes étaient les traversées que les immigrants sans fortune payaient si cher. On n'y employait généralement que de mauvais navires, mal gouvernés et encore plus mal organisés. Nul médecin à bord ; nulle précaution hygiénique ; des vivres souvent insuffisants, souvent avariés. En 1731, un de ces funestes bâtiments partait de Rotterdam avec cent soixante passagers. Au bout de deux mois de navigation, il était bien loin encore des côtes d'Amérique, et tout le monde fut mis à la ration. Un mois après, plus personne ne pouvait avoir un morceau de pain. Heureux ceux qui réussissaient à prendre quelques rats ou quelques souris. Le voyage dura plus de six mois. Quarante-huit passagers seulement arrivèrent à Philadelphie. Les autres étaient morts et avaient été jetés à la mer.

Les traversées si difficiles, l'industrie si peu développée, les ressources de l'Amérique si peu connues, n'encourageaient guère l'émigration. De 1776 à 1820, elle ne donne aux villes et aux campagnes des États-Unis que 250,000 Européens, environ 6,500 par an.

[1] *A travers les États-Unis*, p. 92.

C'est depuis 1820 qu'on la voit tout à coup grandir et constamment s'accroître. De cette époque aussi datent les premiers règlements du Congrès fédéral pour améliorer à bord des bâtiments la situation des passagers pauvres. Mais, après les avoir protégés dans le cours de leur traversée, il fallait de toute nécessité les protéger encore à leur débarquement.

Pendant de longues années l'autorité fédérale n'a pas compris ou n'a pas su remplir ce devoir. J'ai vu le candide émigrant descendu sur la place de New-York, regardant en un morne silence ce pays où il arrive à l'aventure, sans appui et sans guide, cette grande ville si animée où il ne connaît personne, où il ne trouvera peut-être pas un regard sympathique, pas une main amicale, gladiateur des temps modernes, destiné à succomber pour le plaisir d'une nouvelle race de patriciens, dans l'arène du travail, en songeant à sa petite cabane de la Forêt-Noire ou des bords du Rhin.

J'ai entendu raconter les périls auxquels cet innocent voyageur est exposé par les hôteliers faméliques qui l'attendent sur le port comme des oiseaux de proie ; par des architectes qui lui vendent une maison dans une ville imaginaire, par des agents de colonisation qui lui feront acheter comme un terrain fructueux un marais pestilentiel, par des banquiers qui lui donneront en échange de son argent de bon aloi, des papiers de leur comptoir tout prêt à faire faillite, enfin par toutes sortes de filous d'une apparence respectable, ayant pignon sur rue, payant patente, et, selon les belles institutions de la démocratie, jouissant du droit d'élire leurs juges, leurs magistrats, leur président.

M. L. Simonin dit que le gouvernement a pris les mesures les plus efficaces pour préserver les immigrants de ces fraudes et de ces rapacités. Il faut l'espérer, car ce n'est plus par mille, mais par centaines de mille qu'ils arrivent chaque année dans l'Amérique du Nord.

Dans cette multitude d'Européens, on ne compte qu'un très-petit nombre de Français, à peine deux mille sur trois cent mille.

On dit avec raison que les Français n'aiment pas les longs voyages. Ils ont cependant fait aussi leurs explorations et leurs découvertes. Ils ont acquis une place notable dans l'histoire de la géographie.

Mais la France les retient et les captive par la douceur de son climat et la beauté de son sol, par la variété de ses dons et le charme indicible dont le ciel l'a douée.

Pour y avoir seulement passé quelques années, Marie Stuart s'en allait, « fondant en larmes, dit Brantôme, jetant toujours ses beaux yeux sur le port et répétant sans cesse : Adieu, France ; adieu, France. »

Pour ceux qui y sont nés et qui y ont les liens du foyer, un éloignement temporaire, quelle pénible résolution ; un exil obligé ou volontaire, quel sacrifice !

Les Français n'émigrent que par la puissance d'un sentiment généreux ou la force d'une rigoureuse contrainte.

Nos missionnaires et nos religieuses catholiques émigrent pour aller dans des contrées sauvages accomplir une œuvre de bienfaisance évangélique.

Nos pauvres frères d'Alsace et de Lorraine émigrent pour se soustraire à la domination de l'étranger.

Les protestants du dix-septième siècle ont émigré quand leurs garanties nécessaires leur étaient enlevées.

Les royalistes ont émigré quand ils étaient persécutés, proscrits, condamnés à mort par les bourreaux infâmes qui gouvernaient la France. En quittant le sol natal, nul d'entre eux ne songeait à la quitter pour toujours.

Ils emportaient dans leurs cœurs l'image de la patrie :
« patriæ pietatis imago ; » ils se rassemblaient autour
du vrai drapeau de la France, et n'aspiraient qu'à rentrer en France pour y rétablir l'ordre et la loi, la religion et la royauté.

Nul d'entre eux ne songeait non plus à chercher en
pays étranger un moyen de s'enrichir. Ils employèrent
à soutenir leur cause tout ce qu'ils avaient pu sauver
des confiscations et des dilapidations prescrites par le
jacobinisme. Quand ils eurent épuisé leurs ressources
patrimoniales, ils employèrent à gagner leur vie l'instruction qu'ils avaient acquise dans leur jeunesse heureuse. Celui-ci donna des leçons de grec et de latin ;
celui-là se fit maître d'armes ; d'autres ouvrirent des
écoles de musique et de dessin ; d'autres cataloguaient
des livres, et copiaient des manuscrits. Il y en eut
plus d'un qui, ne pouvant avoir de si belles occupations,
en fut réduit à l'état d'artisan. Les femmes montraient
le même courage et la même patience. Des marquises,
des duchesses dont on avait admiré l'élégance à Paris et
à Versailles, se résignaient très-tranquillement à tenir
boutique de mode ou de lingerie, à réparer des den-
telles, à ourler de leurs jolis doigts des draps et des
serviettes.

A Londres, à Bruxelles, à Hambourg, à Pétersbourg
et ailleurs, on raconte de touchantes histoires de ces
nobles déshérités.

Dans leur humble labeur, ils conservaient la dignité
de leur naissance ; dans leur pénurie, un sentiment de
générosité ; dans leur exil, l'amour de la France.

Le livre de madame de Montagu[1] est une des pages mé-

---

[1] Anne-Paule-Dominique de Noailles, marquise de Montagu, 1 vol.
in-8°. Rouen, 1859. — Réimprimé plusieurs fois à Paris.

morables de la chronique des émigrés, si honteusement travestie par les pamphlets révolutionnaires.

Non, de la terre de France, de ses plaines et de ses montagnes, de son « aura soave », on ne peut sans un déchirement de cœur s'éloigner. N'envions pas le sort de ceux qui vont chercher leur fortune aux mines de Victoria, aux placers du Sacramento. La fortune est ici, près de nous dans ce pays, assez riche pour récompenser généreusement tout honnête travail, et le bonheur est dans la satisfaction de la tâche accomplie au foyer natal. Si la France ne s'associe pas aux migrations des autres peuples, elle ne reste pas étrangère pourtant à leurs mouvements ni à leurs progrès. De la place qu'elle occupe, elle rayonne, elle agit sur le monde entier. Dieu la garde seulement de l'action qui devient trop vive, de l'effervescence qui conduit aux révolutions, des révolutions qui produisent des bannissements.

FIN.

TABLE DES MATIÈRES

17,174. — Typographie Lahure, rue de Fleurus, 9, à Paris.

www.ingramcontent.com/pod-product-compliance
Lightning Source LLC
LaVergne TN
LVHW011941180726
843502LV00003B/862